"十四五"职业教育国家规划教材

融合型·新形态教材
复旦社云平台　fudanyun.cn

U0731055

普通高等学校学前教育专业系列教材

幼儿教师礼仪基础教程

（第四版）

主　编　唐志华　李宁婧

副主编　袁　媛

编　委　马洪秀　白雪梅　龙景云

　　　　纪秀琴　李平一　肖　蕾

　　　　苏爱洁　高务娴　高永红

复旦大学出版社

内容提要

本教材旨在帮助学前教育专业学生及幼儿园在职教师学习现代礼仪、运用现代礼仪、实施幼儿园礼仪教育，主要内容包括现代礼仪的基本理论、内容、方法和技巧，人际交往及职业场合中的基本礼仪规范。教材立足新时代学前教育高质量发展目标，紧密围绕"立德树人"根本任务，以幼儿园教师职业礼仪为核心，结合教师职业道德规范及行为准则，创新性地将思想政治教育深度融入礼仪教育体系。与此同时，教材注重师范生的认知规律及专业特点，强调礼仪规范的养成，切实做到理论教学与实践训练相结合，并以专题的形式为主线，分若干主题进行深入介绍，注重知识的系统性、全面性。

为适应现代教学及培训的需要，全书还特别配备了30余个常用礼仪示范视频、13个微课讲解视频、4套应知应会练习题与答案，以及教学课件、教学大纲、教案、课程标准等资源，使得教材更具针对性和可操作性。书中资源，可扫描书中二维码或登录复旦社云平台(www.fu-danyun.cn)查看、获取。

复旦社云平台
数字化教学支持说明

为提高教学服务水平，促进课程立体化建设，复旦大学出版社建设了"复旦社云平台"，为师生提供丰富的课程配套资源，可通过"电脑端"和"手机端"查看、获取。

【电脑端】

电脑端资源包括PPT课件、电子教案、习题答案、课程大纲、音频、视频等内容。可登录"复旦社云平台"（www.fudanyun.cn）浏览、下载。

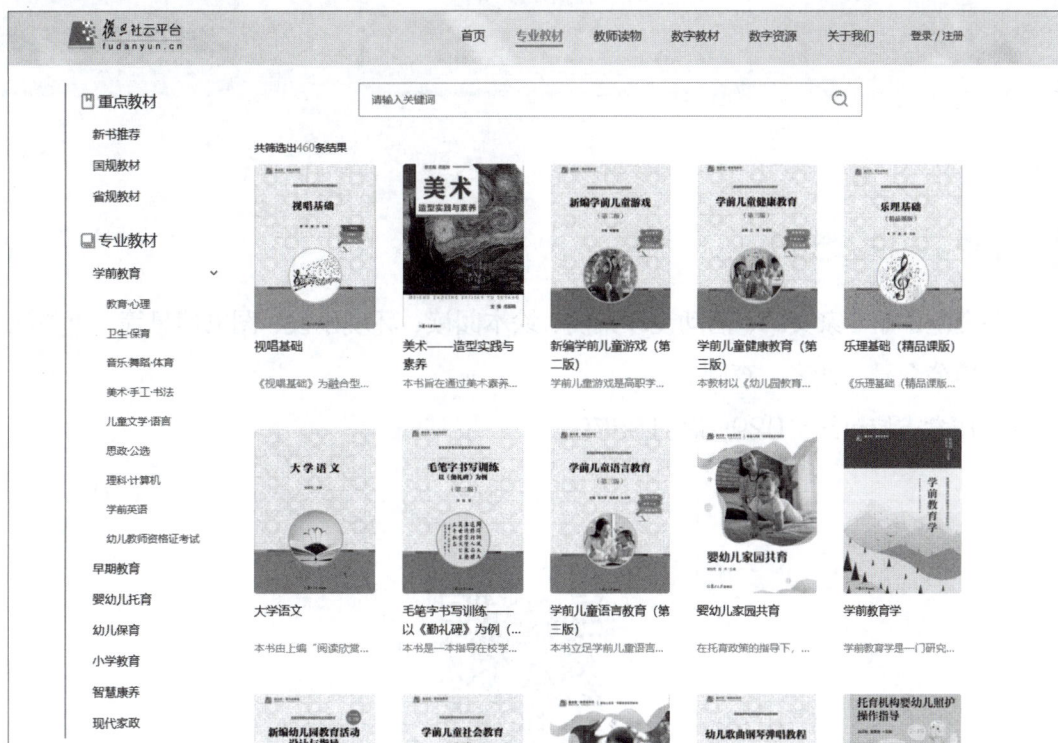

Step 1 登录网站"复旦社云平台"（www.fudanyun.cn），点击右上角"登录/注册"，使用手机号注册。

Step 2 在"搜索"栏输入相关书名，找到该书，点击进入。

Step 3 点击【配套资料】中的"下载"（首次使用需输入教师信息），即可下载。音频、视频内容可点击【数字资源】，搜索书名进行浏览。

📱 【手机端】

PPT 课件、音视频、阅读材料：用微信扫描书中二维码即可浏览。

扫码浏览 →

📖 【更多相关资源】

更多资源，如专家文章、活动设计案例、绘本阅读、环境创设、图书信息等，可关注"幼师宝"微信公众号，搜索、查阅。

平台技术支持热线：029-68518879。

"幼师宝"微信公众号

前　　言

中华礼仪文化源远流长,是中华优秀传统文化的重要组成部分。礼仪不仅关系到整个社会的精神文明和社会风气,也关系到文化事业、经济事业、民族和睦、国际交往等各个领域的基础建设。同时,礼仪作为一种社会活动,是衡量道德水平和待人接物素养的尺度,也是人们适应社会发展、促进事业进步的必要途径。

幼儿教师不仅肩负着传授知识、促进发展之责,更以其人格魅力和行为举止影响着孩子的成长与未来。幼儿教师礼仪是其职业素养的重要体现,是构建良好师幼关系、家园共育氛围以及提升职业形象的基础。在学前教育日益受到社会关注与重视的今天,将礼仪教育系统纳入幼儿师资培养课程,具有十分重要的现实意义和育人价值。

本教材自第一版出版以来,始终秉持"以人为本、立德树人"的教育理念,围绕幼儿教师的职业礼仪要求,系统梳理了礼仪发展、仪表举止礼仪、交往沟通礼仪等核心内容,致力于引导学生树立正确的职业认知与行为习惯。教材注重理论与实践结合,强调情境化教学和体验式学习,深受高校师生与幼儿园一线教师的认可与欢迎。

为了帮助学前教育专业学生与幼儿园从业人员更好地领悟中华优秀传统礼仪文化,学习现代礼仪规范,培养良好的礼仪素养,掌握幼儿园礼仪教育的途径与方法等,此次第四版在继承前三版优点的基础上,结合新时代幼儿教育发展的需求,对内容结构、形式表达与实践导向进行了系统修订与提升,以满足学前教育专业工作者的职业需求,并为幼儿园骨干教师培训及部分学前教育相关企事业单位的礼仪基础培训提供参考教材。具体修订内容如下。

一、对部分章节的内容作了较为细致的调整

1. 为教材每一篇设置了学习思维导图,即"知识框架"。有助于学生系统梳理知识结构、厘清学习重点。通过图示化的方式,提升了学习的条理性与记忆的效率。

3. 原第五篇更名为"幼儿教师礼仪"。编者结合新时代发展要求,将原第一节内容全部替换,使得结构层次更为清晰,语言表述更加规范、精练,突出思政引领。同时更换了"前言导读",并修改了原第三节中的"一、师幼交往"和"思考与练习"。另外,紧扣幼儿园实际场景,补充了相关知识与案例,使内容更贴近幼儿教师的工作。

4. 调整了原第一篇开头的案例内容,并在"友情链接"里补充了若干关于中华礼仪起源的文章检索或来源,夯实了中华礼仪的理论基础,拓宽了学习途径。

5. 在原第三篇第四节正文后补充一则"友情链接",同时替换了原第四篇第五节的"友情链接(一)"。替换后的故事不仅趣味性浓厚,更富含深刻的思想政治教育意义。

6. 替换、修改了原第二篇、第三篇的部分课后思考与练习题。编者遵循当下教学改革方向,更新了诸如"作个人介绍""旅游、出行建议""幼儿园接待"等突出实践能力、综合素养的思考题,还设置了以小组合作方式完成的练习,进一步加强对学习者合作意识与能力的培养。

二、增补了以专题为主线的线上学习资源

首先,在第二篇章"师范生在教学区域的礼仪""师范生在生活区域的礼仪""师范生参加集体活动的礼仪"中,增加了 7 个与文字内容对应的示范视频,视频内容包含教室礼仪、宿舍礼仪、楼道礼仪、参加升旗仪式、集会等大型活动礼仪等,突破了第三版中只有师范生个人举止行为示范视频的局限性。其次,在每一篇补充了电子学习资源,以"微课视频"的形式让师生更直观地感受篇章脉络与核心内容。结合视频与实际案例,不仅增强了教材的可视化效果,也有助于提升教学的互动性与学习的沉浸感,使师德礼仪的理念更易于理解和践行。

三、更换了师范生礼仪应知应会专题试卷

本教材第三版出版至今已过去 5 年,编者结合教育新政策、新文件、新要求,更换了附录中礼仪专题试卷的大量内容,其中更新了四套试卷中的判断题、单选题、多选题等,另在三套试卷中增补了问答题、选做题,让新版教材的专题试卷题型更丰富,考查面更广。

在此,特别感谢第四版修订工作主要参与者——南京晓庄学院袁媛老师以及高务娴、李平一、白雪梅、高永红、肖蕾等富有礼仪教学经验的编委,还要感谢参与视频拍摄、制作的南京晓庄学院幼儿师范学院李博文、孙文杰、朱俊马、张艺清、戴妍和郭家威等同学,全书最后由主编唐志华、李宁婧统稿并审定。

全书如有不妥之处,欢迎批评指正。

编　者
2025 年 4 月

目 录

第一篇

礼仪概述

　　我国是历史悠久的文明古国,是著名的礼仪之邦,我们的传统文化历经五千多年的发展,形成了丰富而庞大的体系,其核心就是一个"礼"字。成书于春秋时期的《礼记·冠义》就指出:"凡人之所以为人者,礼义也。"《论语》曰:"不学礼,无以立。"礼仪在中国古代用于定亲疏、决嫌疑、别同异、明是非,它是人类在长期生活中的约定俗成,是一个人为人处事的根本,也是做人的标准。原始社会,礼仪与集体生产的性质相适应,在以血亲为基础的群体中,礼仪没有高低贵贱之分。阶级社会产生之后,礼仪的内容、性质、功能发生了质变,充分体现了占统治地位的阶级的意志和思想。

　　著名历史学家钱穆先生曾有论述:"中国文化的特质是'礼',它是整个中国人世界一切习俗、行为的准则。"钱先生这番见解十分精辟地阐释了我国礼仪传统的人文理念和思维定式。2022年3月,习近平总书记在参加第十三届全国人大第五次会议内蒙古自治区代表团审议时强调,"要紧紧抓住铸牢中华民族共同体意识这条主线","促进各民族在中华民族大家庭中像石榴籽一样紧紧抱在一起,共同建设伟大祖国,共同创造美好生活"。推动各民族坚定对中华民族和中华文化的高度认同,必须构筑中华民族共有精神家园,形成团结奋进的强大精神纽带。礼仪文化是中华文化的重要内容,在推动各民族交往交流交融、构筑中华民族共有精神家园上具有先天优势。在素有礼仪之邦称谓的中国,非常重视血缘和亲情,追求共性、谦虚谨慎、含蓄内向,注重礼尚往来和彬彬有礼,可以说礼仪是中国文明的一种行为规范,是一种长期的文化积累,礼仪文化积淀着中华民族深沉的精神追求,更是推动中华民族生生不息、发展壮大的丰厚滋养。①

---

　　① 以礼仪文化推动铸牢中华民族共同体意识. http://www.china.com.cn/opinion/theory/2022-04/14/content_78164737.html.

知识框架

礼仪概述
- 礼的起源与本质
  - 礼的起源
  - 礼的含义
  - 礼的本质
- 中西方礼仪异同
  - 中西方礼仪文化的共通性
  - 中西方礼仪文化的差异性
- 礼仪的特点和意义
  - 礼仪的特点
  - 学习礼仪的意义
- 培养礼仪修养的途径
  - 加强道德修养
  - 博闻多识
  - 在实践中养成

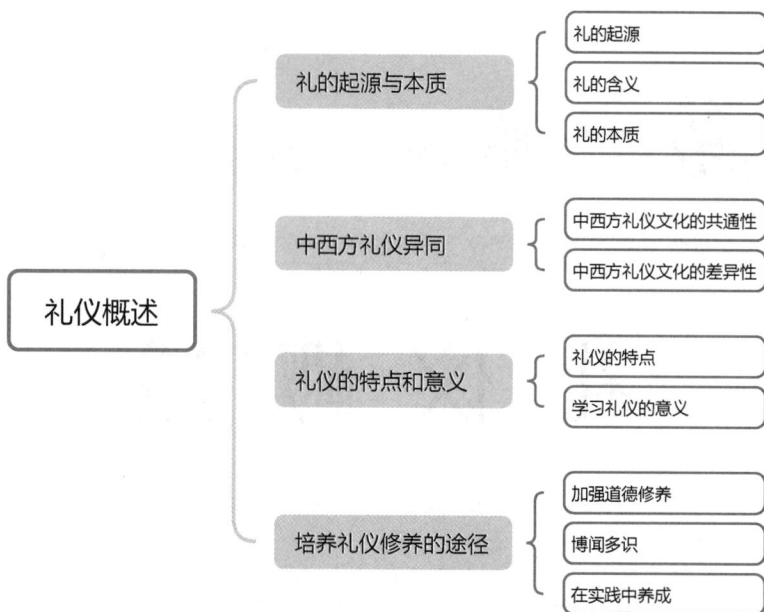

第一节　礼的起源与本质

微课

礼仪概述

一、礼的起源

（一）礼源于祭祀礼节，礼仪即仪式

自从有了人类社会，礼就产生了。

"礼"起源于祭祀，其繁体字为"禮"。《说文解字》说："礼者，履也，所以事神致福也，从示从豊。""示"是意符，说明"礼"与祭祀有关，"豊"是盛食物的器皿。古代祭祀主要分为两种：一是祭祀自然神，二是祭祀祖先。远古时期，人们的认识水平低下，对一些自然现象无法解释，像雷、电、雨、雪等，进而对此充满恐惧、敬畏，认为这些自然现象来自神灵，所以对自然神灵顶礼膜拜，希望它们赐福消灾。这就是祭祀自然神。同时人类对自身的生老病死等现象也是难以理解的，并认为人死后灵魂不灭，灵魂既能保佑生者，也能给生者带来灾难。如果要让祖先的神灵给自己带来幸福，就要祭祀祖先。

礼是现实生活的缘饰化，用外物以饰内情。礼主要包括三部分内容：礼物，就是行礼所用的宫室、衣服、器皿及其他物质的东西；礼仪，即使用礼物的仪容动作；礼意，由礼物和礼仪所表达的实实在在、明明白白的内容、旨趣或目的。这就要求礼物和礼仪必须适当，在逐渐完善的礼仪实践中恰到好处。

礼起初是治人之道，是鬼神信仰的派生物。可以说，在掀开中华民族历史第一页的时候，礼就伴随着人的活动，伴随着原始宗教而产生了。人们认为一切事物都有看不见的鬼神在操纵，履行礼仪即是向鬼神讨好求福。因此，礼仪起源于鬼神信仰，也是鬼神信仰的一种特殊体现形式。中国是礼仪之邦，上下五千年，从西周视礼为"国之大柄"到现代的"八礼四仪"；从荀子的"国无礼而不宁"到今天的精神文明建设，礼一直是传统文化的核心。直到现代，礼仪才得以真

正改革,无论是国家政治生活的礼仪,还是人民生活礼仪,都改变成无鬼神论的新内容,从而成为现代文明礼仪。礼在中国文化中起着"准法律"的作用。

(二) 中国特有的礼仪文明

在中国历史沿袭和发展的过程中,礼仪作为社稷权威的排场,结合特定的等级形式成为中国特殊的模式。

"礼仪"一词,最早见于《诗经》和《礼记》。古代礼仪形成于"三皇五帝"时代,到舜时,已经有了成文的礼仪制度,就是"五礼"。这"五礼"指的是吉礼、凶礼、宾礼、军礼和嘉礼。作为人类祖先的圣贤唐尧、虞舜等,他们本身都是讲究礼仪的典范。传说尧年轻的时候十分敬重老年人,同辈之间,礼让三先,每次都把打回的猎物平分给众人,自己拿最少的一份。有时还把那最少的一份猎物再分送给年迈体弱的老者。他的德行受到众人的称颂,所以大家都推选他为首领。虞舜讲究礼仪是历代的楷模。我国的《二十四孝图说》第一篇《孝感动天》,就是讲他躬耕历山,任劳任怨,供养父亲、继母和同父异母弟的故事。

尧舜时期制定的礼仪经过夏、商、周这三个奴隶制社会1 000余年的总结、推广,日趋完善。周朝前期历经文王、武王、成王三个君主,"兴正礼乐,度制于是政,而民和睦,颂声兴"。周公还为朝廷设置礼官,专门掌管天下礼仪,把我国古代礼仪制度推向了较为完备的阶段。

春秋时期的孔子(公元前551—前479)把礼推向了一个至高无上的地位。他要求所有的人"克己复礼",教育他的弟子们做到"非礼勿视""非礼勿听""非礼勿言"。总之,为了"礼"的需要,可以舍弃一切。为了宣扬古代礼制,他不远千里,从鲁国到洛邑向老子(李耳)学礼。

到了汉武帝时期,"罢黜百家,独尊儒术"的治国方略确立后,礼仪作为社会道德、行为标准、精神支柱,其重要性提高到了前所未有的高度。此后,历朝历代都在朝廷设置掌管天下礼仪的官僚机构,如汉代的鸿胪寺、尚书礼曹,魏晋时的祠部(北魏又称仪曹),隋唐以后的礼部尚书(清末改为典礼院等)。同时,礼仪学著述的地位日渐凸显。汉代把《周礼》《仪礼》列为五经之一,是读书人的必修之课。西汉人戴圣在研究前人礼书著作基础上,编纂《礼记》一书,也被列为十三经之一。尔后,历代礼学研究者再在这些礼书的基础上进一步研究,先后出现了《周礼注疏》《仪礼注疏》《礼记正义》《礼说》《礼记集解》《礼记集说》《礼书通故》《礼书纲目》等数以千卷的礼学著作,成为中国历史文化中一门重要学科,也形成了中国特有的礼仪文明。

(三) 具有完整体系的礼仪制度

我国的礼仪制度是依循人与神、人与鬼、人与人的三大关系而制定成较为完整的体系。

"五礼"之说指祭祀之事为吉礼,冠婚之事为嘉礼,宾客之事为宾礼,军旅之事为军礼,丧葬之事为凶礼。实际上分为政治与生活两大部类:政治类包括祭天、祭地、宗庙之祭、祭先师先圣、尊师乡饮酒礼、相见礼、军礼等;生活类礼仪的起源,按荀子的说法有"三本",即"天地者,生之本""先祖者,类之本""君师者,治之本"。在礼仪中,丧礼的产生最早。丧礼于死者是安抚其鬼魂,于生者则成为分长幼尊卑、尽孝正人伦的礼仪。我国的礼仪在建立及实施过程中,孕育出了中国的宗法制,蕴涵了中华民族深刻的历史内涵和社会内涵。

二、礼的含义

礼是人类社会为维系社会正常运转而共同遵循的最简单、最起码的道德行为规范,是表示敬意的通称。现代社会"礼仪"一词有了更加广泛的含义,其内容包括行礼仪式、礼节及仪式、习俗规定的仪式、行为规范、交往程序、礼宾次序、道德规范等。社会上对"礼仪"的理解和认识是多层次的:对个人来讲,礼是人思想水平、文化修养、交际能力的外在表现;对社会来讲,礼是

精神文明建设的重要组成部分,是社会的文明程度、道德风尚和生活习俗的反映。礼仪具体表现为礼节、礼貌、礼宾、礼俗、礼制、仪式等。

现代礼仪的含义主要体现在:

(1)礼是一定的章法。所谓"入乡随俗,入境问禁",即在某一地域,人必须遵循当地的习俗和行为规范,不可胡作非为。

(2)礼是一定社会的人们约定俗成、共同认可的规范和准则。礼表现为一些不成文的规矩、习惯,并逐渐上升为大家认可的,可以用语言、文字、动作来作准确描述和规定的行为准则,最终形成人们有章可循、可以自觉学习和遵守的行为规范。

(3)礼的目的是实现社会交往各方的互相尊重,从而达到人与人之间的关系的和谐。礼可以有效地展现施礼者和受礼者的教养、风度与魅力,它体现了一个人对他人和社会的认识水平、尊重程度,是一个人的学识、修养和价值的外在表现。一个人只有在尊重他人的前提下,自己才会被他人尊重,也只有在这种互相尊重的过程中,人与人之间的和谐关系才会逐步建立起来。所以从某种意义上可以说,礼是人获得自由的重要手段和途径之一。

三、礼的本质

礼本质上属于道德体系中社会公德的内容,是人们长期共同生活和相互交往中逐渐形成的,并以风俗、习惯和传统等形式固定下来。无论是古代还是现代,礼的本质都是尊重。

礼仪作为社会交往的规范,人人共知,掌握礼仪可以预料他人作出的大体反应,以避免或减少人际交往中的失误和误解。礼仪作为人际交往的社会文化、行为符号,其内涵具体而丰富,变化相对稳定,掌握了礼仪,也就取得了人际交往的基本方式和准则。

第二节　中西方礼仪异同

在西方,"礼"最初多指上流社会中的行为规范或宫廷礼仪(典礼或礼仪),以及官方生活中所公认的准则。法国国王路易十四将礼仪(etiquette)一词引入西方。在当时的大型宴请中,每一位客人都手持一张卡片,上面书写着每人必须遵守的行为准则。卡片在法语中对应的词为etiquette,因此etiquette便具有了特殊含义,即表示一套适合于上层社会的行为规范。此后,礼仪在欧洲的宫廷中流行开来。卡斯迪哥隆在其所著《朝臣记》原文中论述了"礼"的概念,所指的是朝廷的礼法,包括言谈、举止、服饰和礼仪等。这些礼仪都是用来维护贵族和平民界限的社会准则,其与中国古代封建社会"刑不上大夫,礼不下庶人"有着异曲同工之效。尽管中世纪欧洲大陆兴起的文艺复兴运动提出自由平等的观念,使平民百姓争取到一些平等的权利,但从当今许多西方社会礼仪中仍可窥见古代宫廷礼仪的影子。

一、中西方礼仪文化的共通性

1. 中西方礼仪都由上层社会制定

中西方的礼仪内涵虽不完全相同,但都源于上层社会用来规范人们行为的制度和规定。从礼仪的起源来看,各国礼仪都是由上层社会制定的,是用来维护上下尊卑的社会等级秩序的准则。

2. 中西方礼仪都是社会文明化过程中的产物

一个国家的文明程度如何,往往与该国的礼仪文化发展以及国民的礼仪素养息息相关。中国是礼仪之邦。在古代,礼被视为修身之本。在西方,礼作为人的内在知识的一种表现得到人们的普遍赞许和接受。

二、中西方礼仪文化的差异性

礼仪是从本土思想文化中孕育而生的。在中西方不同的思想文化体系中,礼仪文化呈现出各自不同的特色,主要有以下四个方面。

(一)中国礼文化强调"贬己尊人",而西方礼文化强调在礼貌方面突出得体

中国礼文化植根于儒家的"礼"传统。要求人们在待人接物时自贬、自谦,同时要尊重他人,即尽量减少对自己的表扬,贬低自己,抬高他人。

西方人强调个体和个人价值,在交际中注重平等和得体,因此在礼文化中没有贬己尊人的现象。西方著名礼仪专家伊丽莎白·波斯特在畅销礼仪著作《西方礼仪集萃》原文中指出:"礼仪,作为一种被期待的正确举止,其根本是体谅他人。表面上礼仪有无数的清规戒律,但其根本目的在于使世界成为一个充满生活乐趣的地方,使人变得和易近人。"因此在西方文化中,欣然接受对方赞扬是礼貌的,在听到对方赞美之词时,西方人往往采取一种迎合的态度,表现出高兴与感谢。得体的回答通常是"Thank you""I am glad to hear you say so"等等。这样可以避免伤害对方面子,以取得对方好感。而对于中国人来说,这是不谦逊的表现,在心理上是很难接受的。

(二)中国礼文化提倡尊卑位序,西方礼文化提倡平等

在中国古代,礼是用以区别尊卑位序的准则。《礼记》说:"礼为大,非礼无以节事天地之神明也,非礼无以辨君臣上下长幼之位也,非礼无以别男女父子兄弟之亲、婚姻疏数之交也。"这里强调的就是以"礼"明确人们的身份地位,教导人们要尊敬长者和位尊者、懂得礼让,维护上下尊卑的社会秩序。中国现代社会的礼貌行为仍留有古代礼制的烙印。比如,见面打招呼时的称呼语中经常用"老"字,见了老人称"老先生""老师傅",对德高望重者称"某老"以示恭敬;在单位称呼同事时,对年龄大的称呼"老+姓",对年龄小、资历浅的称呼"小+姓",以表示人与人之间年龄和资历上的差异;用"主任、经理、处长、局长"等表示职务的词以明确人与人之间职务和地位上的差异;另外,在交往方式上,晚辈及下级通常是尊重长辈和上级的意见,不直接发表个人看法,避免冲突和驳斥对方面子,以免有不尊之嫌。

在西方,早在文艺复兴时期,人文主义者就提出"人权"思想,赞扬人的价值,提倡人的尊严,并且提倡个性自由发展。如今,平等观念已深入人心,人们对尊卑界限并无明显区分。因此,西方在称谓方面的规则简单明确。常用的称谓是 Mr.(先生),Mrs.(太太,夫人)、Miss(小姐),表示职业和职务的词却很少用来做称谓。另外,在交往方式上,每个人无论地位尊卑、年龄大小,都可以发表个人见解,不会被视为不敬。例如,在课堂上,学生可以随时打断老师讲话,或提出问题或提出相异的看法,但这在中国却是不讲礼仪的做法,甚至是令人无法接受的。

(三)中国礼文化注重集体主义观念,西方人淡化集体主义观念

中国在长达两千多年的封建社会中,一直实行封建家长制,个人依附于家族而存在,任何行为都要以家族利益为重,这种强烈的宗族观念实际是中国人现在所崇尚的集体主义观

念的雏形。在这种观念影响下，中国人重视个体与团体的关系，在交际时喜欢问人私事，或毫无保留地披露自己的私事。因为按照中国的礼貌传统，了解私事是接近对方的友好表示，是接近周围团体，营造和谐人际关系的行为。例如，在汉语的称呼语中经常使用"姓＋姐"或"姓＋哥"来称呼同事，用"叔叔""阿姨""大爷""大娘"等亲属称谓来称呼熟人；在问候语中常常使用一个涉及个人私事的问题（"吃了吗？""您到哪里去？""家里来人了？"）。这些交际语在西方人看来是涉及隐私的话题，而在中国人的眼中则是和谐人际关系的体现。

西方人文化价值观倾向于淡化集体主义观念，强调个体在交际过程中的重要性。

（四）中国礼仪倾向于世俗化，西方礼仪呈现浓厚的宗教色彩

中国古代历史上历经两千多年的封建专制统治，皇权胜于神权，没有一种宗教占统治地位，因此中国礼仪没有宗教色彩。西方礼仪具有浓厚的宗教色彩。首先，西方宗教节日趋向于大众化，圣诞节、复活节、万圣节和感恩节等节日都与宗教主题有关；其次，宗教禁忌趋向于社会化，现在西方人已普遍将十三和星期五视为日常生活中的禁忌；再者，宗教礼仪趋向于世俗化，宗教礼仪原来是因为宗教崇拜而产生的仪式和活动，现在却普遍成为人们各种欢庆活动和典礼所遵循的形式，比如西方的结婚典礼一般要在教堂举行，婚礼由牧师主持，并念圣经经文祝愿新婚者幸福美满。这种仪式已远远超越了其宗教意义，成为人们祈求幸福的一种形式，成为一种大众化的活动。

第三节 礼仪的特点和意义

一、礼仪的特点

（一）普遍性

古今中外，从个人到国家，礼仪无时不在，无处不在。凡是有人类生活的地方，就存在着各种各样的礼仪规范。远古时候，人类为了求生存要祭神以求保护，这种礼仪形式至今在一些地区依然存在。如在春节时，家家户户要摆起烛台祭祖宗，祭天神、地神和灶神，以求来年风调雨顺，阖家幸福。这是人类一种美好愿望的寄托，尽管有封建迷信的色彩，但仍旧作为一种礼仪而存在。现代社交礼仪的内容已渗透到社会的方方面面，从政治、经济、文化领域，到人们的日常生活方面，礼仪活动普遍存在。比如，大到一个国家的国庆庆典，小到一个企业公司的开张志喜，再到人们日常生活中的接待、见面谈话、宴请等，均需要讲究礼仪规范，遵守一定的礼仪行为准则。

礼仪是人类在社会生活的基础上产生的行为规范，所有社会成员均受一定的礼仪规范的制约。在生活中，许多礼仪是不随人的意志而转移的，它的存在本身具有很强的普遍性，无时无刻不约束着人们的行为规范，反映着人们对真善美的追求愿望。比如最简单的问候语"你好""再见"等，这几乎是全世界通用的一种问候礼节，具有绝对的普遍性。

（二）继承性

我国是具有"礼仪之邦"之称的泱泱大国，礼仪文化自然也源远流长。在礼仪发展的源流中，礼仪文化的发展是一个扬弃的过程，一个剔除糟粕、继承精华的过程。那些反映劳动人民的精神风貌、代表劳动人民道德水平和气质修养的健康高尚的礼仪得到了肯定和发扬，而那些代

表剥削阶级帝王将相封建迷信的繁文缛节得以根除。比如古代的磕头跪拜风早已被现代的握手敬礼所替代,至于古代朝见天子所需的三跪九叩,更是早已被抛进历史的垃圾堆。而那些"温良恭俭让""尊老爱幼"的行为规范则得到了弘扬。以往老人生日寿辰时,晚辈得行祝寿礼,置办寿辰酒宴以祝老人福寿无疆,万事如意。而如今的年轻人除了摆寿酒外,还在电台点歌、电视台点节目以祝老人生日快乐,寿长福远。这种变迁不仅反映了人类礼仪的一脉相承,也反映了礼仪在继承过程中得到了丰富与发展,更突出了人类对那些代表礼仪本质的事物的倾心向往。可见,礼仪变化的继承性必将随着人类历史的不断进步而发展。

(三)差异性

人说"百里不同风,千里不同俗",不同的文化背景产生不同的礼仪文化,不同的地域文化决定着礼仪的内容和形式。我国疆土辽阔,是一个多民族大家庭,不同的民族,其风俗习惯、礼仪文化各有千秋。例如见面问候致意的形式就不大一样,有脱帽点头致意的,有拥抱的,有双手合十的,有手抚胸口的,有口碰脸颊的,更多的还是握手致意。这些礼仪形式的差异均是由不同地方风俗文化决定的,具有约定俗成的影响力。

礼仪的差异性除了地域性的差异外,还表现在礼仪的等级差别上,即对不同身份地位的对象施以不同的礼仪。

(四)时代性

礼仪作为一种文化范畴,必然具有浓厚的时代特色。任何时代的礼仪由于其时代的特性和内容,往往就决定了它的表现。比如,礼仪本起源于原始的祭神,因而人类最初的礼仪是从祭神开始的。例如,古代把裸体怀孕的妇女陶塑像作为生育女神来祭拜,这正是基于人类在蒙昧时期无法更好地保护自己而产生的强烈的对生命崇拜的一种礼仪表现。时代的特色对文化冲击的烙印是巨大的,可以说,每个时代的文化正是时代变迁的缩影,而礼仪文化也如此,礼仪文化总是一个时代的写照。"文革"时期,清一色的服饰文化正是当时人们思想行为统一到一个文化模式中的反映。而现在丰富多彩的服饰文化也正是现代人丰富的内心世界的反映,是社会改革开放的投影。

(五)发展性

礼仪文化并非一成不变,而是随着社会的进步不断发展的。如现代人所发的礼仪短信、网络贺卡等礼仪形式就是时代进步而产生的新生事物。另外,随着国家对外交往的不断扩大,各国的政治、经济、思想、文化等诸种因素的互相渗透,我国的传统礼仪自然也被赋予了许多新鲜的内容。礼仪规范更加国际化,礼仪变革向符合国际惯例的方面发展。礼仪文化的培养和形成有助于我们的国家走向世界,更好地与国际接轨,更广泛地宣传我们礼仪之邦的文明。

二、学习礼仪的意义

"信近于义,言可复也;恭近于礼,远耻辱也。"《论语》中这句话的意思是:如果约定的内容符合道义,那么约定的话就可以实现;如果恭敬的态度符合礼节的要求,就不会因此受到屈辱。它揭示了礼仪的重要作用。

我们经常说中华五千年文明,中国是礼仪之邦。学礼仪有什么意义?培养礼仪修养有哪些途径呢?这是我们接下来要深入探讨的问题。

(一)学习礼仪是提升个人修养的需要

礼仪是一种既具有内在道德要求,又具有外在表现形式的行为规范。

礼仪是人的文化修养、道德品质、精神气质和思想境界等内在的要求，又是谦恭的态度、文明礼貌的语言、优雅得体的举止等外在的表现。人没有内在的修养，外在的形式就失去了根基。荀子说："故礼者，养也。"他强调了礼仪是每个人都必须具备的为人处事的基本素养。

一方面，礼仪是区别人与动物的一个标志。《诗经》中说："相鼠有皮，人而无仪；人而无仪，不死何为？"意思是看那老鼠有皮，而有的人不知礼仪；人不知礼仪，为什么还活着不死呢？孟子也说："饱食、暖衣、逸居而无教，则近于禽兽。"意思是吃得饱，穿得暖，住得安逸，却没有教养的人，和禽兽差不多。可以说礼仪是区别人与动物的一个重要标志。

另一方面，礼仪能提升个人修养。如果人们都能够按照礼仪做事，那么他们就会潜移默化地提升自己的人格而成为一个文明的人。《礼记》中说："富贵而知好礼，则不骄不淫。贫贱而知好礼，则志不慑。"因为好礼，富贵的人就会约束自己，贫贱的人就会保持节操，外来的东西就不能左右其心志。可以说人无论富贵贫贱，只要好礼，就有修养。

我们生活在社会主义大家庭中，人人均是大家庭的成员。我们应成为一个有道德、有文化、有纪律、有知识的人，要学会必要的礼仪知识。我们经常会对擦肩而过的一位先生或女士行注目礼，这是因为他们高雅的气质或潇洒的风度深深吸引了我们。那么，如何在与人交往中给人留下好印象呢？起码的一点就是多学一点社交礼仪，它可以免除人们在交际场上的胆怯与害羞，它可以指点交际场中的迷津，它可以给我们平添更多的信心和勇气，使自己知礼懂礼，做一个有教养的、有礼貌的、受人欢迎的现代人。一个人讲究礼仪，他才是文明的人，才能被别人接纳，被人尊重，也才能有较好的发展空间。

（二）学习礼仪是促进社会和谐发展的需要

礼仪能促进社会和谐发展。管子说："礼、义、廉、耻，国之四维，四维不张，国乃灭亡。"意思是礼、义、廉、耻是维持国家的四个基本要素，如果这四个要素不能贯彻执行，那么国家很容易灭亡。这里把礼仪列为立国要素之首，说明礼仪在国家建设和社会发展中的重要地位和作用。一个国家如果没有完备的礼仪规范，人们就不能自觉地遵守。礼仪规范是衡量社会秩序状况的一个重要尺度。《礼记》中说："分争辩讼，非礼不决。"意思是理有曲直，事有是非，明决是非曲直，不依礼仪就不行。这表明礼仪在社会发展中的重要作用。

新加坡在20世纪70年代后期，虽然经济在飞速发展，但社会道德出现了危机。时任总理的李光耀先生受中华文化的启发，及时指出，要把国家建设成为一个"富而有礼"的国家。20世纪80年代初，又进一步把"仁、智、勇、义、礼、信"确定为中学"儒家伦理"课的重要内容，把"忠、孝、仁、爱、礼、义、廉、耻"作为政府必须贯彻的"治国之纲"。经过一段时间的努力，社会道德水平和文明程度不断提高。最终，新加坡成为世界公认的文明程度较高的花园式国家。这一事实充分证明了礼仪在社会和谐发展中的重要作用。

现代社会中，有教养的人在事业、生活中表现出良好的礼仪，受到人们的欢迎。古语说："船多江不碍，礼多人不怪。"意思是生活中注重礼仪，即使礼仪有点多，别人也不会责怪你。在实现现代化的过程中，我们应始终把推进现代化建设与弘扬本民族优秀传统文化有机结合，在推动经济飞速发展的同时，为传统文化注入新鲜血液，使传统文化焕发出新的活力，使其成为社会稳定与经济发展的精神动力。

（三）学习礼仪是实现对外开放、适应市场经济发展的需要

对外开放的国策打破了长期封闭的环境，使得人们深刻地意识到坐井观天——做一只井底之蛙已难以适应形势，唯有从井底跳出，走出国门，走向世界，才是现代人应有的意识。要从狭小封闭的环境中走出来，除了应具备一些必备的专业技能之外，还必须了解与人相

处的法则和规范,这些规范就是社交礼仪。礼仪的学习能够帮助我们顺利地走向社会、走向世界,能够更好地树立起自身的形象,在与人交往中留下彬彬有礼、温文尔雅的美好印象。

市场经济的发展带来了大范围的分工协作和商品流通,促进了人与人之间、组织与组织之间、地域与地域之间的相互依赖和相互合作,同时也带来了激烈的市场竞争,"皇帝女儿不愁嫁""酒香不怕巷子深"的局面已一去不复返。对于一个社会组织而言,就需要积极地适应这种由"卖方市场"向"买方市场"的转变,而这种转变总是需要由具体的人去实施、操作的,这些实践者如不懂得现代的社交礼仪,就很难在市场上站稳脚跟。在市场经济的氛围下,人们不论是为自己还是为集体,均应更多地了解与学习社交礼仪的知识,帮助自己顺利走向社会、立足社会。

(四)学习礼仪是适应现代信息社会的需要

现代信息社会飞速发展的传播沟通技术和手段日益改变着人们传统的交往观念和交往行为。尤其是人们交往的范围已逐步从人际沟通扩展为大范围的公众沟通,从面对面的近距离沟通发展到了不见面的线上沟通,从慢节奏、低频率的沟通转变为快节奏、高频率的沟通。如何在这种新型沟通的条件下,实现有礼有节的交往,进而实现创造"人和"的境界,这是学习礼仪的另一意义。

第四节 培养礼仪修养的途径

一、加强道德修养

(一)遵守公德

道德是分领域和层次的,我们当前的道德体系主要包括社会公德、职业道德和家庭美德三个领域。这三者中的社会公德,是维护公共秩序的基本手段,也是整个社会道德体系中的基础层次,我们当前的社会公德,以"文明礼貌、助人为乐、爱护公物、保护环境、遵纪守法"为主要内容。

(二)诚信守约

无信则不立,无信则无德。一个人能够在社会上立足,与人很好地相处,靠的是信用。随着现代生活节奏的加快和生活内涵的多样化,人们的时间观念越来越强。参加各种活动要守时,不论是什么原因迟到都是失礼的。不能如约而至要事先通知对方,无故失约、失信,会使个人的形象在别人的心目中黯然失色。让别人久候是失礼的表现,但也不建议过早到。对别人的要求应根据自己的能力和实际情况给以答复,切不可妄开"空头支票"。在工作、生活、学习等各方面,对朋友应做到互尊互助。和朋友相处要坚持原则,发现朋友的错误应晓以大义、辨明是非,不搞帮派,不盲目讲"哥们儿义气"。

(三)真诚友善

对待别人应该和善亲切,自然真诚。应该掌握尺度,既不能冷淡、粗野,有恶劣的表现,也切忌虚假、过分的热情。诚恳但不口是心非,无论说什么、做什么,需由内心发出,帮助别人,需诚心诚意,不带有目的。

（四）谦虚随和

古人说："满招损,谦受益。"谦虚是受人欢迎的良好态度,社交场合上任何自傲情绪的流露都会成为个体通向成功的障碍。切记不可因曾帮助过他人而吹嘘邀功,特别是当对方或对方的至亲好友在场时;不因自己比他人多一点知识或多有一技之长而津津乐道;不因自认为比别人强而以比别人高一头的姿态出现。

（五）理解宽容

理解是情感交流的基础,也是建立友谊的桥梁。理解包括的内容非常广泛,主要体现在：理解别人的需要和行为习惯,理解别人的情绪情感,理解别人的立场观点和态度,理解自己所不喜欢的人的言行。理解往往是朋友之间珍贵的帮助和支持。生活中、工作上有人和你的看法不一致,或者伤了你的面子、侵犯了你的利益时,只要无碍大的原则,都要适当地给予宽容、理解。宽厚待人是中华民族的传统美德,也是我们待人处事的准则。在人际交往过程中,人与人之间发生误解摩擦是在所难免的,我们应尽量让自己做到真正的宽容,这是一种积极的生活态度和高品位的道德观念。当然宽容不是纵容,不是放弃原则立场的姑息迁就,也不是做老好人。对于邪恶及居心叵测的不良行为,绝不能采取回避或逃避的态度,否则的话就丧失了自己应有的品德和人格。

二、博闻多识

（一）阅读科学性强的书籍以做到言之有理

科学性强的书籍一般多强调事实依据与逻辑推演,通过阅读逻辑清晰、论证严密等科学性强的书籍,可以提升人们思维的严谨性和表达的条理性,使语言内容更有依据、更具说服力。在日常交流或教学讲解中,有条理的表达方式能够增强听众的信任感,也更易引发深层次的思考与讨论。

（二）阅读有一定社会历史内涵的文章以加强语言的思想性

具有深厚文化背景的文章能引导人们深入理解社会现象,使人们的言语更具深度与启发性。此类文章往往蕴含着丰富的思想资源和价值判断,通过阅读,我们可以更好地把握人类社会的发展脉络与文化演变的内在规律,从而在语言表达中不仅体现出对现实问题的思考与判断,还使沟通更加有温度、有高度、有深度。

（三）博览各类书籍以增加知识的广度和趣味性

博览文学、艺术、哲学、科技等多领域书籍,有助于扩展视野、激发联想,使语言更具人文气息。多领域的阅读能够构建起我们知识结构的纵向层次,使语言表达兼具理性与感性,体现出更为全面的人文修养。

（四）注意修炼精彩的词句以实现言之有神

语言之所以动人,不仅因为它传递了信息,更因为它承载了情感、节奏与美感。那些富有表现力的词句和形象鲜明的修辞手法,常常能使平实的内容焕发出独特的生命力,能引发听者或读者的共鸣。有时候在面对重要表达场合时,精彩的语言往往能够起到画龙点睛的作用,使观点更有力量,情感传达更为深刻。

三、在实践中养成

（一）在外表上,时时注意为人师表,讲究仪表、风度

外在形象是个人修养最直观的体现,往往决定了所谓的"第一印象"。特别是对于教师而

言,端庄得体的穿着、自然大方的举止不仅体现专业态度,也是良好师德师风的展现,因此要注意个人的仪表与风度养成。

(二) 在语言上,应温文尔雅,语调亲切甜润,音量适中

语调的高低缓急、语气的柔和坚定,常常在无形中影响交流的效果。和谐的语调不仅可以营造良好的交流氛围,也能够传达出温和、友善的态度,有助于建立良好人际关系。尤其在教育情境中,亲切而有分寸的表达更容易被接受与理解,能有效增强沟通的亲和力与引导力。

(三) 在态度上,无论对待任何人,均应表现诚恳、热情、和蔼、耐心

以诚相待是待人处事的基本要求。良好的态度不仅体现了自身修养,也能感染他人。尊重、真诚与耐心都是有效沟通及建立信任的前提。沟通中,态度温和往往比语言本身更具影响力,它能拉近人与人之间的距离,营造出和谐、友善的人际氛围,也体现出自身深层的道德素养。

(四) 在心理上,戒骄戒躁,保持积极健康的良好心态

拥有稳定、平和的心态,才能在各种场合中从容表达、理性沟通。当一个人具备良好的心理素养时,则能有效管理压力与焦虑,避免因情绪波动而影响表达的准确性和沟通的效果。同时,心理素养使人具备同理心和包容心,能够更好地理解他人的观点和情感,从而促进双向的真诚交流。这种内在的心理稳定和情绪成熟,不仅增强了语言表达的感染力和说服力,也让交流更具建设性和积极意义。

友情链接

关于中国礼仪的起源及发展阶段划分[1][2][3]

萌芽时期——原始社会时期,周口店山顶洞人用兽骨作装饰。此时礼仪较为简单,不具有阶级性。

革创时期——新石器时期,半坡遗址,仰韶文化,尊卑有序,男女有别。

形成时期——青铜时代,原始社会解体,向奴隶社会过渡,劳动活动升温。推翻殷王朝取而代之的是周朝,《周礼》产生,将人们的言谈举止、心理情操系统地纳入一个尊卑有序的模式之中,要求人们依礼而行。

发展变革时期——西周末期,出现了所谓的"礼崩乐坏"的局面;春秋战国时期,相继涌现出孔子、孟子等思想圣人,发展和革新了礼仪理论。

孔子认为:"不学礼,无以立",要做到"非礼勿视,非礼勿动",系统地阐述了礼仪的本质与功能。《论语》里有74处谈到礼仪,要求人们先用规范约束自己的行为,所以孔子是主张以礼治国的最有代表性的人物。

古之礼的内涵分为两个方面:一是典章制度;二是社会中一切人的行为和举止规范,这是典章在具体实施过程中的具体形成。

强化、衰落时期——公元前221年至唐、宋、明、清时期。秦始皇吞并六国统一中国,建立了中国历史上第一个封建王朝,成为后来延续两千多年的封建体制的基础。汉代、唐

---

①　史华楠.中国礼仪的起源与鸿蒙之初的礼仪文化[J].扬州大学学报(人文社会科学版),1999(1):25-29.
②　吴蕴慧.改革开放40年中国礼仪建设回顾[J].才智,2018(7):217-218.
③　胡芮.由礼成俗:论中国特色社会主义礼仪制度民间化与生活化[J].扬州大学学报(人文社会科学版),2024,28(3):93-104.

代、宋代,礼仪研究硕果累累。明代时,交友之礼完善,忠、孝、节、义等礼仪日趋繁多。特别是宋代家庭礼仪的发展是一个特点,主要代表人物有司马光、朱熹等,代表作有《书仪》《朱子家礼》。

清代后期,清王朝政权腐败,民不聊生,古代礼仪盛极而衰。一些西方礼仪传入,北洋新军的陆军开始用西方军队的举手礼等,代替不合时宜的打千礼等。

新礼仪形成时期——中国礼仪文化与世界接轨,经历融合的痛楚,摈弃旧礼仪"三纲五常"的封建等级限制,强调了对人性的尊重和理解,逐渐形成现代礼仪。

思考与练习

1. 谈谈礼的起源。

2. 你是如何理解礼的本质的？礼仪具有哪些特点？

3. 学习礼仪有哪些现实意义？

4. 结合生活实际谈一谈培养自己礼仪修养的途径。

5. 2019 年 10 月 1 日在北京天安门隆重召开了庆祝中华人民共和国成立 70 周年大会,并举行了盛大的阅兵式和群众游行。请从礼仪的特点这一角度对庆祝大会进行分析。

6. 人们在处理一些有意义的或重要的事务时,常常会考虑要有一定的仪式感。请谈一谈你对这一现象的认识。

第二篇

师范生个人礼仪规范

南开"镜箴"与周恩来的气质①

天津南开中学的入门处,立着一面醒目的大镜,镜子上方篆刻着南开学校创始人严修书写的"容止格言":"面必净,发必理。衣必整,纽必结。头容正,肩容平。胸容宽,背容直。气象勿傲勿暴勿怠,颜色宜和宜静宜庄。"短短几十个字的"镜箴"印在了无数南开人的心中,也曾让15岁考入南开学校的周恩来自觉地以此规范自己的衣着、仪表和一言一行。

在南开期间,以"镜箴"为鉴,周恩来所在的班级被评为全校班风第一,所住的西斋19号宿舍获得"整齐洁净"的嘉奖。走上革命道路的周恩来,同样没有忘记南开的"镜箴",他的衣着总是那样得体,神态总是那样平和。即使在南昌起义失败的时刻,周恩来仍能气质"勿暴勿怠";在长征的恶劣条件下,周恩来仍旧颜色"宜和宜静宜庄"。愈是在关键时刻,愈是在危难之时,周恩来身上所表现出来的气质就愈能成为鼓舞人们继续革命、坚持到底的动力,周恩来心中的镜子还将光辉折射到身边的战友身上,成为一种动力、一种勇气。

成为新中国总理后,周恩来同样以其儒雅风度给中外人士留下了深刻印象。尼克松说:"他通过他优雅的举止和挺立而又轻松的姿态,显示出巨大的魅力和稳健。"印度外长梅农评价说:"周恩来的温文尔雅和雍容大度给每个人留下了深刻的印象,这种风度既掩盖又衬托出他的坚定态度。"无论是在与民主人士的交往中,还是在与世界各国政府首脑的外交谈判中;无论是在日内瓦,还是在万隆,风度翩翩的周恩来与人交往中的亲和力或许正是源于"镜箴"的"气象勿傲勿暴勿怠,颜色宜和宜静宜庄"。

"镜箴",以镜子为鉴正衣冠,以箴言为鉴修德行,也许正是这面"镜箴"在一定程度上铸就了周恩来的不凡风范与高雅气质;也许正是这面"镜箴",把南开时代的周恩来以更丰富、更鲜活的形象呈现在后人面前,镌刻在世人心中。

---

① 张颖. 南开"镜箴"与周恩来的气质[J]. 党的文献,2010(12):114−115. (有删改)

上述事例表明，一个人的言行举止对人的一生会有非常大的影响，而良好的举止需要从小养成。但由于种种原因，往往容易忽视礼仪教育。其实，在我国的传统社会里，学校教育有着悠久的历史。在殷墟卜辞中可以读到关于教学活动的描述，可见那时我国就已经出现了学校的雏形。周代，教育事业相当发达，到了春秋战国时期，出现了私学。在整个封建社会里，各类学堂都曾有很大发展，并形成了一系列的学堂礼仪。传统学堂礼仪的核心是尊师，一开学就要祭祀先师，以示尊师重道。直至近现代，许多民众家中都还祀奉"天地君亲师"的牌位，可见尊师的观念早已深入人心。但是，那时候过分强调学生对老师的服从和继承，师生关系不平等，在很大程度上扼杀了创新精神，也助长了老师体罚学生等不良行为。

现代社会，学校教育在社会中的普及性和重要性得到很大提高。几乎每一个现代人的一生中，都会有相当长的一段时间是在各类学校中度过的，"尊师重教"已经成为现代社会中人们的共识，这使得校园礼仪显得越来越重要。另外，随着全社会民主精神的不断高涨，传统的"师道尊严"受到了严峻的挑战，一种更为和谐、更为人性化、更符合科学精神的新型师生关系正在形成之中，这是令人鼓舞和庆幸的。不过，目前的学校教育仍然存在着误区，在相当长的时间里，不少学校较多地注意了向学生传授科学文化知识，往往以考试分数的高低来衡量教学的成败和评定学生的好坏，忽视了学生素质的全面提高，尤其忽视了培养学生如何做人这一十分重要的问题。19世纪的德国教育家赫尔巴特曾经指出，道德普遍地被认为是人类最高目标，因此也是教育的最高目标。这与孔子的"不学礼，无以立"的观点有着异曲同工之处。

校园礼仪道德建设是校园文明建设的重要组成部分。作为青年学生，应该自觉遵守校园内各项规章制度，与此同时，还要加强礼仪文明习惯的养成，塑造现代文明学生的良好形象。尤其作为未来幼儿教师的师范生，肩负着历史的使命和社会的重任，更应该在礼仪素养、礼仪行为方面加强培养与训练，提高自身的综合素质，更好地胜任未来教师的工作。一方面为孩子们树立礼仪的榜样，另一方面促进幼儿礼仪行为习惯的养成，为幼儿健康人格的形成打下坚实的基础。

师范生礼仪规范是指师范生在校园里应该遵循的行为规范的总和。它包括师范生的个人形象礼仪、师范生的交往礼仪、师范生在校园中各种场合的礼仪以及师范生在校园中相关仪式中的礼仪等。

知识框架

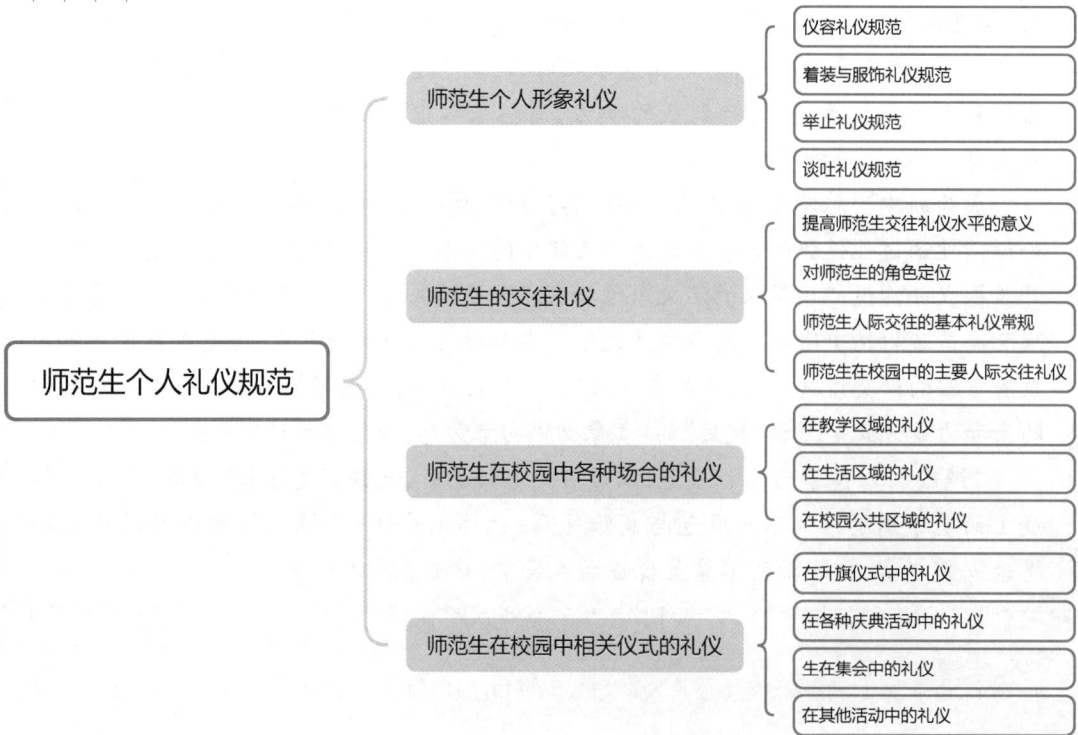

第一节 师范生个人形象礼仪

本节课题：塑造良好的个人形象，做一位优雅端庄的师范生。

礼仪有它独特的精神内涵，又有它在行为方式方面的一系列具体规范要求。礼仪品质并非先天得来，而是在环境的影响下，通过不断修养而逐渐形成的。敬爱的周恩来总理为我们做出了榜样。他少年时代就读于南开中学，曾把教学楼门的大镜上的镜箴作为自己的行为准则，用来告诫自己。这个镜箴是："面必净，发必理，衣必整，纽必结。头容正，肩容平，胸容宽，背容直。气象勿傲、勿暴、勿怠。颜色宜和、宜静、宜庄。"这些仪表风度方面的具体要求，为周总理出色的礼仪修养打下了坚实的基础，使其思想道德和文化艺术等方面的修养达到相当高的境界，成为举世公认的政治家和外交家。这种个人魅力，主要是由个人礼仪组成的，而个人礼仪又是交际礼仪的核心，决定交往的成败。个人礼仪主要由举止礼仪、着装礼仪、仪容礼仪、谈吐礼仪组成。

师范生的个人形象礼仪在广义上包括师范生的个人形象与个人素养。师范生的个人形象是指师范生在校园中的礼仪风貌，具体包括：仪容规范、着装规范、举止礼仪规范、谈吐礼仪规范。师范生的个人素养是指内在的素质与修养，具体包括：思想品质、知识结构、综合能力等。个人形象是以其个人素养为基础为前提，又是个人素养的综合体现和最终结果。师范生的个人形象礼仪从狭义上特指师范生的个人形象。本篇涉及的师范生的个人形象礼仪，是指狭义的概念。

一、师范生仪容礼仪规范

仪容，通常是指人的外观、外貌。其中，容貌是个人仪容的重点。

（一）仪容美的表现

（1）自然美。指先天条件好，即天生丽质。它是仪容美的基础。

（2）修饰美。指依照规范与个人条件，对仪容所进行的必要修饰。它是仪容美的重点。

（3）内在美。指通过学习所具备的高雅气质与美好的心灵。它是仪容美所达到的较高的境界。

仪容美是以上要素的高度统一。

（二）仪容修饰的基本原则

仪容修饰的基本原则是健康、清洁、得体、美观。

（三）师范生仪容美的主要内容及具体要求

1. 头发

头发位于人体的"制高点"，头发是一个人被注视的重点，因此修饰仪容应从"头"做起。师范生个人的头发修饰，不仅要恪守一般的美发要求，而且还应遵循学生身份的特殊要求。

（1）头发的清洁。

师范生要保持头发的整洁。一要勤于清洗，建议根据个人情况决定每周清洗次数。二要勤于修剪，在正常情况下，男生或女生的短发至少每月修剪一次。三要勤于梳理，切忌当众进行，梳理的断发和头屑不可随手乱扔。

（2）头发的造型。

头发的造型即头发经过一定修饰之后所呈现出来的形状。发型在一定程度上是时代的留影，

也是历来人们审美趣味的中心,它既是保护美化头部的能动因素,又是修饰面部审美格调的"重彩",青年学生更是把自己对时尚的理解直接体现在发型上。但要注意,师范生发型应该符合自己的性别、年龄、学生身份的要求,发型力求活泼大方、富于朝气与活力。例如,男生头发不能过长,前发不过眉,侧发不掩双耳,后发不擦衣领,不留大鬈角,不蓄长发,不剃光头等。在校女生适宜短发("刘海式""运动式")、束发("马尾辫""编辫"),不宜披肩发、盘发、标新立异过于前卫的发型等。

（3）头发的美化。

美发通常包括护发、烫发、染发、佩戴假发、发饰、帽子等。因师范生的特定身份,在校期间应注意头发美观大方,自然得体。注重日常的头发保养与护理,养成良好的卫生习惯。女生佩戴发饰应简单、小巧、典雅。无论男生和女生,都不应烫发、染发、佩戴假发。

2. 面容

面容是人们仪容的重中之重,它既反映个人的审美意识,又能体现对他人的礼貌。因此,师范生应掌握面容礼仪的规范要求。修饰面容,首先要注意清洁,即要勤于洗脸,保持面部的清爽、无灰尘、无汗渍、无油污、无泪痕、无分泌物、无其他不洁之物,养成平时勤于洗脸的良好习惯。其次要卫生,需要同时兼顾讲究卫生与保持卫生两方面。师范生正值青春发育阶段,身体内分泌旺盛且不均衡,面部皮肤敏感,容易长粉刺、青春痘甚至痤疮,因此,讲究和保持面部卫生非常重要。最后要保持自然美,师范生在日常学习中不宜化妆。

面容除脸部外,还包括眉部、眼部、口部、鼻部、耳部和颈部等。师范生应该注意这些部位的整洁、卫生、简约与端庄。例如:应保持眉毛的完整,女生切忌绣眉、文眉;注重眼睛的卫生,预防各种眼部疾病,保护好视力;保持口腔卫生,注意刷牙与漱口,避免残留异物与异味;注意鼻垢的及时清理,切忌当众挖鼻;注意耳屎的清理与颈部的卫生清洁。

3. 手臂

手臂即上肢,是师范生日常学习和生活中运用最为频繁的身体部位。一双保养良好、干净秀美的手臂,往往会给自己增添美感和协调感,给他人留下深刻而美好的印象。师范生首先应该注意手臂的保洁,包括勤洗手臂、注重用手的卫生等;其次应该注意手臂的保养;最后注意手臂的适当修饰,例如,勤剪指甲、不涂指甲油或彩绘、不外露腋毛等。

4. 腿脚

观察人时通常有"远看头,近看脚"的习惯,因此,人们除了慎重对待下肢服饰的选择与搭配外,还要注意下肢的保洁与适当修饰,避免"凤凰头,扫帚脚"的上下不相称的弊病。师范生注重腿脚下肢的礼仪规范具体体现在:一要保持下肢的清洁,即勤洗脚、勤换袜子、定期换洗鞋子;二要注重腿脚的适度掩饰,如不裸大腿、不赤脚等。

5. 化妆

化妆是修饰仪容的一种高级方法,它指采用化妆品按一定技法对自己进行修饰、装扮,以使自己的容貌更加靓丽。师范生在校期间一般情况下不宜化妆,但是遇到演出或在正式场合演讲等,则应适当化妆,以表示对观演者的尊重。

二、师范生的着装与服饰礼仪规范

（一）着装

1. 服装

服装是指所穿衣服总称,被视为人的"第二肌肤"。服装具有实用性、装饰性、社会性的功能。实用性,是指其遮风、挡雨、防暑、御寒、蔽体、掩盖的功能;装饰性,是指它的美化人体、展示

个性、反映精神风貌、生活情趣、审美的功能,例如,"人配衣装,马配鞍";社会性,是指它反映社会分工、地位、身份和教养的功能。正如莎士比亚所说:"服装往往可以表现人格。"服装由面料、色彩、款式三要素构成。

2. 着装

着装,即指服装的穿着。严格地说,它是一门技巧,更是一门艺术。着装是一个人基于自身的阅历、修养和审美品位,在对服装搭配技巧、流行时尚、所处场合、自身特点进行综合考虑的基础上,在力所能及的前提下,对服装进行的精心选择、搭配和组合。

3. 师范生的着装

(1) 师范生的服装种类:校服(制服、运动装);生活装(休闲装、牛仔装、时装、礼服);家居装;等等。

(2) 师范生着装的原则:干净、整洁、适合、美观。师范生在校园中一般着校服,这是学生身份的体现和象征,也体现出校园整齐划一的风貌。学生无论着运动校服还是制服,都应注意勤换洗保持服装的干净和颜色的鲜亮。注意整洁,尤其是制服应熨烫平整,防止褶皱,以免影响制服的端庄、严肃。穿着校服时要注意规范,一般运动装适宜校园非正式场合的学习生活中;制服适宜校园正式场合,如升旗仪式、开学典礼、结业式及重要集会等。校服穿着要注意合理搭配,例如:着运动装应穿着运动鞋、棉线袜;着制服应将衬衣下摆束到裤子或裙子里;穿皮鞋时,男生穿深色袜、女生穿肉色丝袜等。切忌在校服上乱涂乱画、运动服与制服混穿、不爱惜校服等做法。

(3) 师范生着装的礼仪。师范生其他场合着便装时也应该自觉遵循着装的规范,体现师范生高雅、大方、得体的良好风貌,具体注意个体性、整体性、整洁性、文明性、技巧性等。

① 个体性。服装应符合自己的年龄、性别、身份、身材、肤色、气质、性格、审美、场合、时间、活动目的等个人因素。

② 整体性。服装穿着应注意颜色、款式、质地、风格,以及上下、内外搭配要规范、协调、美观的整体效果。

③ 整洁性。服装穿着要干净、平整、完好,体现主人良好的生活习惯和作风。

④ 文明性。选择适宜自己年龄和身份的服装,切忌过薄、过分暴露、过分透明、过短款、过分束身、过分奇异的服装。

⑤ 技巧性。服装的选择与穿着能够发挥和显现自己的优势和长处,使服装真正为人服务,体现师范生的风采和魅力。这需要师范生对自己有一个较全面较客观的认识,加强内在的修养,不断提高自己的审美情趣,掌握人体与服装方面的专业知识和技能,穿出格调、穿出品位、穿出特色。

(二) 佩饰

佩饰是装饰物,它对服装、身份、地位、审美、角色、场合等起辅助、烘托、陪衬、美化的作用。它是一种无声的语言,通过它可以了解主人的知识、阅历、身份、教养、审美……它同时具有一种暗示的功能,通过它可以了解主人的社会地位、财务、婚恋状况等信息。

1. 佩饰的种类

包括手表、首饰(戒指、项链、挂件、耳环、手镯、手链、脚链、胸针、领针)、领带、丝巾、发卡、帽子、手套、包袋、眼镜及其他小饰物等。

2. 师范生佩饰的礼仪规范

师范生在校期间除了佩戴眼镜、手表、发卡外,一般情况下不允许佩戴饰物,尤其是首饰。平日生活中或节假日期间可以佩戴符合自己年龄、身份的饰物,但注意遵循佩戴的原则。

三、师范生举止礼仪规范

举止是一种无声的语言,又称第二语言或副语言,它是映现一个人涵养的一面镜子,也是构

成一个人外在美的主要因素。不同的举止显示人们不同的精神状态和文化教养,传递不同的信息,因此举止又被称为体态语。正如达·芬奇所言:"从内心了解人的内心世界,把握人的本来面目,往往具有相当的准确性与可靠性。"师范生学习个人礼仪总体上应该遵循两个原则:"三应原则",即应事、应己、应制的原则;"避人原则",即礼仪的禁忌。

举止礼仪应具备以下四方面的作用:一是,举止礼仪比有声的口头语表达的内容更丰富、美好和生动,例如"听其言,观其行";二是,举止在人们的交往中有着无言的沟通作用;三是,举止能够表达有声语言所不能表达的真情,例如"眉来眼去传情意,举手投足皆语言";四是,举止有助于展示风采,树立美好的自我形象,例如"质胜文则野,文胜质则史,文质彬彬,然后君子"(《论语·雍也》)。弗兰西斯·培根说:"就形貌而言,自然之美要胜于粉饰之美,而优雅行为之美又胜于单纯仪容之美。"(《人生论·美》)

（一）师范生举止规范的特点

1. 连续性

作为体态语言的举止有时是以静态方式出现,更多的时候是由一系列的动作所构成的活动过程。因此,师范生应注重日常举止规范的训练,养成文明行为习惯,才能通过举止细节体现出师范生的礼仪素养。另外,通过观察他人的具有连续性的行为,较准确地了解行为动机,达到思想和心灵的沟通与交流。

2. 多样性

行为举止本身非常丰富、多样,而在不同主体身上体现得更是灵活与复杂,这就增加了学习和掌握的难度。作为师范生,应尽可能了解和掌握较丰富的举止规范,提高与他人沟通的有效性,增强个人形象的魅力。

3. 可靠性

人的行为举止从某种意义上反映着一个人的心理状况,尤其是无意识的举动更是一个人内心世界的真实写照。师范生应了解举止规范的可靠性特点,注重举止细节,提高举止规范的自觉意识,从而增强自身的可信度、可靠性。

（二）师范生举止规范的要求

师范生肩负着未来人民教师的神圣使命,作为教师形象重要组成部分的举止,与其他行业的相比较,有更高的要求,时时刻刻、有意无意地发挥着示范性的作用。因此,要求师范生的举止符合以下规范要求。

（1）文明。自然,大方,具有较强的文化教养,切忌野蛮。

（2）优雅。高雅,美观,赏心悦目,切忌粗俗。

（3）敬人。尊重他人,为人友善,切忌高傲、瞧不起人。

（三）师范生举止规范的具体内容

1. 站姿

"站如松,坐如钟,行如风,卧如弓",这是我国古代人对人体姿势的要求。站有站相,它是人们平时经常采用的一种表态造型,又是其他各种静态或动态的身体造型的基础和起点。良好的站姿能衬托出美好的气质和风度,能全面体现一个人的精神面貌,作为师范生应该掌握规范的站姿,养成良好的行为习惯。

（1）师范生标准站姿。

双脚脚跟并拢,脚尖略分开,双腿并拢,收腹,提臀,立腰,挺胸,沉肩,拔颈,双肩垂放,头正目平,表情自然(如图2-1-1)。

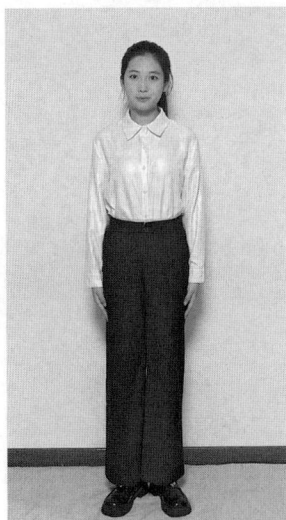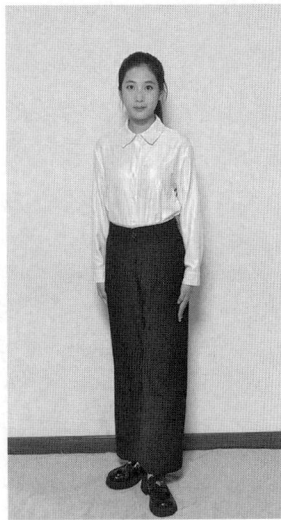

站姿

站姿禁忌

图 2-1-1　　　　　　　　　　　　图 2-1-2

脚位变化——女生可以呈"丁"字步(如图 2-1-2)、"V"字步;男生可以呈"小八"字步、两脚左右开立;男女生在正式场合应双脚并拢,立正站好;非正式场合双脚可以稍息,但双腿及上体应保持端庄、得体。

手位变化——男女生均可双手相搭放置体前或体后;一手在体前,另一手自然垂于体侧;一手背于体后,另一手自然垂放于体侧。

(2)师范生站姿禁忌。

第一,身体歪斜。不仅影响师范生的身体发育,也会给人颓废消极、萎靡不振、自由放纵的不良印象。

第二,弯腰驼背。给人健康欠佳、无精打采的印象。

第三,趴伏依靠。给人自由懒散、消极不雅的印象。

第四,双腿大叉或交叉。给人粗野或傲慢的印象。

第五,脚位欠妥。给人不拘小节的不雅印象。

第六,手位失当。手插衣袋、双手相揣抱于胸前、双手抱于脑后、双手托下巴等都是不妥手位。

第七,半坐半立。给人懒散随意、缺乏教养的印象。

第八,全身乱动。给人不稳重的印象。

第九,摆弄物品。给人缺乏自信和教养的印象。

2. 坐姿

常言道:"坐如钟。"即坐相要像钟一样端正、稳重、自然、亲切,不仅给人一种文雅、大方的舒适感,而且也是展示自己气质和风度的重要形式。

(1)动作要领。

臀部坐在座位的 2/3 处,上体保持正直,立腰、挺胸、沉肩、头正,双腿自然并拢,大腿与地面平行、与小腿垂直,双手自然放置于腿上或面前的书桌上。

(2)几种不同的坐姿。

女生:上体保持正直,臀部坐在座位的 2/3 处,腿和脚可以变化,但是注意女士双膝不可分开。可以是:双脚并拢、双脚呈"V"字形(如图 2-1-3),双脚呈"丁"字形、双脚前后相叠向后收(如图 2-1-4),双脚并拢同时向左或同时向右(如图 2-1-5),双腿大腿相叠移向一侧(如

图 2－1－6）……

示范视频

坐姿

示范视频

几种不同的坐姿

示范视频

入座与起立礼仪

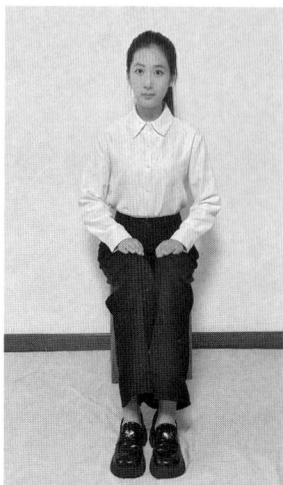

图 2－1－3

图 2－1－4

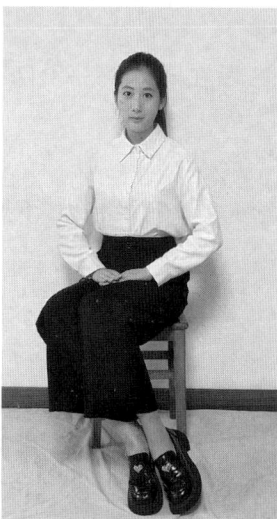

图 2－1－5

图 2－1－6

　　男生：上体保持正直，臀部坐在座位的 2/3 处，腿脚可以变化不同的位置。双脚并拢；双腿及双脚左右开立，幅度不能超过肩宽；双腿及双脚前后开立。

　　（3）入座与起立礼仪。

　　入座：一般在他人之后入座，在适当之处就坐，主动将上座让给来宾或老师，从座位左侧就坐，轻手轻脚就坐，以背部接近座椅，落座时，右脚向后错半步，男生提裤线，女生将裙摆坐下后调整体位。

　　起立：右脚向后错半步用力蹬地起立，然后右脚靠近左脚立正站好。注意：先有表示、次序准确、起身缓慢、从左离开。

　　（4）坐姿的禁忌。

　　不雅的腿姿：双腿叉开过大、架腿方式欠妥、双腿过分伸张、腿部抖动摇晃等。

　　不安分的脚姿：脚尖指向他人、蹬踏其他物体等。

3. 行姿

行姿指的是一个人在行走时所采取的具体姿势,是人体行进中所呈现出的一种动态,它是以站立姿势为基础,是立姿的延续动作。行姿是展示人的动态美的重要形式,无论是日常生活还是学校场合,走路都是"有目共睹"的肢体语言,往往能表现出一个人的风度和韵味。人们走路的样子千姿百态,各不相同,给人的感觉也有很大差别。有的步伐矫健、端正、自然、大方,给人以沉着、庄重、斯文的感觉;有的步伐雄壮,给人以英武、勇敢、无畏的印象;有的步伐轻盈、敏捷,行走如风,给人以轻巧、欢悦、柔和之感。另些人由于不重视步态美或由于生理原因,逐步形成一些不规范的步态,或摇头耸肩、左右摇动,或弯腰驼背、步履蹒跚等,都需要在日常生活中注意纠正,师范生更应注意自己行姿的训练。

（1）标准行姿。

行姿的标准动作是:上体挺拔矫健、肩平、头正、眼睛平视、面带微笑、挺胸、收腹提臀立腰、摆臂自然、步态优美、步伐稳健,动作协调、重心平稳、走成直线(如图2-1-7)。

图2-1-7

行姿1

（2）注意事项。

第一,精神饱满。正确的行姿可表现一个人的朝气蓬勃、积极向上的精神状态,正确的行姿应以正确的站姿为基础。行走时保持规范的姿态,精神饱满,表情自然。

第二,方向明确。行走时,必须保持明确的行进方向,尽可能使自己犹如在一条直线上行走,给人以稳重之感。

第三,重心平稳。行进时,抬头、挺胸、收腹、提臀,使步态轻盈;重心平稳向前移动。切忌重心上下移动或左右摇摆。

第四,步幅适度。步幅一般与本人一只脚的长度相近,即前脚的脚跟距离后脚的脚尖之间的距离,但是也要考虑场合与着装的不同情况。正式场合穿着制服时,步幅不宜过大;非正式场合穿休闲装时,步幅可稍大些。

第五,速度均匀。在一般场合应保持相对稳定的速度,步速稳健也是步态美的重要表现。男生步伐矫健、稳重、刚毅、洒脱,步伐频率约每分钟110步;女生步伐轻盈、优美、雅致,步伐频率约每分钟90步。

行姿2

第六,身体协调,注意步韵美。行进中,膝盖和脚腕要富有弹性,起动时要以脚跟先着地,膝盖在脚掌落地时应当伸直。腰部应为身体重心移动的轴线,双臂应自然轻松,一前一后摆动,两臂前后摆动的幅度要小,与身体呈10度为宜,保持身体各部位之间动作的和谐,步履匀称、自如、轻盈,显出端庄、文静、含蓄、典雅的女性窈窕,使自己在一定的韵律之中,显得自然优美。

第七,造型优美。行走时应面对前方、两眼平视、挺胸收腹、挺直腰背、伸直腿部,使自己全身从正面看上去犹如一条直线(男生)或一条S曲线(女生)。

第八,男女有别。男生在行进时,一般走平行线,即左右脚踏出的应是平行线,两脚尖稍外展,通常速度稍快,脚步稍大,步伐奔放有力,充分展示男生的阳刚之美。女生在行进时,两脚尖正对前方,两脚内侧交替走在一条直线上,这样可展示女生身姿,体现轻盈、雅致、优美、自然的阴柔之美。

（3）行姿禁忌。

第一,方向不定、忽左忽右。

第二，横冲直撞。在人群中乱冲乱闯，甚至碰撞到他人的身体。

第三，抢道先行。不讲究"先来后到""礼让他人"。

第四，阻挡道路。在道路狭窄之处，悠然自得地缓慢而行，甚至走走停停，或多人并排而行。

第五，蹦蹦跳跳。走起路来重心不稳，上蹿下跳。

第六，跑来跑去。遇急事可以快步行走，尽量不要跑动，以免制造紧张气氛。

第七，制造噪声。师范生应该养成轻声慢步的良好习惯，尤其在非运动区域。

第八，身体过分摇摆，步幅忽大忽小。容易给人轻佻、浅薄、矫揉造作的不良印象。

第九，身体僵硬，步履缓慢沉重。容易给人心境不佳、内心保守顽固、思想陈旧僵化的印象。

第十，双手插于衣裤口袋内而行。容易给人偏侬小气、狂妄自傲、缺乏教养的不良印象。

第十一，双手反剪于身后而行。容易给人自恃优越、高于或长于他人的不良印象。

第十二，膝盖僵直、双脚擦地，或双腿弯曲、脚尖着地。容易给人拖沓、迟钝、缺乏朝气和活力的印象。

第十三，"内八字"步或"外八字"步。容易给人拘谨、老态、矫揉造作或嚣张放肆、粗俗等不良印象。

4. 蹲姿

捡拾地面物品或整理鞋袜时，需要侧身下蹲，切忌弯腰撅臀或面对、背对他人。

（1）标准蹲姿。

第一种，高低式。左脚在前，右脚靠后。左脚完全着地，右脚脚跟提起，右膝低于左膝，右腿左侧可靠于左小腿内侧，形成左膝高右膝低姿势。臀部向下，上身位前倾，基本上用左腿支撑身体。采用此式时，女生并拢双腿，男生可适度分开。若捡身体左侧的东西，则姿势相反。这种双膝以上靠紧的蹲姿在造型上是优美的（如图2-1-8）。

第二种，交叉式。主要适用于女生，尤其是适合身穿短裙的女生在公共场合采用。下蹲时，右脚在前，左脚居后，右小腿垂直于地面，全脚着地。右腿在上，左腿在下交叉重叠。左膝从后下方伸向右侧，左脚跟抬起脚尖着地。两腿前后靠紧，合力支撑身体（如图2-1-9）。

第三种，半蹲式。身体半立半蹲，上身稍许下弯，但不宜与下肢构成直角或锐角，臀部务必向下，双膝可微微弯曲，其角度可根据实际需要有所变化，但一般应为钝角。身体的重心应当被放在一条腿上，而双腿之间都不宜过度地分开（如图2-1-10）。

示范视频
蹲姿

图2-1-8　　　　　图2-1-9　　　　　图2-1-10

第四种,半跪式。双腿一蹲一跪,下蹲以后,改用一腿单膝点地,以其脚尖着地,而令臀部坐在脚跟上。另外一条腿应当全脚着地,小腿垂直于地面。双膝必须同时向外,双腿则宜尽力靠拢。

(2)蹲姿禁忌。

忌突然下蹲、距人过近、方位失当、随意滥用。

蹲姿禁忌

5.手势

手是传情达意的重要手段和工具,它有着极强的表现力和吸引力,运用得适度规范,可增强感情的表达,起到锦上添花的作用。因此,善于研究和判断他人手势语的真实含义,可以达到较好的沟通交流的目的。

手势的类型:形象手势、象征手势、情感手势、指示手势。

手势的基本原则:使用规范化手势;注意区域性的差异;手势宜少不宜多;手势的力度与幅度自然而亲切。

以下是一些常用手势。

手势1

(1)正常垂放。

正常垂放指站立时双手垂放的手势。这是师范生使用最多的手势之一,具体做法包括以下七种。

第一种,双手指尖朝下,掌心向内,手臂伸直后分别紧贴两腿裤线处。适用于严肃而正式的场合。

第二种,双手伸直后自然相交于小腹,掌心向内,一只手在上、一只手在下叠放在一起。适用于师范生平时与他人交流时轻松自然的场合。

第三种,双手伸直后自然相交于小腹处,掌心向内,一只手在上、一只手在下相握,大拇指藏在虎口处。适用于师范女生在正式或接待、迎宾场合。

第四种,双手伸直后自然相交于背后,掌心向外,两只手相握。适用于师范生较正式或与他人交流时的场合。

手势2

第五种,一只手紧贴裤线自然垂放,另一只手屈臂掌心向内搭在腹前。适用于师范生日常非正式场合。

第六种,一只手掌心向外背在体后,另一只手屈臂掌心向内搭在腹前。适用于日常非正式场合。

第七种,一只手紧贴裤线自然垂放,另一只手掌心向外背在身后。适用于日常非正式场合。

(2)自然搭放。

第一种,在课堂上站立时,身体直立,两臂自然垂放于课桌上,肘部朝外,双手放置课桌上,四指指尖朝前,拇指与其他四指稍分离。避免身体与课桌距离过远,同时要根据桌面高矮来调整手臂弯曲程度,切忌将上半身趴伏在课桌上,或将整个手掌支撑在课桌上。

手势自然搭放

第二种,在课堂上就座时,将双手自然搭放在课桌上。上体直立,除书写外,手臂可摆放于课桌上,最好仅以双手手掌平放于其上,双手可以分开、叠放或相握,但避免将胳膊支起来,或将双手放在课桌下。

(3)手持物品。

第一,稳妥。手持物品时,可根据物体重量、形状采取相应手势,确保物品的安全,尽量轻拿轻放。

第二,自然。手持物品时,可以依据本人的能力与实际需要,酌情采用不同姿势,但一定避免持物时手势夸张,"小题大做",失去自然美。

第三，到位。确保方便与自然地持握物品。

第四，卫生。保证双手的清洁。

（4）递接物品（如图2-1-11）。

第一，双手为宜。一般情况下，尽可能双手递物；不方便双手并用时，尽量采用右手。左手递物，通常视为无礼之举。

第二，递到手中。递物时应直接交到对方手中为宜，不到万不得已，不要将物品放置别处。

第三，主动上前。同学之间若双方相距甚远，递物者应主动走近接物者；递物时，应起身站立。学生应主动向老师递物，双手接老师的物品。

第四，方便接拿。在递物时应为对方留出便于接取物品的空间，不要令其感到接物时无从下手。将带有文字的物品递交他人时，须使物品正面朝向对方。

第五，尖、刃向内。将带尖、带刃或易于伤人的物品递于他人时，切忌以尖、刃直接指向对方。应该使尖、刃朝向自己，或朝向别处。

（5）招呼他人、举手致意。

图2-1-11

示范视频

递接物品

示范视频

主动上前

在招呼他人或临行再见时，应右手举至头侧眼睛的视线范围内，掌心朝前，五指并拢自然弯曲，左右摆动，身体保持直立。

第一，面向对方。举手致意时，应全身直立，面向对方，至少上身头部朝向对方，在目视对方的同时，应面带笑容。

第二，手臂上伸。致意时应手臂自下而上由侧上方伸出，手臂可自然弯曲，也可伸直。

第三，掌心向外。致意时掌心向外，面对对方，指尖朝上。

（6）握手。

第一，先后顺序。握手时，双方出手应遵循一定的礼仪次序，即"尊者为先"的顺序。例如：领导先出手；长辈先出手；老师先出手；主人先出手；女士先出手……

第二，力度适中。握手时注意用力应适度，用力过重或过轻都是失礼的表现。

第三，时间适宜。与人握手时，一般3~5秒即可。没有特殊情况，不宜长时间握住他人手不放。

第四，握手方式。通常右手相握。握手时应当先走近对方，右手向侧下方伸出，双方互相握住对方的手掌。被握住的部分，应大体包括手指至虎口处。双方手部相握后，应目视双方的双眼。

第五，身体协调、规范。在日常交往时，学生握手的机会不多，一旦交往中需要实施握手礼节时，一定注意正式、规范、身体协调，切忌过于随意。

（7）挥手道别。

第一，身体直立。挥手道别时，尽可能不走动、乱跑，更不要摇晃身体。

第二，目视对方。挥手道别时，目送对方远去直至离开自己的视线。

第三，手臂前伸。道别时可用右手，也可双手并用。但手臂应尽力向前伸出。注意手臂不能伸得太低或过分弯曲。

第四，掌心朝外。挥手道别时要保持掌心向外，否则失礼。

第五，左右挥动。挥手道别时，要将手臂向左右两侧轻轻来回挥动，但尽量不要上下摆动。

示范视频

握手1

示范视频

握手2

示范视频

挥手道别

（8）引导手势。

引导手势的规范标准是：手指伸直并拢，掌心斜向上方，手与前臂成一条直线，肘关节自然弯曲（以肘关节为轴，弯曲140度左右，手掌与地面基本形成45度）；手势上不要超出对方视线，下部要低于胸区；手势的左右摆动范围不要太宽。与人交谈时，手势不宜过多，动作不宜过大。介绍某人或引导时，掌心朝上，四指并拢，大拇指张开，以肘关节为轴，前臂自然上抬伸直。指示方向时，上身稍向前倾，面带微笑，自己的眼睛看着目标方向，并兼顾他人是否意会到目标。

第一，横摆式。用于引导表示"请"时的手势，手位齐腰高（图2-1-12）。

第二，斜摆式。请对方落座的手势，手应指向座位（图2-1-13）。

第三，直臂式。手臂伸直与肩同高，适用于给对方指引方向（图2-1-14）。

第四，曲臂式。适用于单手持物或扶门时，须向对方做"请"的手势（图2-1-15）。

第五，双臂式。适用于面对众多人做"请"的手势（图2-1-16和图2-1-17）。

引导手势

图2-1-12

图2-1-13

图2-1-14

图2-1-15

图 2-1-16　　　　　　　　　　　　图 2-1-17

（9）手势禁忌。

手势是人的第二面孔,具有抽象、形象、情意、指示等多种表达功能,应根据对方的手所表现出的各种仪态,准确判读各种手势所传达出的各种真实的、本质的信息,尽可能避免或克服以下手势。

第一,容易误解的手势。

例如"OK"手势,是拇指和食指合成一个圈,其余三个指头伸直或略屈。在不同的国家有不同的含义,在我国和世界其他一些国家,伸手示数时该手势表示零或三;在美国、英国表示"OK",即"赞同""了不起"的意思;在法国表示零或没有;在泰国表示没问题,轻便;在日本、缅甸、韩国表示金钱;在印度表示正确、不错;在突尼斯表示"傻瓜"。

再如"V"手势是指食指和中指上伸呈"V"形,拇指弯曲压于无名指和小指上。在不同的国家有不同的含义。在世界上多数地方伸手示数时表示"二"。用它表示 Victory(胜利),据说是第二次世界大战时期英国首相丘吉尔发明的。但表示胜利时,手掌一定要向外,如果手掌向内,就是贬低人侮辱人的意思了。在希腊做这一手势时,即使手心向外,如手臂伸直,也有对人不恭之嫌。

此外,大拇指手势在我国表示"好""了不起"等,有赞赏、夸奖之意;在意大利,伸出手指数数时表示"一";在希腊,拇指上伸表示"够了",拇指下伸表示"厌恶""坏蛋";在美国、英国和澳大利亚等国,拇指上伸表示"好""行""不错",拇指左、右伸则大多是向司机示意打车方向。

第二,不卫生的手势。

有人习惯抚摸自己的身体,如摸脸、擦眼、搔头、挖鼻、剔牙、抓痒、搓泥,这会给别人缺乏公德意识、不讲卫生、个人素质低下的印象。应引起注意,尽量避免此类手势,必要时应有所掩饰。

第三,不稳重的手势。说话时手舞足蹈,张牙舞爪,频繁地使用体态语,会给别人不稳重的印象。

第四,常见如下 8 种失敬于人的手势。

① 指指点点——妄议他人。

② 随意摆手——拒绝别人,极不耐烦。

③ 双臂抱于胸前——孤芳自赏、自我放松或置身度外、袖手旁观、看他人笑话。

④ 双手抱头——自我放松、目中无人。

⑤ 摆弄手指(打响指、攥松拳、敲扣桌面)——不严肃、散漫。

⑥ 手插口袋——漫不经心。

⑦ 搔首弄姿——矫揉造作,当众卖弄。

⑧ 用一食指或中指竖起并向自己怀里勾,其他四指弯曲,示意他人过来——此手势有唤狗之嫌,对人极不礼貌。

6. 表情

在人际交往中,表情也是人的无声语言,它真实可信地反映着人们的思想、情感、反应,以及其他一切方面心理活动与变化。著名心理学家艾伯特·梅拉比安把人的情感表达表示为有声语言45%(语言7%,声音38%),无声语言55%(表情占70%),可见表情在人际交往中所处的重要位置。

(1) 概念。表情是情感、情绪的外在表现,是人类在神经系统控制下,面部肌肉及其各种器官进行的运动、变化和调整,即面部在外观上所呈现出的某种特定的形态(体态语)。

(2) 作用。表情在人际交往中思想、情感、心理活动的表现为:传递信息(信号)丰富;影响沟通效果,正如法国生理学家瑞尔所说"脸是心理活动显示器";体现人的修养、形象。

(3) 影响因素。表情受价值观、人生观、生理(情绪)、心理(兴趣、气质、性格)、外在环境(自然、家庭、社会、他人)等多种因素影响。

(4) 基本原则。表情的基本原则有:表现谦恭、表现友好、表现适时、表现真诚。

(5) 表情构成与达意。

① 头部。

头部的动作也称首语,它是头部活动所传递的信息。头部动作在表情达意方面的表现力是较强的,常见的头部动作有点头、摇头、昂头、低头等。

点头:在不同情况下表示不同的意思。有点头称是、点头会意、点头同意、点头肯定、点头满意、点头赞赏的,也有点头微笑、点头哈腰表示致意、感谢、恭顺和客气的。

摇头:表示否定、反对、阻止或不以为然;摇头吐舌、摇头咋舌则表示惊讶、怀疑、不理解;摇头顿足则表示不满和无可奈何等。

但是,点头和摇头在不同国家和地区也有不同的语义。例如,意大利那不勒斯人表示否定的动作不是摇头,而是把脑袋向后一仰,若表示强调的否定还用手指敲敲下巴来配合;在斯里兰卡、尼泊尔和希腊等国家,点头则是否定或不同意的意思;在保加利亚,是"点头不算摇头算",这在印度、巴基斯坦、阿尔巴尼亚、伊朗、孟加拉国等也是如此。

昂头:昂首挺胸、昂首伸眉,表示充满信心、踌躇满志;昂首阔步,体现精神振奋、意气风发;昂首望天则表示目中无人。

低头:俯首沉思、俯首听令、俯首低眉、低头不语表示思考顺从或屈从;俯首帖耳表示恭顺;垂头丧气表示沮丧或丧失信心。

在生活中,头部或正或侧或倾,也反映人的不同心态。身体直立,头部端正,表现自信庄重的风度;头部前倾表示倾听、同情和关心;头部侧斜,表示对对方谈话感兴趣。

② 面部。

脸部是人内心世界的晴雨表,表情是一个人内心情绪的外在表现,常常体现一个人的个性。人们常说的"察言观色""心如其面",就是告诉人们看人要先看脸,见脸如见心。因为在体态语中,面部表情的"词汇"最丰富,也最富有表现力,它能最迅速、最敏感、最充分地表现人类的各种情感,如喜、怒、忧、思、悲、恐、惊等。人们可以从面部的微妙变化中,看到一个人错综复杂的情感变化。正如法国著名作家罗曼·罗兰所说:"面部表情是多少世纪培养成功的语言,比嘴里讲得更复杂千百倍的语言。"例如,满面红光、满面春风表示兴高采烈、踌躇满志;面红耳赤

表示急躁或羞涩;脸色铁青表示生气或发怒;面面相觑表示惊恐或束手无策;面如土色、面无人色表示极度惊恐;面不改色表示沉着镇定;脸色苍白表示紧张或身体不适;面如菜色表示营养不良。

一般认为,面部表情对人的语言起着解释、澄清、纠正和强化作用,在反映人内心的真实性上具有相当的可靠性。另外,面部肌肉的收展也是情感的自然流露,一般是喜则眉飞色舞,怒则咬牙切齿,哀则愁眉苦脸,乐则满面笑容。

③ 嘴。

在人的五官中,嘴的表现力仅次于眼睛。嘴的开合,嘴角的向上或向下,都传递一定的信息,而且嘴的动作还是构成面部笑容的主要因素。如嘴巴微微张开,上牙微露形成轻笑;双唇紧闭表示认真思考;张嘴露齿表示高兴;咬牙切齿表示愤怒;撇嘴表示藐视;咬唇表示自省;嘴角向上表示愉快;嘴角向下表示敌意;噘嘴表示生气;努嘴表示怂恿嘲讽;咂嘴表示赞成或惋惜。

④ 鼻。

耸鼻表示厌恶,嗤之以鼻表示看不起,皱鼻表示好奇或吃惊,摸鼻表示亲切或重视。

⑤ 眉。

俗话说:"眼睛会说话,眉毛会唱歌。"眉语很丰富,眉毛的表情动作有 20 种,表示出不同的语义。例如,仰眉表示喜悦;展眉表示宽慰;飞眉表示兴奋;喜眉表示欢愉;竖眉表示愤怒;横眉表示轻蔑;皱眉表示为难;锁眉表示忧愁;挤眉表示戏谑;低眉表示顺从。

从众多的有关"眉"的动作词语中,也可知"眉语"的丰富多彩。人们喜悦时,眉开眼笑,喜上眉梢;发怒时,扬眉怒目;悲哀时,低头垂眉,愁眉泪眼;惊恐时,眉目失色。

（6）面部表情的礼仪规范。

① 眼神。

眼神是指人们在注视时,眼部所进行的一系列活动及所显现的神态。眼睛被誉为"心灵的窗户",正如印度诗人泰戈尔所说:"一旦学会了眼睛的语言,表情的变化将是无穷无尽的。"眼睛是大脑在眼眶的延伸。据专家研究,眼神实际上是瞳孔的变化行为,瞳孔是受中枢神经控制的,它能如实地显示大脑正在进行的一切活动。例如:目光炯炯,给人以健康、精力旺盛的印象;目光迟钝,给人以衰老、虚弱的印象;目光明泽,给人以坦诚、正直的印象;目滞神昏,给人以屈服命运的印象;目光闪烁,给人以神秘、心虚的印象;目光如炬,给人以远见卓识的印象;目光如鼠,给人以见识短浅、能力低下的印象。

眼神的传情达意有许多类型:

A. 情爱型——含情脉脉,频传秋波;　　　B. 凝视型——目光凝视,若有所思;

C. 思考型——不眨其眼,凝视一处;　　　D. 忧虑型——双眉不展,目光下视;

E. 欢快型——目光明快,喜形于色;　　　F. 愤怒型——双眉紧蹙,怒目而视;

G. 惊恐型——双目圆睁,惊恐万状;　　　H. 暗示型——目光严肃,寓意深切;

I. 轻蔑型——目光冷淡,虚眼斜视;　　　J. 风流型——挤眉弄眼,目光轻佻。

运用眼神应注意的问题:

A. 时间（长短适宜）;

B. 角度（注意平、侧、仰、俯所表达的不同意义）;

C. 部位（关注型,公务型,社交型,近亲密型,远亲密型,随意型……）;

D. 方式（直、凝、盯、虚、扫、睨、眯、环、无视）;

E. 变化（根据谈话内容、情感）。

② 笑容。

笑容的作用：良好心境，充满自信，真诚友善，乐业敬业。

笑容的要求：声情并茂，气质优雅，表现和谐，善于微笑，保持微笑。

笑容的禁忌：假笑，冷笑，怪笑，媚笑，窃笑，怯笑，狞笑。

③ 面容。

嘴巴：张嘴、咬嘴、抿嘴、噘嘴、撇嘴、哝嘴、拉嘴。

下巴：收起下巴、缩紧下巴、耷拉下巴、突出下巴、前伸下巴、下巴指人。

鼻子：挺鼻、缩鼻、皱鼻、抬鼻、摸鼻。

耳朵：侧耳、耸耳、捂耳、摸耳。

面容的综合表达范围：表示快乐、表示兴奋、表示兴趣、表示爱慕、表示敌意、表示发怒、表示观察、表示严肃、表示无所谓、表示安静……

面容的积极作用：调整心态，自然、积极（乐观）、平等、敬人、勇敢的心态具有积极作用。

友情链接（一）

调整坐姿就能减肥

减肥有时并不像想象得那么困难，纠正坐姿，也能减去腹部脂肪。这主要是指四肢较瘦、体重标准，唯独腰围大于臀部的那种脂肪专门集中于腹部的人，多见于打字员、电脑操作员、学生等长期伏案学习、工作的人。

无论是站着还是坐着，只要姿势不正，用力不均匀，肌肉“苦乐”不均，就会导致身体局部脂肪的堆积。“肥”得太不是地方，不仅仅是体形美观的问题，还会影响人的身体健康。

专家认为，只要调整坐姿，随时提醒自己挺胸、收腹、直腰、坐如悬钟，哪怕是不能始终保持，想起来就做，都有可能从肚子上减去脂肪。此外，配合每天一小时，每周坚持4至5次的中度激烈的快走、慢跑、跳健身操等促使心肺活动和肌肉收缩的体育锻炼，就能阻止脂肪沉积，加强脂肪消耗。

四、师范生的谈吐礼仪规范

言为心声，语为人镜。语言，是思维的外壳，是人们交流思想情感、传递信息、进行交际、开展工作、建立友谊、增进了解的最重要的一种形式。它反映人的知识、阅历、才智、教养和应变能力。俗话说：“良言一句三冬暖，恶语伤人六月寒。”说明了语言在人际交往中的重要作用。作为师范生应该加强语言的训练，努力养成规范而文明的用语习惯。

（一）交谈的特征

内容多样、双向沟通、相互包容、随机应变、真实自然。

（二）师范生谈吐礼仪的原则

1. 交谈的语言

（1）语言要文明。不讲粗话、脏话、黑话、荤话、怪话、气话。

（2）语言要礼貌。多使用礼貌用语：“您好”“请”“谢谢”“对不起”“再见”等。

（3）语言要准确。发音准确、语速适度、口气谦和、内容简明、少用土语、慎用外语。

2．交谈的主题

（1）宜选的主题：既定的主题、高雅的主题、轻松的主题、时尚的主题、擅长的主题。

（2）忌讳的主题：个人隐私、捉弄对方、非议旁人、倾向错误、令人反感。

3．谈话的方式

（1）双向共感。

（2）神态专注（表情认真、动作配合、语言合作）。

（3）措辞委婉。

（4）礼让对方（不要始终独白、不要导致冷场、不要随意插嘴、不要与人抬杠、不要随便否定他人）。

（5）适可而止。

4．"三要"与"三不要"

（1）"三要"：和气、文雅、谦逊。

（2）"三不要"：不讲粗话脏话、不强词夺理、不恶语伤人。

友情链接（二）

词 雅 语 美

要想词汇丰富，就要持之以恒地读书学习。多读书就能使人有知识、懂礼貌、通人情、懂事理，就能在交流时语言运用自如，妙趣横生。人际交往中用词要尽量文雅，多用礼貌用语。在一些特定环境中还应掌握一些中国传统的礼仪用语：

好久不见说"久违"，初次见面说"久仰"；

请人原谅说"包涵"，请人批评说"指教"；

请人帮忙说"劳驾"，求给方便说"借光"；

麻烦别人说"打扰"，向人祝贺说"恭喜"；

托人办事说"拜托"，赞人见解说"高见"；

对方来信称"惠书"，老人年龄称"高寿"；

宾客来到用"光临"，中途先走用"失陪"；

请人勿送用"留步"，等候客人用"恭候"。

思考与练习

1．师范生的个人形象包括哪些内容？

2．师范生仪容美的主要内容及要求有哪些？

3．师范生着校服应注意哪些礼仪规范？

4．师范生举止礼仪的特点及具体要求有哪些？

5．师范生规范站姿要求及礼仪禁忌是什么？

6．师范生正确的坐姿要求及礼仪禁忌是什么？

7．师范生规范的行姿要求、注意事项及礼仪禁忌有哪些？

8．师范生常见的蹲姿的动作要领有哪些？

9. 表情对于师范生具有哪些特殊功能？

10. 师范生的谈吐应具有哪些礼仪规范？

11. 师范生在校园相关仪式中应具备哪些个人礼仪？

12. 个人面对镜子进行各种手势姿态的练习。

13. 以小组为单位,策划校园情景,模拟演练师范生的个人礼仪。

第二节　师范生的交往礼仪

本节课题：塑造良好的人际交往关系，做一位受欢迎的师范生。

人是社会性动物,正如马克思所言:"人的本质并不是单个人所固有的抽象物,在其现实性上,它是一切社会关系的总和。"师范生在入校时即面临新的环境、新的群体,重新整合各种关系,处理好与交往对象的关系便成为他们新的生活内容。良好的人际关系不仅是师范生心理健康水平、社会适应能力的重要指标,也是其今后事业发展与人生幸福的基石。

人际交往也称人际关系,是人与人之间心理上的关系。人际交往表现为人与人之间的心理距离,反映着人们寻求满足需要的心理状态。从动态讲,人际交往是指人与人之间一切直接或间接的相互作用,但都超不出信息沟通与物质交换的范围;从静态讲,是指人与人之间通过动态的相互作用形成的情感联系。据估计,学生每天除了睡眠外,其余时间中有70%左右用于人际交往。有的人对成功人士进行分析,得出的结论为85%的成功与良好的人际关系有关。因此,提高师范生人际交往水平十分重要。

一、提高师范生交往礼仪水平的意义

随着科学技术的不断进步,人们物质生活水平在不断提高。而在优越的物质生活条件下成长起来的独生子女,多是过着"衣来伸手,饭来张口"的生活。一方面,长辈的溺爱,导致了他们的冷漠自私,一切以自我为中心,不善于或不懂得与周围的人交往。而那些经济比较困难的家庭,由于家长整日忙于谋生,四处奔波,放任孩子自由生长,缺少对孩子的教育和引导,使之染上不良恶习,野蛮霸气,缺乏教养。另一方面,改革开放后,国门打开,我国在引进外国先进文化的同时,也带进了一些自由散漫的消极思想,人们讲究个人自由,忽视了文明礼仪的重要性,大部分人重智轻德,认为孩子只要学习好就行了,忽略了对孩子文明礼仪的教育问题。而现代社会发展对人的文明礼仪的要求都在不断提高。因此,在师范生中开展文明交往礼仪教育活动具有十分现实和深远的意义。

人类的一切活动,是以人与人之间的相互交往为前提的。对于人来说,交往是一种生存和发展所必需的基本活动。党的二十大报告中强调了构建和谐社会的重要性。而实现和谐社会很重要的一点就是实现社会人际关系的和谐,实现人与人之间文明交往的和谐。文明交往是人类文明的要求,是人与人之间沟通交流的文明方式,是促进人们相互理解、相互尊重,从而达到和谐相处的文明通道。随着我们对文明交往礼仪重要性认识的不断加深,师范院校在德育常规课程中开始加强文明礼仪教育内容,但在具体做法上还比较零散,没有系统化。全面系统地培养师范生的文明礼仪风范,使之将来进入幼儿园时能得到小朋友的认同,受到小朋友的欢迎,正是这门课的目的。

（一）提高师范生交往礼仪水平有利于培养师范生良好道德素质

礼仪与道德的关系是极为密切的。"德"诚于中，"礼"形于外，"德""礼"互相依托，相辅相成。在人的行为规范中，礼仪是基础性的规范，引导人们提升道德修养。在"仁、义、礼、智、信"这些基本的道德规范中，礼是很重要的范畴。人们对礼仪的学习和运用的过程实际上就是一个接受熏陶和教育，提高道德是非鉴别力，陶冶道德情操，培养良好道德行为习惯和道德自律精神的道德社会化过程。因此加强师范生礼仪教育，培养健康向上的道德情感和高尚的道德情操，有利于提高道德自觉意识和自我约束能力，有利于培养完善独立的人格和全面发展的优良个性，从而提高师范生的道德素质。

（二）提高师范生交往礼仪水平有利于塑造未来幼儿教师的良好职业形象

师范生未来的工作岗位主要是教师，教师的职业劳动是传播人类文化、文明和先进思想。教师的职业特点是以人格来培养人格，以灵魂来塑造灵魂。近年来不少用人单位反映，一些师范类毕业生专业知识和技能不成问题，但"德商"较低，有些学生连起码的人际交往礼仪都不懂。这种"受教育没教养、有知识没文化"的现象，值得我们认真思考。因此师范生在校期间接受系统的礼仪教育，不仅可以提高个人内在的文化修养、道德品质和思想境界，而且有利于培养优雅的气质和优美的仪表风度，有利于提高师范生的人际交往能力。这些对塑造师范生未来教师的良好职业形象都是极为有益的。

（三）提高师范生交往礼仪水平有利于促进和谐社会的建设与发展

在现代社会，虽然一个国家、一个民族的综合国力所包含的内容十分广泛，但在评价一个国家、一个民族时，通常是从这个国家、这个民族人们的言行举止、文明习惯所体现的公民素质与精神面貌入手的。礼仪是一个国家和一个民族的社会风貌、道德水准、文明程度、文化特色、公民素质等方面的重要标志。礼仪广泛地渗透于社会生活的各个层面、各个领域，通过社会公认的反映社会道德的具体行为规范，约束和规范无视社会道德的行为，从而创造和谐的人际关系和良好的社会环境，弘扬民族的优良传统。

二、师范生的角色定位

师范生接受了全面系统的师范教育，经过多年的学习和锻炼，大部分走上教师的岗位，承担教书育人的神圣使命。师范生作为未来教师的预备力量，其角色定位具有特殊的社会意义和责任担当。

一方面，师范生不仅是知识的学习者，更是教育理念的践行者和传播者。他们肩负着将教育理念、专业知识与教学技能融合应用的重任。因此，师范生应热爱教育事业，提高文化和专业水平，同时，需要具备高度的责任感和使命感，努力将自身的学习成果转化为优质的教学实践。

另一方面，师范生无论在校园内还是校园外，都是"未来教师"的形象代表，他们的言谈举止不仅反映个人素养，更直接影响到师范教育的整体声誉和教师职业的社会形象。基于这一角色定位，师范生的礼仪修养显得尤为重要。良好的礼仪修养是教师职业素养的重要组成部分，其中包括言语礼仪、仪表仪态、待人接物等方面。师范生应通过规范的礼仪学习与表现，展现出尊重他人、文明交往的态度，为未来的教育工作奠定坚实的基础。此外，师范生应当在日常生活和学习中不断锤炼和提升，以培养得体、亲和的职业形象，进而在未来顺利进入教师岗位并获得学生和社会的认可。

三、师范生人际交往的基本礼仪常规

人际交往的核心,在于以适当之法敬人,即所谓"礼者,敬人也"。在社交场合,人们留给初次见面者的第一印象至关重要,它往往会影响到他人对自己的看法与评价。它的形成,不需要经年累月,也不大会反复变化,而往往由他人见到自己的第一眼所决定,一般不会长过见面时的头三秒钟。他人由此对自己产生的看法与评价,在此后的相关交往中将产生巨大影响。为此,师范生在人际交往中注重一些基本的交往礼仪常规是非常重要,也是非常必要的。

(一)言谈方面的礼仪常规

(1)对师长、社会工作人员要称呼职务或老师、师傅、同志、叔叔、阿姨等,不直呼其姓名;对长辈、友人或初识者称"您"。

(2)诚实守信,答应别人的事一定要努力做到。不说谎话,不说假话,有错就改。

(3)与人交谈时,语言要文明,声音大小要合适。要使用普通话表达自己的思想,而且应当准确而且清晰。讲话要注意场合,态度要诚恳而且和蔼。适当借助幽默的力量,增强语言的感染力。

(4)跟别人打招呼时,使用礼貌用语要得当。要使用"你(您)好""你(您)早""早上好""上午好""早安""下午好""晚上好""晚安"等问候语。向别人请教或给别人添麻烦时,要使用"对不起""拜托""请多关照"等请托语。得到别人的帮助时,要使用"谢谢""多谢""非常感谢""十分感谢"等致谢语。对长辈、朋友或者初次相识者,要尊称为"您"。对师长尊称为"老师"。对社会工作人员要称呼其职务或者"同志""叔叔""阿姨""先生"等,不可以直呼姓名。与别人分手时要说"再见"。别人向自己致歉时回答说"没关系"。对别人提出要求时要说"请"。

(5)与人交谈时,要注意时间,注意对方的情绪,有话则长,无话则短。要让别人把话说完,不要轻易打断别人的讲话或随便插话。

(6)对任何人都应当做到谦恭礼让,不可以讽刺、嘲笑或者蔑视他人。要做到敬老爱幼、尊重妇女,帮助残疾人。尊重他人的人格、宗教信仰和民族习惯。

(二)生活交往中的礼仪常规

(1)对朋友的态度要永远谦恭,要常常微笑着同别人交谈、交往。

(2)当别人给你介绍朋友时,你应集中精力去记住人家的名字。在以后的交往中,你一见面就能叫出他的名字,人家就会觉得你这个人很热情,很有心。

(3)对周围的人要时时保持友好相处的关系,寻找机会多为别人做些什么。例如,你的邻居病了,你能想到为他做一碗可口的汤,别人对你就会经久难忘。

(4)要尽力理解别人,遇事要设身处地为别人着想。要学会容忍,克服任性。做到这一点就能让朋友感到亲切、可信、安全。

四、师范生在校园中的主要人际交往礼仪

老师与学生,是校园里两大基本群体。老师是学生人际交往的重要对象,师生关系是学生人际关系的重要内容。师生关系如何,直接影响到学生在学校的健康学习成长,并在很大程度上决定了学校能不能对学生的身心施加符合社会要求的影响。

教师是学生人际交往的重要对象。教师是知识的传授者，是学生人格模仿的对象。与教师的交往也是学生知识需求和获取的重要途径，教师与学生的平等交往也是师生共同成长的前提；与此同时，师生关系又是一种业缘关系，师生之间心理距离小，心理相容度高，教师对学生充满爱护与关爱，学生对教师尊敬与敬仰，师生关系是一种纯洁而无私的人际关系。

同学是学生人际交往的基本关系，也是学生人际交往的主要对象。校园里的同学关系总的说是和谐、友好的，同学之间的关系有亲情化、家庭化的趋势，即在日常生活、学习中创造一种如同亲属一般和谐稳固的同学关系。

（一）师范生与教师交往中的礼仪

一般说来，师生交往中，学生应当遵守的礼仪规范有如下四点。

1. 学生要尊重老师的劳动

（1）准时上课，按时下课。提前两分钟进入教室，听到上课铃后，要安静地坐在座位上，静候老师的到来。当老师走进教室时，班长或值日生要声音洪亮地喊"起立"口令，全体同学要起立站直，向老师问好，当老师回礼以后方可坐下。下课铃响以后，全体同学要向老师行注目礼，待老师离开讲台后，才可以自由行动。

（2）上课时要专心听讲，不扰乱课堂秩序，不搞小动作，不看与学习内容无关的书。

（3）在课堂上，如果有问题要发问时，不要坐在座位上信口开河，应当先用笔记录下来，待老师讲授结束后，再举手提问；或者在课后向老师请教，不可以随便打断老师的讲课。如果老师讲课过程中有不当或错误之处，可私下指出。

（4）要认真完成老师布置的作业，对老师批改的作业，要虚心接受。如果对老师批改的作业有不同意见，可以个别地与老师一起共同商讨。对老师批阅过的试卷也应采取这种处理问题的态度。

2. 学生与老师谈话时要有礼貌

（1）在与老师谈话时，不可以东张西望，也不可以抓耳挠腮，应该保持一种端正的姿势。应当双目凝视老师，专心致志地听老师说话。

（2）在谈话开始时，应当主动地请老师落座，如果老师不坐，学生也应该站着与老师说话。与老师谈话时，表情要自然，语气要亲切，态度要诚恳。

（3）应当尽量去理解老师的谈话内容，如果不理解老师说的话，或者有不同见解，学生应当主动地、诚恳地向老师请教，一定要弄明白老师的意思。

（4）与老师的谈话要注意场合，也要注意老师的表情变化。

3. 学生进入老师的办公室要讲究礼貌

师生在日常交往中，会涉及生活与学习中的很多问题，学生有时会到老师的办公室汇报情况、请教问题或者商量事情。

在进入老师的办公室之前，应当喊"报告"，如果办公室的门关着，还应当轻轻叩门，经老师允许以后，才可以进入。如果老师正在休息，尽量不要去打扰，以免影响老师的时间安排。

在老师的工作、生活场所，不能随便翻动老师的物品。对老师的相貌和衣着不应指指点点，评头论足，要尊重老师的习惯和人格。

汇报情况时，应当简明扼要、言简意赅，还应当把问题汇报清楚。请教问题时，态度要诚恳，

要把问题表达清楚,并且还要征询老师的意见。

4. 要理解老师,关心老师

(1)在路上遇见老师,应当主动地上前打招呼,进出门口或者上下楼梯时应让老师先走。

(2)对老师的严格要求和批评教育,要虚心接受并且努力按照要求去做。如果老师批评错了或者与事实有一定出入,也不可以顶撞老师,应当平心静气地向老师解释清楚。

(3)当老师生病的时候,学生要多加照护,要经常去探望,对年老体弱的老师,更应当帮助他们做一些力所能及的事。

（二）师范生与同学交往中的礼仪

同学之间的深厚友谊是生活中的一种团结友爱的力量。注意同学之间的礼仪礼貌,是获得良好同学关系的基本要求。同学间可彼此直呼其名,但不能用"喂""哎"等不礼貌用语称呼同学。在有求于同学时,须用"请""谢谢""麻烦你"等礼貌用语。借用学习和生活用品时,应先征得同意后再拿,用后应及时归还,并要致谢。对于同学遭遇的不幸、偶尔的失败、学习上暂时的落后等,不应嘲笑、冷笑、歧视,而应该给予热情的帮助。对同学的相貌、体态、衣着不能评头论足,也不能给同学起带侮辱性的绰号,绝对不能嘲笑同学的生理缺陷。在这些事关自尊的问题上一定要细心和尊重,同学忌讳的话题不要去谈,不要随便议论同学的不是。

同学在一起朝夕相处,友谊是使他们在一起共同生活的一条金线。同学之间相处得是否融洽对他们自己的学习与生活会产生至关重要的影响。在生活中,人们需要相互合作;在校园中,更需要同学之间的彼此合作。良好的人际关系,不但可以使人感受到快乐,而且能够使人获得成功。

即使一个人在小时候很有才华,在学校中的学习也很出色,如果他不善于同人合作,不善于搞好同学之间的关系,他的社交能力与合作能力就不会得到相应的提高与锻炼。等他长大以后,在社会中与人交往时,就会时常遇到挫折,总感到不顺,才华也不会得到发挥。

在学校中,还存在着另外一种类型的人,他们可能成绩平平,但很善于搞好同学之间的合作关系。他们将来走入社会以后,由于很善于处理人与人之间的人际关系,处处都会受到别人的欢迎与认可,他们不但拥有快乐的心情,而且在事业上还会蒸蒸日上。

可见,同学之间搞好关系对一个人的成长与发展而言,起到了十分重要的作用。有社会学家认为,一个人的成功与否,他的专业知识与技能可能只占30%,其他的70%应当归功于他的人际关系。

1. 同学之间要和睦相处

(1)同学之间的交往要讲究礼貌,不起侮辱性的绰号,不开恶作剧的玩笑。老同学要关心新同学,大同学要爱护小同学。进出教室时要互相谦让,不要妨碍别人的学习。损坏别人的书本、文具,要主动道歉,必要时要负责赔偿。

(2)同学之间要平等相处,尤其是男女同学,不要随便开玩笑。同学之间不能打架、骂人,不能伤害别人的自尊心,不嘲笑生理上有缺陷的和学习上后进的同学,对先进的同学不要打击讽刺。

(3)同学之间要互助友爱,彼此之间要树立一种共同进步、共同提高的意识。同学之间

要互相帮助,对学习上、生活上有困难的同学,要热情主动地给予帮助。同学生病要前去探望,同学家里有困难,要想办法帮助解决。劳动的时候,男同学要帮助女同学,大同学要帮助小同学。

（4）当同学之间发生矛盾时,要心平气和地摆事实、讲道德,不要意气用事,不要出口伤人,更不能动手打人。

2. 同学之间的谈话要注意礼节

谈话是交流思想的主要方式。同学之间的谈话能够增加了解,增进友谊,增长知识。同学之间的谈话要注意态度,要注意谈话的内容。

（1）谈话的内容要真实、健康,自己对某一个问题或者事物的看法要实事求是,不要胡乱地恭维别人,也不要随意地伤害别人。不要说污言秽语,不要传播谣言。

（2）如果同学在谈话的过程中,出现失误或者说法欠妥,应该在不伤害对方自尊心的前提下,委婉、恳切地指出来。

（3）说话时千万不要装腔作势或者盛气凌人。听别人说话时,态度要认真,精力要集中,不应表现出无精打采或者漫不经心的表情,更不应轻易地打断别人的谈话。同学之间是相互平等的,彼此之间谈话的态度要谦虚、诚恳,语调要平和。

21 世纪是人才竞争的时代,但对于一个事业成功的佼佼者来说,若想在人才竞争中脱颖而出,靠的不仅仅是出众的才华,更在于有良好的适应社会生活的能力、良好的人际协调的能力。在科技革新日新月异的年代,知识的更新换代极为频繁,每个人都需要不断地进行知识的补充与更新。但是,单个人的能力是有限的,光靠书本上的知识很难适应社会发展的实际需要,而积极的人际沟通与交往,是获取新知识的有效途径。"独学而无友,则孤陋而寡闻。"对于师范生而言,他们思想活跃、成就动机强,但是,由于社会经验的不足、知识的局限,他们在看问题时难免会出现偏差。因此,师范生彼此间的畅所欲言、互通有无,将会使他们在思想碰撞中产生新的火花,增强他们对事业、人生、成功的积极看法。纵观科学发展史,不难发现:科学家间的彼此合作,很有可能出现科学的奇迹。例如,控制论之父维纳,在建立控制论早期,曾组织过一个科学方法讨论班,参加的人有数学家、物理学家、工程师、医生等。他们分别从不同角度对新理论进行发难、质疑、补充、完善,结果使原来许多问题得以厘清。在现代社会,各门学科间的相互渗透越来越强,单靠一门学科的知识很难有大的成就。对于师范生来说,应该学会与不同学科的人才进行交流,从而在心灵上相互沟通、行为上相互协调,共同促进、共同提高。

思考与练习

1. 师范生具有良好的交往礼仪修养有何价值?
2. 师范生在与别人交流时需要注意哪些礼仪规范?
3. 师范生在与教师交往过程中需要注意哪些礼仪规范?
4. 师范生在与同学交往过程中需要注意哪些礼仪规范?
5. 观察日常生活中、课堂上或办公室等环境中师生交往、同学交往等情况,对交往过程进行记录,分析其礼仪规范的优点或不足,并提出改进建议。

第三节　师范生在校园中各种场合的礼仪

本节课题： 提升良好的个人品德，做一位有礼有节的师范生。

一、师范生在教学区域的礼仪

（一）教室礼仪

1. 整洁的仪容穿着

学生进入教室，头发要整齐，面容要清洁，不能留奇异发型或蓬头垢面。女同学不要化浓妆，男同学不要胡子拉碴的。在教室里，穿着要整洁大方，夏天不能穿背心、拖鞋进教室，也不能敞胸露怀，过于暴露或花里胡哨，有失文雅。

示范视频

教室礼仪

2. 保持教室的卫生和秩序

为了维持学生良好的学习环境，教室应随时保持安静、整洁。如课间活动时不要追逐打闹，保持教室内外设施完好，不准在黑板、门窗、桌椅及教室内外墙壁上涂写、刻画及随意张贴。保持室内空气流通，不要在教室里乱扔果皮、纸屑，不随地吐痰，保持地面清洁，等等。

（二）计算机房礼仪

1. 保持机房环境卫生

学生必须脱鞋或套鞋套进入机房。严禁在机房内吸烟、乱丢纸屑、吐痰、吃零食等，严禁在桌椅上或机器设备面板上乱写乱画。上机各班定期轮流对计算机进行外壳清灰，地面拖洗。

2. 服从安排，遵守纪律

学生必须有秩序地进入机房，并保持室内安静。不要争先恐后、喧哗打闹。上机时，应按规定座位号上机，未经教师许可，任何人不得离开座位或随意调换他人座位。

3. 爱护室内设施

不可用力敲打键盘或用力拖动鼠标，如有故障应及时向老师提出，损害设备者应照价赔偿。有意破坏者，一经查实除赔偿外还将给予相应的纪律处分。

4. 严格按照规定进行上机操作

未经许可，不得操作与上课无关的内容。严禁玩电脑游戏。杜绝病毒来源，严禁学生自带盘片上机操作。

5. 注意安全

不要乱动电源插座和微机桌下的任何设备以及线路，禁止携带火种以及雨具入室，发现后按学校规定给予相应处分。上机完毕，应关机切断电源，整理好机件，摆好凳子，依次离开机房。

（三）图书馆、阅览室礼仪

1. 衣着规范，整洁大方

图书馆、阅览室是公共的学习场所，要注意衣着整洁，不能穿背心和拖鞋入内。

2. 做到轻、静、洁

就座时，移动椅子不要发出声音。走动时脚步要轻。阅读时不要出声，更不能大声喧哗，高

声谈话。保持室内清洁,不吃东西,不吸烟,不乱扔果皮、纸屑。

3. 爱护图书

查阅图书和卡片时,要轻拿、轻翻、轻放。不可在图书上乱涂乱画,不折角,不私自剪裁图书,更不能从阅览室偷窃图书。

4. 按需取书

对开架图书应逐册取阅,不要同时占有多份,阅后立即放回原处。

5. 遵守规定

进入阅览室要寄放书包,不要随意占座位。在电子阅览室要爱护电脑,不用其进行网上非法活动。办理借、还书手续及进馆时要按次序,不要拥挤。书籍看完或者借阅到期,应及时归还。

6. 尊重工作人员

图书室、阅览室的老师每天的工作是非常辛苦的,对他们要态度诚恳,语言文明,服从管理人员的管理。

（四）健身房礼仪

1. 穿着规范

在健身房上课的活动量是较大的,因此应穿宽松的运动装或弹性较大的舞蹈服,不应穿活动不便的紧身衣、牛仔服或裙子。

2. 听从指挥

要听从老师的安排,分练、合练都要认真刻苦,悉心体会。不可嬉笑打闹,乱作一团。

3. 爱护室内设施

健身房内的把杆、地毯以及各种音响设备都应细心呵护,不要坐在把杆上;不要将地毯弄脏;不要不经允许乱放与教学内容无关的磁带或碟片。

4. 保持室内卫生

各班在健身房上课后应自觉打扫卫生,使大家都能在一个整洁的环境里达到学习和健身的目的。

（五）教师办公室礼仪

办公室是老师备课、办公的地方,是一个严肃、安静的场所,学生到老师办公室时应注意以下礼节:

（1）进入办公室之前应喊"报告"或敲门,得到允许后方可进入。

（2）进入后应向看到自己的其他老师问好,未经老师允许不要坐在其他老师的座位上,更不要随便乱翻办公室的东西。

（3）事情办完,应立即离开办公室并礼貌地与老师告别。一般遵循"先谢后辞"的原则,如说"谢谢老师,再见!"

（4）到办公室一般应提前预约,说明事由,并要按时到达。

二、师范生在生活区域的礼仪

（一）宿舍礼仪

宿舍是学生在学校的主要生活场所之一,在这里的表现,一定程度上也能体现和反映出学生的文化修养和思想修养,所以在宿舍要注意如下礼仪。

示范视频

宿舍礼仪

1. 遵守学校的作息时间及公寓的各项规章制度

为了保证学生正常的生活和休息,宿舍里的各项活动都应按规定的时间进行。早晨要按时起床,晚上要按时熄灯就寝。起床、就寝的动作要轻,说话声音要小,平时听音乐和看视频时,要尽量把声音放低或戴上耳机收听,尽量避免打扰别人,自觉维护集体生活的秩序。

2. 保持宿舍整洁,搞好个人卫生和集体卫生

平时注意搞好个人卫生,衣服勤换洗,床铺勤打扫,被褥叠整齐,用具摆放合适。关心集体,自觉参加值日工作。主动搞好公共卫生,保持宿舍内整洁美观。清理的垃圾及时倒入垃圾通道内,不要堆放在走廊过道处。不要往楼下扔杂物,泼污水。

3. 尊重同学,互相宽容

一般的学校,都是几个人同居一室,因此要相互适应,注意集体生活中的趋同性和个人独立性。例如:不要随便在他人床上坐卧,未经主人允许不要动用他人的茶具、碗筷、毛巾等用具;不要随便翻阅别人的书信、日记等。同学之间互相团结,互相帮助,和睦相处,对有困难和生病的同学要多关心照顾,同学间有了小矛盾要互谅互让,严于律己,宽以待人。使用公共物品时要先人后己,礼让三分。

4. 去其他宿舍拜访要自觉

去其他宿舍玩,一定要注意时间,不可选择熄灯后、午休时拜访。进入前,要礼貌敲门,不可贸然闯人,逗留时间也不要太久,更不能在他人宿舍肆意喧哗、嬉笑、打闹,影响宿舍内同学的学习和休息。

5. 外人来访要礼貌、热情

当自己的亲友特别是异性进入宿舍前应预先告知同学,要让他人有所准备后,方可进入。进入后应主动为同学介绍来访者,其他同学则应主动向客人打招呼问好,热情让座。当同学与其亲友交谈时,应适当回避。如果被访者不在,应尽快帮助寻找,找不到时应让客人留言,事后应及时转告。

6. 爱护公物,注意安全

爱护公共财物;养成节约用水、随手关水龙头、关灯、关门窗的好习惯;不在墙上乱写、乱画、乱钉;进出宿舍门口,不要拥挤,不随便留宿外人;严禁私安、私接电源和使用热得快或电炉。

(二) 餐厅礼仪

1. 有序进餐

有秩序地进入餐厅,不要冲、跑、挤。自觉排队购买饭菜,不要插队。

2. 对老师、同学和餐厅工作人员要文明礼貌

如果和师长在一起吃饭,要请师长先入座。先吃完准备走时应向同桌其他人说:"请大家慢慢吃,我先走了。"

尊重服务员的劳动,对服务员应谦和有礼,当服务员忙不过来时,应耐心等待,不可敲击桌碗或喊叫。不要当着食堂工作人员的面,抱怨饭菜不好。如果有必要的话,可以用婉转的语气提出建议。

3. 讲究进餐文明

吃东西或喝汤时要小口吞咽,闭嘴咀嚼,尽量不发出响声;骨、刺以及无法吃的其他东西,不要随地乱吐,可以放到餐具里或吐到自己准备的其他盛具里;食堂里不可以大声喧哗;不要讲笑话以防发生危险。

4. 爱惜粮食,不要随地倒剩菜剩饭

应该节约粮食,一饭一菜,当思来之不易。如果有吃剩的饭、菜,要倒进指定的水桶里,不要往洗碗池、洗手池里倒,以免堵塞下水管道。

三、师范生在校园公共区域的礼仪

（一）演出礼堂礼仪

1. 演出开始前应注意的礼节

（1）去影剧院观看节目,应尽量提前入场,从容地对号入座。若迟到了,最好在幕间休息时入场。如果是电影,没有幕的间歇,则应悄悄地行走。

（2）穿过座位时姿势要低,不要影响他人观看,从别人面前经过时,应面向让道者,对起身为你让座的观众要致谢、致歉。

（3）坐下后,戴帽的应脱帽,坐姿要平稳,不要经常左右晃动,或交头接耳,以免影响别人的视线。不要把椅子的两个扶手都占用了,因为与身旁的人是共享的。

2. 观看演出时应注意的礼节

（1）影剧演出中要注意保持安静,不要大声谈笑,也不要窃窃私语,更不要向他人解说剧情、猜测结局或是发表评论,这会使周围观众反感。

（2）要自觉遵守场内规则:不吃带壳和有声响的食物;不随地吐痰,乱扔废物;未经许可不能拍照摄影;应自觉地关闭手机或使其处于静音状态。

（3）要尊重演员的艺术劳动,每一个节目演出完毕,应鼓掌表示感激。鼓掌要把握好时机,不要在交响乐的一个乐章还未结束,或演员的台词还没说完时就贸然鼓掌。对精彩节目要求"再来一个"时,可以持续鼓掌,但不能一再要求重演,要照顾整个演出的安排和演员的体力。全部节目演出完毕,应向演员热烈鼓掌表示谢意,等待演员谢幕后再自行离场。谢幕时,不要拥到前台围观。

（4）如果演员表演中发生失误,要给予谅解。绝不能给演员喝倒彩、起哄、吹口哨、发嘘声怪声,或做出其他有辱演员人格的事情。

（5）看电影时如遇中途断片,应坐在座位上耐心等待,不要喧闹、拍巴掌、抽烟,或离开座位随意走动。

3. 退场时应注意的礼节

（1）不要中途退场,最好等到幕间休息,或一个节目结束之后,否则会影响别人观赏,对演员也不够尊重。不得已退场时,离座动作要轻、身姿放低,不要在过道或剧场门口逗留。

（2）退场时应井然有序,切勿拥挤。

（二）楼道礼仪

1. 文明礼让

在楼道里迎面碰到老师、同学时,应行右礼让,不可很多同学贯满整个楼道或无理冲撞。

2. 轻声慢走

在楼道行走或上下楼梯时,不要大声喧哗、高声吵闹。脚步尽量放轻些,不要跑上跳下,尤其是在大清早、午休、深夜,以免惊扰楼上楼下邻居。

3. 保持楼道整洁

要主动去清扫楼道,不在楼道里丢弃果皮纸屑,乱写乱画,乱踢乱踏。倒垃圾时,不要让垃

圾撒到楼道里,一旦撒出应立即清扫干净。

（三）洗手间礼仪

洗手间是我们每天必须"光顾"的地方,由于公共场所的洗手间是共用的,所以在使用时就必须遵守相关礼仪,以免影响下一位使用者使用。洗手间的使用礼仪是最能体现出文明程度高低的。

1. 有序如厕

校园内,如厕的时间往往比较集中,在洗手间都有人占用的情况下,后来者必须自觉排队等待,一般是在入口的地方,而不是排在某一间门外"虎视眈眈",更不能频繁敲门,催促对方。

2. 保持清洁

洗手间最忌讳肮脏,如果有污染也应尽可能加以清洁。女性卫生用品千万不要顺手扔入厕所,以免造成堵塞。其他如踩在马桶上、随手乱扔卫生纸等,都是相当欠妥的行为。

3. 及时冲洗

用完厕所,要及时冲洗,不能不管不顾,一走了之。还要记住：用时关门,走时敞门。

思考与练习

1. 在教学区域要注意哪些礼仪规范?
2. 在校园生活区域要注意哪些礼仪规范?
3. 在校园公共区域要注意哪些礼仪规范?

第四节　师范生在校园中相关仪式的礼仪

本节课题：尊重仪式礼仪，做一位有责任心的师范生。

校园中的仪式大多是集体行为,它可以体现出每个人的礼仪素养。师范生在校园中不仅需要养成良好的个人礼仪习惯,掌握与人交往的礼仪技巧,注重不同场合礼仪规范,而且还要了解和掌握各种仪式活动中的礼仪要求,以塑造完美的师范生形象,为未来成为称职的"人类灵魂的工程师"打下坚实的基础。校园中的仪式活动很多,大致分为升旗仪式、开学典礼、结业式、毕业典礼、各种集会、加入组织的仪式、成年仪式等。

师范生在校园中参加各种仪式时,应该比其他场合更注重个人形象和礼仪风貌,例如：统一着正装或校服;仪容整洁、端庄;态度积极、庄重;举止检点、大方;谈吐规范、谨慎等。此外,还应结合不同仪式的特点,自觉履行仪式的程序和规范要求。

一、师范生在升旗仪式中的礼仪

升降国旗的仪式,是对师范生进行爱国主义教育的极好机会,应该体现出严肃、庄重而神圣的气氛。依照教育部要求,中小学应该在每周一早晨举行升旗仪式,重大节日或纪念日也应举行升旗仪式。全体师生都应该参加,整齐列队,怀着敬仰之情庄严肃立(正位站姿、行注目礼),

微课

师范生在校园中相关仪式的礼仪

示范视频

升旗仪式中的礼仪

面对国旗致敬，在国歌声中注视着国旗冉冉升起。认真倾听国旗下演讲，不随意讲话、窃窃私语，不左顾右盼，不纪律涣散、姿态懒散。另外，降旗仪式在傍晚进行，虽然不组织统一的仪式，但凡是在场的师生都应自觉面对国旗肃立，直至仪式完毕。

二、师范生在各种庆典活动中的礼仪

开学典礼和毕业典礼，是在传统学堂的拜师礼、谢师礼的基础上发展而成的，摒弃了原先一些迷信的仪节而赋予崭新的意义。一般都会安排校长讲话和师生代表讲话的议程内容，有的毕业庆典上，校长亲自颁发毕业生的毕业证书，给学生留下难忘的记忆。师范生要根据庆典仪式庄严、隆重、喜庆的活动特点，从内心到外表自觉地融入活动的气氛中，遵守会议议程，服从会议主持者的调度，积极主动配合活动的全过程，确保庆典活动顺利圆满地完成。

三、师范生在集会中的礼仪

在学校举行各种必要的集会，是常见的事。一般要求学生应该有较强的时间观念，提前整队进入会场，在指定的区域内入座或站立，保持良好秩序，不可发生任何争吵和纠纷，不可在集会期间交头接耳、做小动作、看书、听音乐、玩手机、睡觉等，要保持会场的安静。散会时同样要按次序退场，不可争先恐后，造成拥挤堵塞。

四、师范生在其他活动中的礼仪

加入组织也是校园生活的一部分，例如，加入共青团组织，加入中国共产党组织。此外，还可以加入一些社团组织、学术团体、联谊会等组织。凡是加入组织，总要经过不可少的程序。首先，提出申请。在申请前，要了解该组织的章程，对照自己情况检验自己的条件。申请人要写申请书，还需两名介绍人，并在适当的时候如实填报志愿书。然后，经过一系列的考察和审批手续，组织参加讨论会和组织发展会，经上级组织批准后参加加入组织的宣誓仪式。加入党团组织都需要庄严肃穆的宣誓仪式，会场正面悬挂党、团旗，在领誓人的带领下，新成员举起右手握拳向党、团旗宣誓……

总之，凡是在校园中举行的各种仪式，与社会及家庭举行的仪式相比，更应注重精神的内涵而不讲究物质的排场，礼节宜简短明快，会场布置宜朴实无华，一切要服从于有利学生身心健康发展的前提，这也是师范生未来育人的重要内容和手段。

> **友情链接**
>
> ### 学校运动会期间如何做一名讲文明守礼仪的观众？[①]
>
> 一次成功的运动会，既需要高水平的赛事，也需要讲文明、守礼仪的观众。运动员表现出色，以报答观众的现场观看；观众予以加油，激励运动员发挥出更高的水平，两者相互促进，相得益彰。如果你是学校运动会赛场的一名观众，如何做到文明观赛呢？
>
> 1. 按时到达观众席，并在指定的座位就座。作为观众，要提前5~10分钟到达现场，以免影响运动员。如果晚到的话，需要从观众中间穿过，还会影响你后面的观众观看比赛。

---

① 运动会期间如何做一名文明的观众？［EB/OL］. (2017－04－19)［2022－09－09］. https：//jingyan. baidu. com/article/7082dc1c137955e40b89bd5b. html.

（左侧边栏）

2. 遵守观众席秩序。不要大声喧哗,打电话,或者在座区之间来回走动,不要在观众席吃零食,甚至抽烟等。赛事还未结束时,不要提前离场。也不要借口上卫生间,迟迟不回到座位上来。也不要跑到赛场内去看别人比赛。

3. 有组织地为运动员加油。运动会期间,当运动员取得了好成绩后,或者某运动员遇到困难需要鼓励时,请不要吝啬你的双手,给予他们热情的掌声。当观众席玩人浪时,要站起来参与,不要鼓倒掌,喝倒彩。更不能与对方的粉丝发生争执甚至打架斗殴。

4. 爱护座区卫生。擦了座位的纸巾、喝剩下的矿泉水瓶等垃圾,不要扔在座位周围,撤离的时候记得带走;坐的时候,脚不要踩在前排同学的椅背上,更不要不经走廊,直接踩在别人坐的地方出入。

5. 积极撰写新闻稿。当运动员在场上有精彩表现,或者某一个细节或人物让你感动时,请拿起笔和纸,写一篇情真意切、短小精悍的广播稿件,积极向宣传部门投递,让全场观众都能听到你的心声。

6. 有秩序地进场、离场,避免拥挤。运动会期间,人流量大,进出比较缓慢。观众们一定要听从有关人员的安排,分批次、有秩序地进场和出场。特别是运动会结束的时候,人流比较大,一定不要着急、不要拥挤,慢慢移动,以免发生踩踏等安全事故。

思考与练习

1. 在校园中有哪些常见仪式? 各有哪些要注意的礼仪规范?

2. 党的二十大报告提出了广大青年要坚定不移听党话、跟党走,请结合这句话说一说加入中国共产党的基本程序有哪些。

第三篇

公务交往及公务场合礼仪

从前有一只小老鼠，总觉得自己了不起，对别人很不礼貌。一次他去上学，一只蜗牛走了过来，挡住了他的去路。小老鼠凶巴巴地说："小不点，滚开，别挡我的路！"小老鼠说着一脚踢了过去，把蜗牛踢得滚出去很远。有一次小老鼠在河边喝水，觉得河里的一条小鱼妨碍了他，于是捡起一块石头就扔了过去，小鱼受到袭击，吓了一跳，慌忙躲避，小老鼠哈哈大笑说："知道我的厉害了吧！"一天晚上，小老鼠在回家路上看到一只小猪躺在路边，就趾高气扬地说："谁给你这么大的胆子，竟敢挡住我的路？"说着，一脚踢了过去。"嘭"的一声，小老鼠正好踢到小猪的脚上，小猪倒没什么事，小老鼠却"哎哟，哎哟"地叫了起来，原来他的脚肿了一个大包。小猪站起来对小老鼠说："你对别人傲慢无理，不懂得尊重人，今天尝到苦头了吧？只有尊重别人，才能受到别人的尊重。"小老鼠看着受伤的脚，羞愧地低下了头。

——摘自常州市中小学生命教育网

在日常交往中，人们置身于公共场合时，为了各自的愿望和目的，相互接触和了解，彼此都需要有一个气氛融洽的交往环境。如果每一个人都能讲究交往礼仪，做到尊重、理解他人，言谈举止温文尔雅，待人接物得体适度，就会在日常交往中产生较强的亲和力，对塑造自己的完美形象，推动事业走向成功，具有较深远的意义。

知识框架

```
                                          ┌─ 称谓
                                          ├─ 介绍
                                          ├─ 握手
                        日常公务交往常用礼仪 ┤
                                          ├─ 交谈
                                          ├─ 网络社交礼仪
                                          └─ 电话礼仪

                                          ┌─ 行进礼仪
                        交通礼仪           ┤ 乘电梯礼仪
                                          └─ 乘交通工具礼仪

                                          ┌─ 会务接待过程
公务交往及公务场合礼仪    公务接待礼仪        ┤
                                          └─ 会务接待礼仪

                                          ┌─ 礼品的选择
                        馈赠礼仪           ┤ 礼品的赠送
                                          └─ 礼品的接受

                                          ┌─ 个人形象通则
                                          ├─ 不卑不亢原则
                                          ├─ 求同存异原则
                                          ├─ 入乡随俗原则
                                          ├─ 信守约定原则
                                          ├─ 热情适度原则
                        涉外礼仪           ┤ 过谦适当原则
                                          ├─ 静观其变原则
                                          ├─ 尊重隐私原则
                                          ├─ 女士优先原则
                                          ├─ 爱护环境原则
                                          └─ 以右为尊原则
```

第一节　日常公务交往常用礼仪

本节课题：塑造成熟稳重的公务场合形象，提升社会交往内涵。

微课

公务交往及公
务场合礼仪

一、称谓

称谓即称呼，是指在人与人交往中彼此之间使用的称谓语，是表达人的思想感情的重要手段。在日常交往中，正确恰当的称呼能体现对对方的尊敬或亲密程度，也能反映自身的修养及文化素质，可以给人良好的第一印象，使对方感到亲切和温暖。

在日常交往中，应选择正确、恰当的称谓，反映自己良好的教养，体现对对方的尊敬。称谓应做到亲切、自然、规范、庄重，同时要合乎常规，既要照顾被称呼者的个人习惯，要入乡随俗，还要注意称谓的种类、次序及相关礼节。

（一）正确、恰当的称谓

1. 生活中的称谓

在日常生活中，对熟人、朋友之间的称呼要亲切、自然、友好。

对亲属的称呼应按照辈分来确定。例如"爸爸""妈妈""哥哥""姐姐""大姨""三姑"等等；对比自己辈分低和年龄小的亲属，可以直呼其名，例如"文军""小东""陈静""李霞""乐乐"等等。

对熟人、朋友可以用人称代词"你""您"相称；对于平辈的熟人或朋友可以直呼其名、只呼其姓、只称其名，例如"张沙沙""老王""清风"等等。

2. 工作中的称谓

（1）职务称呼。

在工作交往中，一般以交往对象的职务相称，以示身份有别，敬意有加。最常见的以职务相称的方法有三种。

第一，仅称职务。例如"部长""校长""班长""主任"等等。

第二，在职务前加上姓氏。例如"孙部长""刘经理""唐校长"等等。

第三，在职务前加上姓名。此称呼仅适用于极其正式的场合。例如"张明书记""宋元局长"等等。

（2）职称称呼。

在不同职业中有技术职称者，尤其是具有高、中级职称者，在工作和交往时，可以直接称呼对方的职称。最常见的以职称相称的方法有三种。

第一种，仅称职称。例如"教授""研究员""编审"等等。

第二种，在职称前加上姓氏。例如"刘教授""尹研究员""王编审"等等。

第三种，在职称前加上姓名。这仅适用于正式的场合。例如"刘明教授""尹华研究员""王宁编审"等等。

（3）行业称呼。

在工作中，可以直接按行业进行称呼，例如"老师""医生""警官""律师"等等。对于服务行业的人员，可以按性别的不同分别称呼，例如"小姐""女士""先生"，其中"小姐"和"女士"二者的区别在于：未婚者宜称"小姐"，不明确婚否者宜称"女士"。

（4）姓名称呼。

在工作岗位上称呼其名，一般限于同事、熟人和朋友，彼此之间均可以姓名相称。长辈对晚辈也可以这么称呼。具体方法有三种。

第一种，直呼其名（姓+名）。一般年龄、职务相仿，好同学、好朋友、好同事之间常用这种称呼。

第二种，只呼其姓，不称其名，但要加上"老""大""小"，例如"老张""大郑""小李"等等。

第三种，只呼其名，不称其姓。通常是上司称呼下级、长辈称呼晚辈。在亲友、同学、邻里之间，也可使用这种称呼。

3. 政务交往中的称谓

在政务交往中，常见的称呼除"小姐""女士""先生"外，还有两种方式，一是称其职务，二是对地位较高者称"阁下"。在称呼职务或"阁下"时，还可以加上"先生"这一称呼。其组成顺序是：先职务，次"先生"，最后"阁下"；或是职务在先，"阁下"或"先生"在后。例如"总理先生阁下""大使阁下"或"市长先生"等等。

（二）称谓的禁忌

在人际交往中使用称呼时，一定要避免出现以下四种错误的做法。

1. 错误的称谓

由于用心不专、粗心大意而使用错误的称谓。如念错被称呼者的姓名，或对被称呼者的身份、年龄、辈分、婚否以及与其他人的关系作出错误判断，而造成尴尬的局面，产生误会。

2. 过时称谓

称谓具有鲜明的时代特征，使用过时的称谓，就会显得不伦不类。例如我国古代，对官员称"老爷""大人"，对餐厅服务员称"小二"，对商店经理称"掌柜"。

3. 不恰当称谓

在人际交往中，不使用低级庸俗和不通行的称谓，例如"胖子""呆子""小鬼""二货"等等。

4. 用绰号称谓

不能拿别人的姓名、长相和生理缺陷乱开玩笑，更不能用具有侮辱性的绰号来称呼对方，彼此之间要相互尊重。

二、介绍

介绍是打开人际交往大门的一把"金钥匙"，通过介绍，可以达到相互了解、相互沟通、增进友谊的目的。根据被介绍对象的不同，可以分为自我介绍、他人介绍和集体介绍三种类别。

（一）自我介绍

自我介绍就是不通过第三者、自己主动把自己介绍给别人，以使对方认识自己。

1. 自我介绍的时机

在以下时机或场合，若有可能，有必要进行适当的自我介绍：

（1）在一定的场合，与不相识的人相处，或对方对自己感兴趣，要求自己作自我介绍时。

（2）在公共场合，初次与身边的陌生人相处并打算融入陌生人组成的交际圈时。

（3）因业务需要或有求于他人，前往陌生单位、办公室，进行登门拜访时。

（4）在公共场合进行业务推广或初次利用大众传媒进行自我推介宣传时。

（5）出差在外，与他人不期而遇，希望与之建立临时或长期联系时。

（6）求职应聘或求学应试，希望对方对自己加深了解时。

2. 自我介绍的分寸

进行自我介绍时，对下述几方面的问题必须予以正视，才能使自我介绍恰到好处，不失分寸。

（1）注意时间。

第一，要力求简洁，尽可能地节省时间。虽说各种形式的自我介绍所用的时间长度不可笼统地等量齐观，但总的来说，还是所用时间越短越好，以半分钟左右为佳，如无特殊情况，最好不要超过一分钟。

第二，应在适当的时候进行。所谓适当的时间，指的一是对方有兴趣，二是对方有空闲，三是对方情绪好时，四是对方干扰少时，五是对方有此要求时。进行自我介绍的不适当的时间是指对方无兴趣、无要求、工作忙、干扰大、心情坏、休息用餐或正忙于私人交往之时。

（2）讲究态度。

进行自我介绍时，态度要自然、友善、亲切、随和，落落大方，笑容可掬。既不要畏首畏尾、瞻前顾后，也不要轻浮夸张、矫揉造作。在进行自我介绍时，一定要充满自信和勇气，敢于正视对方的双眼，胸有成竹、临阵不慌。这样做，有助于进行自我放松，并使对方对自己产生好感。同时，注意语气要自然，语速要正常，语音要清晰。防止语气生硬冷漠、语速过快或过慢、语音含糊不清。

（3）力求真实。

进行自我介绍时所表述的各项内容，一定要实事求是、真实可信。既不能过分谦虚贬低自己，也不要自吹自擂夸大其词。

3. 自我介绍的内容

鉴于需要进行自我介绍的时机多有不同，因而进行自我介绍时的表述方法便有所不同。自我介绍的内容，指的是自我介绍时所表述的主体部分，即在自我介绍时表述的具体形式。确定自我介绍的具体内容，应兼顾实际需要、所处场景，并应具有鲜明的针对性，切不可"千人一面"，一概而论。依照自我介绍时所表述的内容不同，自我介绍可以分为以下五种具体形式。

（1）应酬式。

应酬式的自我介绍，适用于某些公共场合和一般性的社交场合，如旅行途中、宴会厅里、通电话时等等。主要是针对一般性接触的交往对象。因此，自我介绍的内容要简洁、精练，只介绍姓名即可。

（2）工作式。

工作式的自我介绍，主要用于工作之中，它是以工作为自我介绍的中心，有时也叫公务式自我介绍。工作式的自我介绍内容应当包括本人姓名、供职的单位及其部门、担任的职务或从事的具体工作三个要素，通常缺一不可。其中，第一项姓名，应当一口报出，不可有姓无名，或有名无姓；第二项供职的单位及其部门，最好全部报出，具体工作部门有时也可以暂时不报；第三项担任的职务或从事的具体工作，有职务最好报出职务，职务较低或者无职务，则可报出目前所从事的具体工作。

（3）交流式。

交流式的自我介绍，主要用在社交活动中，它是一种刻意寻求与交往对象进一步交流与沟通，希望对方认识自己、了解自己、与自己建立联系的自我介绍。交流式的自我介绍的内容，大体应当包括介绍者的姓名、工作、籍贯、学历、兴趣以及与交往对象的某些熟人的关系等等。不一定非要面面俱到，应依照具体情况而定。

（4）礼仪式。

礼仪式的自我介绍，一般用于讲座、报告、演出、庆典、仪式等一些正规而隆重的场合，它是一种意在表示对交往对象友好、敬意的自我介绍。礼仪式自我介绍的内容，包含姓名、单位、职

务等项,但是还应多加入一些适宜的谦辞、敬语,以示自己礼待交往对象。

（5）问答式。

问答式的自我介绍,一般适用于应试、应聘和公务交往。问答式自我介绍的内容,讲究问什么答什么,有问必答。

（二）他人介绍

他人介绍又称第三者介绍,通常是为彼此不认识的双方相互进行引见,或把一个人引见给其他人的一种介绍方式。他人的介绍,通常都是双向的,即对被介绍者双方各自均作一番介绍。有时,也可以进行单向的他人介绍,即只将被介绍者中的某一方介绍给另一方。其前提是前者了解后者,而后者不了解前者。

1. 他人介绍的介绍者

在他人介绍中,介绍者的确定是有一定规则的。通常,具有下列身份者,理应在他人介绍中充当介绍者:

（1）熟悉见面双方者;

（2）正式活动中的地位、身份较高者,或主要负责人员;

（3）在交际应酬中,被指定的介绍者;

（4）社交场合的长者;

（5）社交活动中的东道主;

（6）应被介绍者一方或双方要求者;

（7）公务交往中的专职人员,如礼宾人员、文秘人员、公关人员、办公室工作人员、接待人员。

2. 他人介绍应注意的细节

（1）在为他人介绍之前,应先征得被介绍者的同意后再介绍。尤其是将女士介绍给男士时,应先征得女士的同意后再介绍。在被询问是否有意认识对方时,一般不应拒绝,而应欣然应允。实在不愿意让别人介绍时,则应说明理由。

（2）在为他人介绍时应先向被介绍的双方打招呼,双方应先起身或欠身,以表示相互尊重。介绍后,双方应趋前,主动伸手与对方握手,可寒暄几句,还可以相互交换名片。

（3）在为他人介绍时,介绍的顺序是一个比较敏感的礼仪问题。根据规范,处理这一问题,必须遵守"尊者居后"的规则。即在为他人作介绍之前,先要确定双方地位的尊卑,然后先介绍位卑者,后介绍位尊者。这样可以使位尊者优先了解位卑者的情况,以便在交际应酬中掌握主动权,确保位尊之人拥有"优先知情权"。这一规则,有时又称"后来居上"规则。根据规则,应将年幼者介绍给年长者、晚辈介绍给长辈、学生介绍给老师、男士介绍给女士、主人介绍给来宾、下级介绍给上级、身份低者介绍给身份高者等等。

（4）在为他人介绍时,应简要说明被介绍人所在的单位、职务、业务范围等有关情况。

（5）在为他人介绍时,应注意自己的体态,举止要端庄得体,面带微笑,目视对方,不能背对任何一位。介绍时应用手示意,但不可用手指指点点。

（6）在宴会、会议桌、谈判桌上,介绍者和被介绍者可视情况不必起立。双方可点头微笑致意。

（三）集体介绍

集体介绍是他人介绍的一种特殊形式,是介绍者在为他人介绍时,被介绍者其中一方或者双方不止一人,甚至是许多人。集体介绍时应注意措辞、方式和顺序。

集体介绍应注意的细节:

（1）应注意用规范、准确的措辞，不要用简称或易生歧义的称呼，不要开玩笑、捉弄人。

（2）在演讲、报告、比赛、会议、会见时，只需要将主角介绍给大家。

（3）若一方人数较多，可采用笼统介绍的方式。

（4）当被介绍者双方地位、身份大致相似时，应先介绍人数较少的一方。若被介绍者双方地位、身份存在较大差异，位尊者虽人数较少或只有一人，也应将其放在尊贵的位置，最后加以介绍。

若被介绍的不止双方，需要对被介绍的各方进行位次排列。应注意越是正式、大型的交际活动，越需注意介绍的顺序。一般的具体排列方法：一是以其负责人身份为准；二是以其单位规模为准；三是以单位名称的英文字母或汉语拼音字母顺序为准；四是以抵达的时间的先后顺序为准；五是以座次顺序为准；六是以距介绍者的远近为准。

三、握手

握手是世界通用的一种礼节，一般在相见、离别、恭贺、慰问或致谢时使用。握手是沟通思想、交流感情、增进友谊的重要方式。在握手时，应本着"礼貌待人，自然得体"的原则，并灵活掌握与运用握手的时机和技巧，以显示自己的修养和对对方的尊重。

（一）握手的时机与场合

握手通常应考虑交际双方的关系，现场的气氛，以及当事人的心情等多种因素。在握手时应注意不同的场合，区别对待。

1. 应该握手的场合

（1）作为东道主，迎接或送别来访者时，要握手，以示欢迎或欢送。

（2）在宴会、舞会、沙龙、生日晚会等重要的社交活动开始前与结束时，主人要与来宾握手，以示欢迎与道别。

（3）应邀参与社交活动，如宴会、舞会之后，要与主人握手，以示谢意。

（4）遇到较长时间未曾见面的熟人要握手，以示久别重逢而万分欣喜。

（5）偶然遇到同事、同学、朋友、邻居、长辈或上司时，要握手，以示高兴与问候。

（6）被介绍给不相识者时，要握手，以示自己乐于结识对方，并为此深感荣幸。

（7）他人给予了自己一定的支持、鼓励或帮助时，要握手，以示衷心感谢。

（8）向他人表示恭喜、祝贺时，要握手，以示贺喜。如祝贺生日、结婚、生子、晋升、升学或获得荣誉、受到嘉奖时等等。

（9）对他人表示理解、支持、肯定时，要握手，以示真心实意。

（10）得悉他人患病、遭遇其他挫折或家人过世时，要握手，以示慰问。

（11）他人向自己赠送礼品或颁发奖品时，要握手，以示郑重其事。

（12）在比较正式的场合同相识的人道别要握手，以示自己的惜别之意和希望对方珍重之情。

（13）拜访他人后，在辞行时，要握手以示希望"再会"。

2. 不应该握手的场合

（1）对方手部有伤。

（2）对方手里拿着较重的东西。

（3）对方忙着别的事，如打电话、用餐、主持会议、与他人交谈等等。

（4）对方与自己距离较远。

（5）对方所处环境不适合握手。

（二）握手的顺序

在握手时,应注意先后顺序,不能贸然行事。一般情况下应按照"尊者先行"的顺序:

年长者与年幼者握手,年长者应先伸手;长辈与晚辈握手,长辈应先伸手;老师与学生握手,老师应先伸手;女士与男士握手,女士应先伸手;已婚者与未婚者握手,已婚者应先伸手;社交场合的先到者与后来者握手,先到者应先伸手;职位、身份高者与职位、身份低者握手,前者应先伸手。

另外,一些特殊情况下的握手的顺序:

社交场合同时与多人握手,应先尊后卑,先女后男,先近后远,依次进行;公共场合的握手,伸手的先后次序主要取决于职位、身份;接待来访者时,主人应先伸手与客人相握;客人告辞时,则客人应先伸手与主人相握,前者是表示"欢迎",后者是表示"再见"。

（三）握手的方式

握手的标准方式是双腿立正,上身略向前倾,伸出右手,四指并拢,拇指张开与对方相握。握手时用力要适当,时间要适度,并应注意以下问题。

1. 注意神态

（1）与人握手时,神态要专注、热情、友好、自然;应面带微笑,目视对方双眼,热情问候。

（2）在握手时,伸手不能迟缓,也不能一边握手,一边东张西望,或忙于跟其他人打招呼。

2. 注意姿势

（1）握手时,应起身站立。

（2）握手时,双方彼此之间的最佳距离为1米左右,握手时双方应主动向对方靠拢,双方的距离过大,会显得一方冷落;双方的距离过小,手臂难以伸开,也不太雅观。最好的姿势是双方相握后双方伸出的手臂正好形成一个直角。

3. 注意手位

（1）单手相握:用右手与对方单手相握,是最常用的握手方式。

（2）双手相握:即用右手握住对方右手后,再以左手握住对方右手的手背。这种方式,适用于亲朋好友之间,以表达自己深厚的情谊;不适用于初识者或异性,容易被人误解为讨好或失态。

4. 注意力度

握手时,毫不用力,会使对方感到缺乏热忱与朝气;为了向交往对象表示热情与友好,握手时应当稍许用力;与亲朋好友握手时,力度可稍大些;而在与异性及初次相识者握手时,则千万不可用力过猛。

5. 注意时间

在普通情况下,与他人握手的时间不宜过短或过长,一般在3秒钟内,握一两下即可。

（四）握手的禁忌

（1）多人同时握手时应按顺序,切忌交叉握手。

（2）不应嘴里嚼着口香糖、戴着墨镜(患有眼疾或眼部有缺陷者例外)等与人握手。

（3）握手不应用左手(右手有残疾者除外)。

（4）握手时男士要摘帽脱手套,但女士如戴着薄纱手套,则不必脱下。

（5）不要在握手时将另外一只手插在衣袋里或拿着东西不肯放下。

（6）握手后不要立即擦拭自己的手掌。

（7）握住对方的手时，不应长篇大论，也不要与其他人交谈。

（8）不要拒绝与多方握手，但如果手上有水或不干净时，应谢绝握手，同时必须解释并致歉。

四、交谈

但丁曾经说过："语言作为工具，对我们之重要，正如骏马对于骑士一样重要。"语言是人的文化修养、道德情操的一面镜子，常言道"言为心声""听其言，观其行"。掌握一定的语言艺术，对于一个人展现内在修养、提升外在形象、建立良好的人际关系，有着非常重要的作用。

（一）良好的语言沟通应具备的条件

1. 语言准确，合乎规范

语言准确，合乎规范，这是人际交往活动的前提。清晰准确的语言有助于双方在情感上、观念上和行为上的互动。否则，会产生许多不必要的误解进而影响沟通的效果。语言准确主要指讲普通话、语音清晰、语速适中、语调抑扬顿挫。

（1）讲普通话。普通话是我国法定的现代汉语标准共同语。它以北京语音为标准音，以北方话为基础方言，以典范的现代白话文著作为语法规范。一口流利的普通话，不仅能增强交流双方的相互理解，激发交流欲望，更会给双方带来心理上的愉快感和享受感。

（2）语音清晰。语音正确即吐字标准，字正腔圆。它一方面表现为口齿要清晰，让人听得清清楚楚，音质清亮明快，不生硬、含糊；另一方面表现为发音要标准，不读错别字，尤其要注重多音字的读法，并掌握阴平、阳平、上声、去声四种基本声调的区别。

（3）语速适当。语速即说话的快慢程度。通常在演讲时，说话的速度以每分钟讲 180 个字为准，但在一般会话交谈中，每分钟以 80~100 个字为宜，前提是以对方能听清楚，并能将感情表达出来为宜。说话速度太快，会令人感到精神紧张、心跳加快；说话速度过于缓慢又会让人感觉气氛沉闷、昏昏欲睡；只有快慢适度、节奏适当的语速，才能让人听起来心情轻松愉快。一般而言，语速的快慢变化，一方面要随着听者的特点与要求来调整；另一方面要与语言的内容保持一致，如对待比较重要的或对方关心的事情，语速要放慢，不太重要或对方不大关心的事情，语速快些为好。

（4）语调适中。一般采用 3 米以内能听到的音量为标准调值。当与两个人进行交流时，要自动调整音量为原来的三分之一左右。调值太高，如同轰炸，显得粗暴、歇斯底里；调值太低，如同蚊蝇之声，显得有气无力、缺少自信，令气氛沉闷不堪；只有调值适中、不高不低、稍显低沉而有深度的声音，才会给人带来舒适欢愉之情。当需要加强重点或需要引起他人注意时，可适当提高调值。但在公共场合高谈阔论是令人为之侧目的现象。一个会说话的人，应该使气氛轻松愉快、热情洋溢。

2. 知识丰富，话题广泛

古往今来能说会道者往往具备很多的知识积累，战国时期游说于各国的政治家如果没有对各个国家充分的了解，没有对战术、形势清晰的认识，想必是说不了两句就会被砍头的。一个脑中空空的人很难将一次谈话完整地进行下去。谈话首先要有谈话的资本，这个资本正是渊博的知识。

3. 审时度势，投其所好

什么场合要讲什么话，什么人面前要讲什么话，都要做到心中有数。比如虽然你满腹经纶，

可是你谈话的对象文化程度不高,也许并不喜欢你高谈阔论,这时你就需要把所学的知识用通俗的语言表达出来,让对方更容易理解。

4. 态度诚恳,善于聆听

"愚者善说,智者善听。"每一个主动谈起话题的人同时也应该是对方的聆听者,而且聆听技巧很重要。说话需要互动,如果自己讲了半天,可是对对方的话充耳不闻或者产生误解,那充其量也只是一场低档次的演说。因为一场真正美妙的演说是需要演讲者在表达自己意见的同时,也能充分了解听众们的意见,从而产生有效的反馈。倾听是最基本的人际沟通技能。倾听首先要专注,即集中精力听中心思想并不断地概括总结。其次是移情,即站在对方立场上思考问题,暂停自己的想法和感觉,努力去理解对方想表达的意思而不是想当然,这是表层的"同情心"。深层次的同情心更要理解对方的感情成分,理解对方隐含的成分。再次是反馈,即以积极的肢体语言等主动回应对方,如:目光接触、赞许性点头、适宜的面部表情、提出问题、复述问题等。最后是接受,即客观地倾听内容而不作判断,尤其是当听到不同的意见时,人们会在心里阐述自己的想法来反驳对方,因而会漏掉余下的信息。倾听的目的不是要与对方争辩是非对错,或达成一致,首要的是理解对方的内容、思想和感情,便于进一步沟通。

(二) 交谈的技巧

1. 使用机智、幽默的语言

要提高运用语言的技巧,必须学会和正确使用机智幽默的语言。恩格斯认为,幽默是"具有智慧、教养和道德上的优越感的表现"。在言谈中,幽默确实具有妙不可言的功能,同时也是一种含蓄而充满智慧的境界。幽默和机智常常是密切联系在一起的。它们的结合,能使人在不同场合有较强的语言应变能力和较高的语言艺术性。

> **案例:** 一个外国旅游团在中国游览时,一位美国姑娘不慎扭伤了脚,导游和其他游客都很着急。这时,同行的几个美国男青年就对她说:"哈哈,这下子我们有机会背你啦!"姑娘也诙谐地回答:"可只许你们背我的脚和皮鞋!"大家在愉快的气氛中继续游览。

幽默使批评变得委婉而有效果。幽默也往往是紧张气氛的缓冲剂,既能使对方摆脱窘境,又能自我解嘲。在公共汽车上,一位姑娘不小心踩了小伙子一脚,姑娘慌忙道歉:"对不起,我踩了你!"那小伙子风趣地回答:"不,是我的脚放错了地方。"这时,姑娘如释重负地笑了。具有幽默感的人,有一种宽容、豁达的风度。

2. 由衷地赞美对方

赞美是每个人最基本的心理需要。一份民意测验结果表明:98%的人希望他人给自己以好的评价,只有2%的人认为他人的赞美无所谓。可见,他人的赞美是人们非常需要的奖赏,它可以使人们认识到自身的价值和工作的意义,获得愉悦感、荣誉感和成就感,进而激发生活和工作热情,提高生活质量和工作效率。赞美不是随意性的、表面的恭维,它要求赞美者首先要讲求针对性,即主动了解他人的心理,积极寻找他人的可赞美之处,细致地观察他人的不同之处,与他本人以往的不同之处等,这是赞美的基础。其次要讲究公正性,赞美他人需要心胸宽广,要培养容纳他人的优点和缺点的气量,对待比自己强的人,不嫉妒,不吝啬赞美;对待有缺点的人,不漠视,不放弃赞美。最后要讲究灵活性,当他人有杰出表现时,要亲自道贺、公开表扬、立即称赞。此外,还要细心观察,善于见微知著,勿以善小而不赞,从小事上挖掘出重大的意义,给别人出乎意料的惊喜。即使是批评别人,也要遵循表扬—批评—鼓励的沟通方式,这样更容易使他人接受从而受到鼓舞。

3. 记住别人的名字

名字是一个人最熟悉、最重要的代号，是个人最珍视的"私有财产"。每一个人都希望自己在社会交往的活动中成为被别人注意的对象，当一个人的名字在与他人第二次见面的时候就能被准确地说出来，这无疑是令人愉快和兴奋的事，这说明自己曾经被别人注意并引起对方好感，使双方本不太熟悉的关系在短时间内就会得到改善。如果别人忘记了自己的名字，会使一个人感到自己是多么渺小，在众人眼中是多么无足轻重，这会影响一个人在人际交往过程中的自信心。因此，要不断地锻炼自己熟记别人名字的本领，在最短的时间内争取得到别人的好感，它可以使人际交往事半功倍。但切忌张冠李戴，否则会令人十分不快，由此带来的坏印象是很难改变的。

有助于记住别人名字的做法有以下五点：

（1）确信听清了对方的名字后，最好马上叫一次以示确认；

（2）最好问清对方的名字是哪几个字组成的；

（3）随意谈论几句与名字有关的话语，如"这个名字是什么意思？""我有一个朋友和你的名字差不多"等；

（4）初次见面时适时地直呼其名；

（5）再见时再呼其名，加深印象。

4. 让对方觉得自己是对的

在服务业中，有一条与客人打交道的法则：客人总是对的，如果客人不对，请参照第一条。它的真正含义绝不意味着服务人员总是错的，而是即使客人不对，也要想尽各种巧妙的办法让客人在不丢面子的情况下，使问题得到妥善的处理，既维护了自己和单位的利益，也不伤客人的自尊心和虚荣心，获得双赢的结果。同样，在我们人际交往活动中，这个原则依然是有效的。人与人之间必然会产生这样或那样的分歧、矛盾和问题，如果非要究出对错，争出是非曲直，结果只能导致双方心情不畅。关系到原则性的事情，要柔中带刚，思圆行方，寸理不让。反之，无关紧要的事情，一般没有必要确认其对与错，更没有必要当面加以否定；得理不饶人，喋喋不休，让人无地自容，实在是有失说话者的身份。特别是当一个人占了优势之后，在辨明原则后，要做到大事清楚、小事糊涂，给失礼者一个台阶，求大同，存小异，以宽容、平和的心态去面对，把对让给对方，有理也要让三分，才能取得更好的交流效果。

5. 学会礼貌地拒绝对方

在交往中，有时会碰到一些较复杂的情况：想拒绝对方，又不想伤害他人的自尊心；想吐露内心的真情，又不好意思表达得太直接；既不想说违心之言，又不想直接顶撞对方。要适应各种不同的情况，就要重视培养自己在语言表达上机智应变的能力。同时还要掌握拒绝的技巧，学会说"不"字。从礼仪的角度来讲，不提倡用身体姿势、道具等非语言的行为拒绝对方，而应用语言实施拒绝。在进行语言交流时，不要顾忌太多，心里是怎么想的就尽可能地表达出来，重要的是要讲究表达的方式方法，即把拒绝融于情理之中，一方面表达了自己的原则和态度，另一方面又不伤对方的自尊心和面子，切忌断然拒绝和颠三倒四、言不尽意。

为了实现不说"不"而达到"不"的目的，生活中有许多巧妙的做法，如：迂回寓意，抓对方的语病；或偷换概念，转被动为主动。

6. 区别对待

"一句话说得适宜，就如金苹果在银网子里。"可见，一句话如果能适时、适地、适人、适情、适合于传统习俗地说得恰到好处，就能产生相得益彰的效果。因而，与人交往要具体情况具体分析，区别对待。

（1）因人而异。即说话要区分对象，不同的人要说不同的话，要有灵活性。如"男怕说小，

女怕说老"。对女士通常要把她说得比实际年龄年轻一点才符合女士的心理,对男士通常要把他说得比实际年龄成熟一点使他感觉更稳重。

（2）因性格而异。即同样一件事情,对不同性格的人,要采取不同的方法,有的放矢。对性格急躁的人,要劝其冷静,必要时要退缩;而对性格稳重的人,要加以鼓励,使之勇往直前。

（3）因年龄而异。即对不同年龄阶段的人,要采取不同的说话方式。如对年轻人,他们热情、奔放,对新鲜事物十分敏感,多谈论关于工作、婚姻、爱情等话题能引起他们的兴趣;对中年人,他们沉稳、持重、务实,不喜欢直截了当,多谈论事业、家庭等内容才更容易深入交流。

（4）因文化程度而异。即对不同文化程度的人,要选择不同的词语和内容。如对文化程度高的人,用词要比较文雅,他们喜欢听委婉的话;相反,对文化程度低的人,用词要比较口语化,多使用白话,他们不喜欢咬文嚼字,喜欢听直来直去、朴实、敞开心扉的话。

（5）因风俗习惯而异。即对不同地域、民族的传统文化要了解其地区的差异。如"你去哪里?"在我国是一句常见的问候语,但在西方则是一个个人隐私,是不便打探的事情。

（6）因对方的心情而异。即根据对方心情的好坏来调节谈话的内容和时间的长短。如当观察到对方的心情不快或厌烦时,就要想方设法立即转换话题或停止谈话,以后另找时间;当观察到对方心情愉快或舒畅时,就要积极地与对方交流。

（7）因事而异。对有把握的事情可采取定性的陈述,对把握性不大的事情可采取弹性的表达,对时间跨度较大的事情可采取延缓性的阐述,这样既给自己留有一定的余地,又入情入理。

五、网络社交礼仪

随着信息技术的飞速发展,网络社交已成为人们日常生活中不可或缺的一部分。无论是与亲朋好友保持联系,还是拓展社交圈子、开展工作交流,网络社交都发挥着重要作用。然而,如同现实社交一样,网络社交也需要遵循一定的礼仪规范,以确保交流的顺畅与和谐。

（一）网络社交礼仪的总体原则

网络社交礼仪的核心在于尊重与自律,这是确保良好网络社交体验的基石。在虚拟的网络世界中,虽然人们无法直接面对面交流,但情感与尊重的传递同样重要。尊重他人的观点、隐私和感受,是建立良好网络关系的基础。每个人都有自己独特的想法和立场,即使存在分歧,也应理性表达,避免恶语相向或人身攻击。同时,要充分尊重他人的隐私,不随意泄露他人在网络交流中分享的个人信息或私密内容。自律则要求我们时刻约束自己的言行,不发布不当、虚假或有害的信息,自觉维护网络社交的健康环境。

（二）网络社交的主要媒介

1. 即时通讯工具

如微信、QQ 等,是人们日常交流中常用的通讯工具。它们支持文字、语音、视频通话等多种沟通方式,方便快捷,能够满足不同场景下的交流需求。在使用即时通讯工具时,应注意回复的及时性,避免让对方长时间等待;同时,要注意语言表达的礼貌性和规范性,避免使用过于随意或粗俗的语言。

2. 社交平台

像微博、抖音、小红书等,具有强大的信息传播和社交互动功能。用户可以在这些平台上分享自己的生活、观点、创意等内容,也可以关注感兴趣的人或话题。在社交平台上,要尊重他人的创作成果,不随意抄袭、盗用他人的作品;同时,对于他人发布的内容,要理性评价,避免恶意诋毁或传播不实信息。

3. 电子邮件

电子邮件通常在商务和正式交流中广泛应用。电子邮件的格式和内容通常更加规范、正式，注意主题明确、语言简洁明了，避免冗长复杂的表述。

（三）网络社交礼仪基本要求

1. 使用礼貌用语

在网络交流中，应使用礼貌用语，如"请""谢谢""对不起"等。这不仅能够体现个人的素养，还能让对方感受到尊重和友好。例如，在请求他人帮忙时，说"请问您能帮我……吗？"比直接提出要求更易被接受。

2. 尊重他人观点

网络世界观点多元，当与他人意见不一致时，要保持理性和包容。可以表达自己的不同看法，但要以理服人，避免争吵和攻击。例如，"我对这个问题有不同的看法，我认为……，您觉得呢？"这种表达方式既能阐述自己的观点，又尊重了对方，能促进良性交流。

3. 注意回复时间

尽量及时回复他人的信息，尤其是在对方有明确需求或期待回复的情况下。如果因特殊原因无法立即回复，应在事后向对方说明情况并表示歉意。例如，"不好意思，刚才在忙，现在才看到您的消息。"及时的回复能让对方感受到被重视。

4. 保护他人隐私

不随意公开他人在网络交流中分享的私人信息、照片、聊天记录等。若需使用他人相关内容，务必事先征得对方同意。比如，在朋友圈分享与朋友的合影时，应先询问朋友是否愿意公开。

5. 避免过度刷屏

在社交平台或群聊中，尤其是实习交流、工作群等中，避免连续发布大量信息，以免影响他人正常交流。如果有较多内容需要分享，可以分时段发布，或者选择更合适的方式，如撰写长文并分享链接。

（四）网络社交礼仪的主要禁忌

1. 恶语伤人

恶语不仅会伤害他人感情，还可能引发网络暴力，严重破坏网络社交环境。因此，切勿使用侮辱性、攻击性语言辱骂他人。例如，避免使用"你真蠢""垃圾"等侮辱性词汇。

2. 传播谣言

对于未经证实的信息，不要随意转发传播。谣言的传播可能会造成不良社会影响，损害他人名誉。在面对不确定的信息时，应先核实真实性，再决定是否分享。

3. 窥探隐私

不私自窥探他人的网络账号、聊天记录等隐私信息。这种行为不仅侵犯他人隐私，还可能触犯法律。尊重他人的隐私空间，是网络社交的基本准则。

4. 滥用表情符号

虽然表情符号能丰富交流内容，但要避免滥用。一些不恰当的表情符号可能会引起误解或不适。比如，在正式交流中，过多使用夸张或不相关的表情符号会显得不专业。

5. 频繁打扰

不要在不合适的时间频繁给他人发送信息、语音或视频通话。要考虑对方的生活作息和工作安排，避免给他人带来困扰。例如，在深夜或他人工作繁忙时，应避免打扰。

（五）遵守网络言论相关法规

为了治理网络暴力信息，营造良好网络生态，保障公民合法权益，维护社会公共利益，国家

出台了《中华人民共和国网络安全法》《中华人民共和国个人信息保护法》《中华人民共和国治安管理处罚法》《互联网信息服务管理办法》等法律、行政法规。了解并遵守这些法规，是每个网络社交参与者的责任和义务。只有在法律的框架内进行网络言论和交流，才能确保网络社交的健康、有序发展。在网络社交中，我们要时刻牢记礼仪规范和法律法规，以尊重、自律、负责的态度参与其中，共同营造一个文明、和谐、安全的网络社交空间。

六、电话礼仪

电话是现代社会最常见的一种交际方式，它已成为人们彼此联系和互通信息的重要工具，成为社交的重要渠道。电话具有快捷、方便的特点，尽管不是面对面的交谈，却能让人迅速获得信息，及时进行沟通。

在公务活动中，利用电话交流情况、沟通信息、商洽问题、问答事项，是一种普遍的工作手段。正确使用电话可以树立良好的形象。如果掌握不好通话的技巧和礼仪规范，不仅会影响公务活动的开展，还会损害所在单位的形象。

（一）拨打电话

1. 时间的选择

除非有特别紧急的事情，通话一般应选择在办公时间内进行，不应在下班之后打，更不应选择在深夜、凌晨及午休、用餐、公休假时间。如果拨打国际长途电话，应注意时差，不应扰人清梦，应掌握通话时间。如果只能通话，应征询对方是否方便，否则就应另约时间联系。

2. 表述得体

通话表述应符合礼仪规范，不应高调门，语惊四座；口气应谦恭有礼，热情亲切。一般拨通电话后，应先问候"您好"，然后自我介绍和证实对方的身份。如果应找的人不在，可以请接电话者转告，应问清对方的姓名，并向对方道谢。打完电话应有相应的礼貌用语，如"谢谢""再见"。如对方帮你找人，不应放下电话干别的事；如对方告知你所找的人不在时，应表示感谢。拨错电话应表示歉意。

3. 举止得体

在打电话时，应轻拿轻放，不应急不可耐，遇到无法接通的情况，不应有不耐烦的表情，甚至摔电话。电话接通后，通常应等铃声响过六遍后，确信对方无人接听时，才能挂断电话。通话时应聚精会神，不要抱着电话四处走动、仰坐、斜靠、歪躺或趴在桌子上；也不要吃东西、吸烟、翻报纸杂志，甚至与旁人闲聊。

（二）接听电话

1. 及时接听

在办公室听到电话铃声，应及时接听，尽量不要使铃声超过三声，更不要有意拖延，怠慢对方。在接第一部电话时，如有另一部电话打来，应及时妥善处理，不应不予理睬。应询问对方是否介意接听另一部电话，在征得同意后再接听另一部电话。不要同时接听两部电话。会客或参加重要会议，不能接听电话时，应说明原因表示道歉。

2. 文明应答

在接听电话时，应先向对方问好，自报家门。如果对方要找的人不在，最好告诉对方不在的原因，或告诉对方联系方法。不宜用"你是谁""你找谁""有什么事"之类的话发问。与对方通话，通常应有问必答、依问作答，不应答非所问、东拉西扯。对方交谈内容结束，要及时道别，说声"再见"。挂电话时，应由发话人先挂断。

3. 做好记录

公务电话通常需要做记录，平时要做好通话记录准备，电话记录簿或记录用纸、笔要准备好，不应通话后放下听筒再找纸笔。遇到听不清楚时，可以请求对方重复一遍，特别是对一些重要内容和涉及时间、地点、数量等，最好加以核实，避免记错。

4. 特殊电话的接听

（1）对打错的电话，不应大声斥责对方，应接受对方的道歉，说声"没关系"后挂机。

（2）对一些无理取闹的、难缠的或骚扰性的电话，应学会说"不"，设法摆脱对方的纠缠，委婉而坚决地拒绝对方的请求。

（3）对一些诸如"你猜猜我是谁""想知道我在干什么吗"之类的"谜语"电话，可以用"别让我猜谜了""我正在忙着"之类的话加以应对。

（三）代接电话

在日常工作中代接电话时，应做到礼貌相待，尊重隐私，准确记录，及时转达。

1. 礼貌相待

接电话时，如果对方找的不是自己，不应显得不耐烦，以"他不在"来回答对方，而应友好地问："对不起，他现在不在，需要我转告什么吗？"如对方有此请求时，应尽量照办。

2. 尊重隐私

在代接电话时，不宜询问对方与所找的人之间的关系。当对方有求于你，希望转达某事给某人时，应守口如瓶，不应随意扩散。别人在通话时不应旁听、插嘴。

3. 准确记录

在代接电话时，应对对方要求代为转达的具体内容认真做好笔录，对方讲完后，应重复一遍，以验证自己的记录正确与否。记录他人电话，通常应包括通话者单位、姓名、通话时间、通话要点、是否要求回电话、回电话时间等等。

4. 及时转达

代接电话后，应及时转告，不要耽误，若对方所找的人就在附近，应立即去找，不要拖延。答应对方的事情，应尽快落实。除非万不得已，不应将代接电话内容再托他人转告。否则，容易使内容出现偏差，还有可能耽误时间或误事。

（四）使用手机

手机已经成为当今人们工作和社会交往中不可缺少的通信工具，它在人们的生活中发挥着重要作用。在使用手机时，应按手机使用礼仪规范，自觉遵循公共秩序，注意安全，不要影响别人。应注意以下细节。

1. 遵守秩序

（1）不应在一些公共场合，尤其是楼梯、电梯、路口、人行道等人来人往之处旁若无人地使用手机。

（2）不应在应保持寂静的公共场所，如音乐厅、美术馆、影剧院、图书馆、咖啡厅等场所外放手机声音，必要时应关机或设置成静音状态。

（3）不能在聚会期间，如开会、会见、上课等场合使用手机，以免分散别人的注意力。

2. 注意安全

（1）不要在驾驶车辆时使用手机，以防发生交通事故。

（2）不要在病房、油库等不允许使用手机的地方使用手机，以防影响病人治疗或引发火灾、爆炸等。

（3）飞机上使用手机应保持飞行模式，以免干扰导航系统。

3．注意礼节

手机只是一种通信工具，不应在众人面前有意摆弄和炫耀。为方便他人和你联系，应尽量不停机、关机，也不要不接电话。改换电话号码后，应及时通知朋友、同事，以便和你联系。

思考与练习

1．称呼别人时有哪些礼仪规范？

2．握手时有什么禁忌？

3．交谈应注意哪些事项？

4．什么是双向共感？

5．网络社交礼仪的基本要求是什么？

6．使用手机应注意什么问题？

7．每人准备一份100字左右的自我介绍文稿，在课堂上进行自我介绍练习，体会自我介绍时要注意的礼仪规范要求。

8．为他人作介绍练习。

（1）5人一组，1人当介绍者，另外4人为被介绍者。

（2）自行设计介绍者与被介绍者的身份，可以考虑主人与客人、上级与下级、长辈与晚辈、男士与女士等。

（3）先写出正确的介绍顺序，并设计简单的介绍词。

第二节　交通礼仪

本节课题：塑造高雅的公共场合形象，做一位有良好品质的社会人。

一、行进礼仪

在行进过程中，应自尊自爱，以礼待人，自觉遵循有关礼仪规范，表现出自己良好的礼仪修养。应注意以下细节。

（一）道路上行进

（1）要自觉走人行道，不要走车行道，还应自觉让出专用的盲道。无人行道时，应尽量走路边。

（2）要按惯例自觉走在右侧一方，不可逆行左侧一方。

（3）要保持一定的速度，不要行动太慢，以免阻挡身后的人，不要在马路上停留、休息或与人长谈。

（4）要与其他人保持适当的距离。两人一起走路时，不要把手搭在对方肩上；走廊内不要多人并排同行；在马路上不要多人携手并肩行走，以免堵住道路。

（5）在行走时，应体现"女士优先"的原则，男士应礼让女士进出大门和走廊；上下车时，男

士不应抢在女士前面。

（6）多人一起散步时，位尊者应位于前面或中间，两人行走位尊者应位于右侧。

（二）上下楼梯

（1）上下楼梯均应靠右单行行走，不应多人并排行走。

（2）为人带路上下楼梯时，应走在前面。

（3）上下楼梯时，不应进行交谈，更不应站在楼梯上或楼梯拐弯处进行深谈，以免有碍他人通过。

（4）男性与长者、异性一起上下楼梯时，如果楼梯过陡，应主动走在前面，以防对方有闪失。

（5）上下楼梯时，既要注意楼梯，又要注意与身前、身后的人保持一定距离，以防碰撞。

（6）上下楼梯时，应注意姿势、速度。不管自己有多么急的事情，都不应推挤他人，也不要快速奔跑。

二、乘电梯礼仪

在乘电梯时，应注意以下事宜。

（一）注意安全

电梯关门时，不要扒门，不要强行挤入。在电梯人数超载时，不要强行进入。

（二）注意秩序

（1）乘电梯时，先按下电梯口的上下按钮，站到电梯的一侧。

（2）电梯到达后，应先出后进，不要争先恐后，要遵循"尊者为先"的原则，晚辈礼让长辈，男士礼让女士，职位低者礼让职位高者。如果与尊长、女士、客人同乘电梯，要视电梯类别，有人管理的应后进后出；无人管理的应先进后出，以便控制电梯。应尽量把无控制按钮的一侧让给尊长者和女士。

（3）在商场、机场或娱乐场所乘自动扶梯，一般站在原地顺其行进方向上下。

（三）主动服务

乘电梯时，即使电梯中的人都互不认识，站在开关处者，也应做好开关的服务工作。

乘坐电梯时应注意以下细节：

（1）等候电梯时，不应挡住电梯门口，以免妨碍电梯内的人出来；

（2）在电梯里，尽量站成"凹"字形，挪出空间，以便让后进入者有地方站；

（3）进入电梯后，正面应朝电梯口，以免造成面对面的尴尬；

（4）在电梯中，不应高声谈笑，不能吸烟，不能乱丢垃圾；

（5）在电梯中，如遇突然停梯或其他事故，不要惊慌失措，应及时通知检修人员检修。

三、乘交通工具礼仪

交通工具已经成为现代社会人们日常生活的重要组成部分。无论是乘坐轿车、公共汽车，还是乘坐火车、轮船、飞机，都应遵循一定的礼仪规范。

（一）乘坐轿车

在乘坐轿车时，应遵循乘车礼仪，并注意以下细节。

（1）乘坐轿车应遵循客人为尊、长者为尊、女士为尊的礼仪规则。

（2）在正式场合,乘坐轿车应分清座位的主次,找准自己的位置。非正式场合,不必过分拘礼。

（3）乘车时应注意座次。

① 当专职司机驾车时,其排位自高而低依次为:后排右座、后排左座、后排中座、副驾驶座。后排的位置应当让尊者坐。

② 当主人亲自开车时,副驾驶座不能空着,应让给尊长,其余的人坐在后排。由先生驾驶自己的轿车时,则其夫人一般应坐在副驾驶座上。

③ 吉普车副驾驶座为上座。车上其他的座次,由尊而卑依次应为后排右座、后排左座。四排座及其以上的中型或大型轿车排位,应由前而后,由右而左,依距离前门远近排定。

乘车座次图如图 3－2－1 所示。

● 双排五人座车

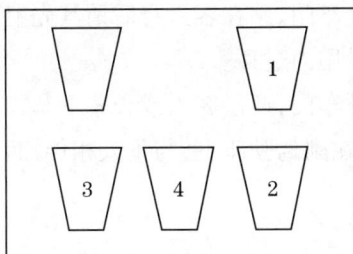
主人驾车

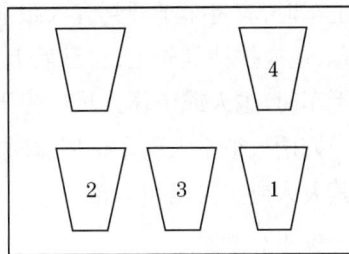
司机驾车

● 双排六人座车

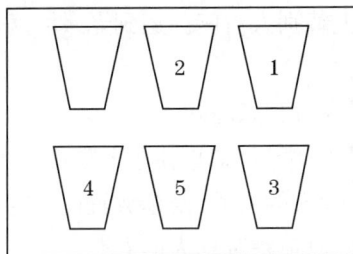
主人驾车

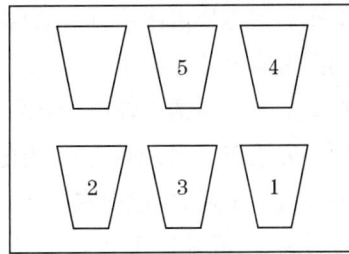
司机驾车

● 双排七人座车

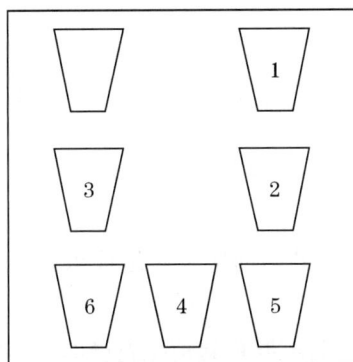
主人驾车

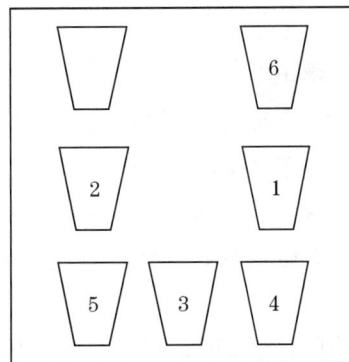
司机驾车

● 三排九人座车

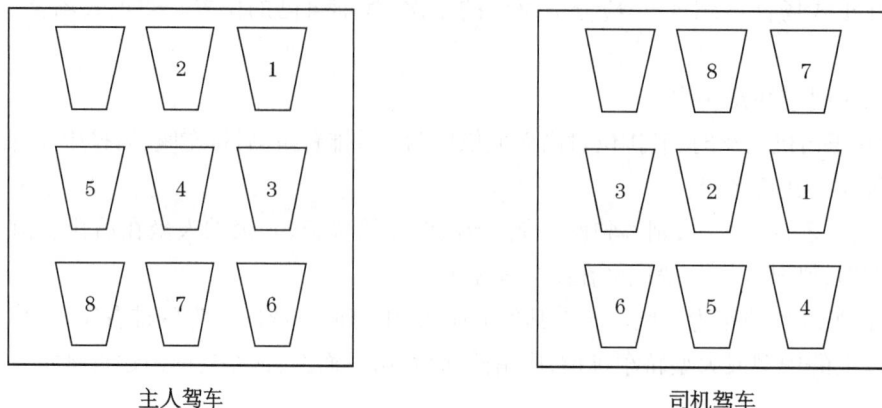

主人驾车　　　　　　　　　　　　　司机驾车

图 3－2－1

（备注：考虑安全系数，尊重客人意愿——嘉宾坐哪，哪里就是上座，即使坐错也不用纠正）

（4）上车时，应将车子开到客人跟前，帮助客人打开车门，站在客人身后请其先上车。若客人中有长辈，还应扶持其先上，自己后上车。关门时切忌用力过猛。

（5）下车时，主人或工作人员应先下，帮助客人打开车门，迎候客人或长辈下车。

（6）夫妇两人被主人驾车送回家时，最好有一人坐在副驾驶座上，与主人相伴，而不要形影不离地与其夫人或丈夫坐在后排。

（二）乘坐公交车

乘坐公交车应讲究文明礼貌，并注意以下细节。

（1）候车应按先来后到的顺序在站台上排队，车辆进站，应等车停稳后依次上车，对妇女、儿童、老年人及病残者要照顾谦让。

（2）上车后不要抢占座位，更不要把物品放到座位上替别人占座。遇到老、幼、病、残、孕及怀抱婴儿的乘客应主动让座。

（3）在车上与人说话应轻声，不要大声谈笑，或与爱人过分亲昵。

（4）应讲究乘车卫生，不要在车上随地吐痰，乱扔果皮、纸屑；禁止在车上吸烟。

（5）下雨天上车后，应把雨衣脱下，不要让雨水沾湿别人的衣服；雨伞放置好，伞尖要朝下。

（6）拎着鱼、肉或湿东西上车时，应事先把东西包好，以免蹭脏别人的衣服。

（7）下车应提前做好准备，在车辆到站之前向车门靠近。车内十分拥挤时，需要他人让路，应有礼貌地请前面的乘客让一下或调换一下位置。在调换过程中，动作要缓和，注意不要拥撞别人。如果自己暂时不下车，应主动为下车的乘客让道。车到站后，应依次下车，并应照顾礼让老、弱、病、残、孕和儿童。

（三）乘坐火车

在乘坐火车时应自觉遵循乘车礼仪，并注意以下细节。

（1）在候车时应自觉遵守公共卫生，要保持安静，不要大声喧哗，不要随地吐痰，不要乱扔废纸；检票时排队依次进行，不要拥挤、推搡。

（2）上车后不要见座就坐，甚至抢座。若未持有坐票，就座前应礼貌地征求邻座的同意后再坐。

（3）使用行李架时，应互相照顾，不要独占太多的空间，不要粗暴地把自己的行李放在别人的行李上；当移动别人行李时应征得同意；往行李架上放行李时，不要穿鞋直接踩踏座位。行李

安放好后,应礼貌地向邻座的乘客打招呼点头示意。

(4) 坐定后,待时机成熟后再与邻座乘客交谈。在交谈时,不要打听对方隐私;不要冒失地索要对方的地址、电话;也不要旁若无人地嬉笑打闹。

(5) 在卧铺车厢,不要盯视他人的睡前准备和睡相,自己脱衣就寝时,应背对其他乘客。

(6) 当乘务员来打扫卫生和提供其他旅途服务时,应主动予以配合,提供方便并表示谢意,必要时应给予帮助。

(7) 当看到不良行为、不法行为时,要协助乘警、乘务员制止、抵制。

(四) 乘坐轮船

在乘船时,应自觉遵守乘船礼仪,并注意以下细节。

(1) 上下船时,应按先后次序排队,不要拥挤、插队。与长者、女士、孩子一起应请他们走在前面,或者以手相扶,必要时应给予照顾和帮助。

(2) 在上下船时应注意安全,走跳板或小船时,不要乱蹦乱跳,要小心翼翼,不要去不宜前往的地方,如轮船舱、救生艇以及桅杆之上;不要一个人在甲板上徘徊;不要擅自下水游泳等。乘船时不得随意携带易燃品、易爆品、易腐蚀物品、枪支弹药、腐烂性物品、家畜动物以及其他一些违禁品。

(3) 登船应自觉接受有关人员对人体和行李的安全检查,要积极配合,不要加以非议或断然拒绝。

(4) 乘船时应对号入座;若自己买的是不对号的散席船票要听从船员的指挥、安排,不要任意挪动或选择地方。

(5) 应自觉遵守公共卫生,要保持安静,不要大声喧哗,不要随地吐痰,不要乱扔废物。与他人同住一个客舱时,不要吸烟。

(6) 若自己周围的人晕船、生病,应给予力所能及的帮助。不应对其另眼看待或是退避三舍,应立即将污物打扫干净或请乘务员进行处理。

(7) 待时机成熟后再与同舱乘客交谈。在交谈时,应保持一定距离,理性地交往,不过分亲密;不要打听对方隐私;不要冒失地索要对方的地址、电话;也不要旁若无人地嬉笑打闹。

(8) 乘船旅途中,如果发生了难以预料的天灾人祸,要听从指挥,尽心尽力地先救助其他人,不要惊慌失措,急不择路,或是夺路而逃,或是跳水逃走。

(五) 乘坐飞机

在乘坐飞机时,应自觉遵守乘机礼仪,并注意以下细节。

(1) 当上下飞机时,空中小姐站在机舱的门口迎送,并热情问候乘客,应向她们点头致意或问好。

(2) 登机后应尽快对号入座,不要在走道内长时间站立,以免妨碍身后的乘客通行。

(3) 在机舱内谈话声音不可过大,尤其是其他乘客闭目养神或阅读书报时,不要喧哗。

(4) 不小心碰到了其他乘客,应当道歉。

(5) 不论对中国人还是外国人都应一视同仁,以礼相待。如果别的乘客主动向你打招呼或想找你攀谈,若非十分疲倦,应当友好地应对。若你打算休息一下而不想交谈,则应向对方说明并表示歉意。

(6) 不要随地吐痰,不能在飞机上吸烟,不在飞机上吃有强烈刺激性气味的食物,如榴梿、方便面等。

(7) 遇到班机误点或临时改降、迫降,不要惊慌失措,而要保持镇静,积极配合。

(8) 下飞机后万一找不到行李,先不要着急,应请机场管理人员协助查找。

思考与练习

1. 乘电梯时应注意哪些细节？

2. 乘坐公交车时应注意哪些细节？

3. 如果你和部门领导一起乘车外出，你的部门领导开车，这时你应该坐在哪个位置最合适呢？

4. 假期你与孩子一起乘坐火车去旅游，你会建议孩子注意哪些文明举止？

第三节　公务接待礼仪

本节课题：彬彬有礼、细致有序地完成公务接待工作。

公务接待工作是常见的也是最基础的公务工作之一，有着一套基本的规范要求。只有按正常的程序来进行，接待工作才能忙而不乱，礼仪周全。

一、会务接待过程

（一）准备工作阶段

从接到来客通知后，接待工作就开始进入准备阶段。这是整个接待工作的重要环节，一般应从下面两个方面来准备。

1. 了解客人的基本情况

接到来客通知时，首先要了解客人的单位、姓名、性别、民族、职业、级别、人数等。其次要掌握客人的意图，了解客人的目的、要求以及在食宿日程安排上的打算。最后要了解客人到达的日期、所乘车次、航班和到达时间，然后将上述情况及时向主管人员汇报，并通知有关部门和人员做好接待的各项准备工作。

2. 制订接待方案

接待一般客人，可根据惯例直接提出具体接待意见。接待重要客人或高级团组应根据客人的意图、要求和单位领导的意见，制订接待方案。方案应包括：客人的基本情况、接待工作的组织分工、主陪人员和迎送人员名单、食宿地点及房间安排、伙食标准及用餐形式、交通工具、费用支出意见、活动方式、日程安排、汇报内容的准备等。

（二）正式接待阶段

客人抵达后，进入正式接待阶段。这个阶段，除了按接待工作方案逐项落实外，还要根据情况的变化，随时采取应变措施。

1. 迎接客人

一般客人可由业务部门或办公室人员去车站（机场、码头）迎接，重要客人应安排有关领导前往迎接。去迎接的人员应在客人所乘车（船、飞机）到达之前到场等候。对重要客人（如主要合作单位的领导），单位领导应在客人驻地前迎接，对一般客人应安排有关领导前往驻地看望。

2. 安排食宿

客人到达后,应把客人引进事先安排好的客房。客人住下后,应把就餐的地点、时间告诉来宾。对重要客人,应安排专人送(或陪)客人到餐厅就餐。

3. 协商日程

客人食宿安排好以后,对一般客人,可由接待人员出面与其商议活动日程。对重要客人,应由领导人员出面,进一步了解客人的意图和要求,共同商议活动的具体日程。最后根据确定的活动时间、内容、方式等重新修订印发活动日程,并把变动情况迅速通知有关人员,以便进行工作。

4. 组织活动

按照日程安排,精心组织好各项活动,有些活动可提前做好准备,如客人参观游览,应安排好交通工具和陪同人员。

5. 听取意见

在客人活动全部结束之后,要单独安排时间,请单位领导与客人会面,听取意见、交换看法。

6. 安排返程

根据客人要求,订购车(机、船)票,并及时送到客人手中,同时商议离开驻地的时间。要安排好送行车辆与送行人员,协助客人结算各项费用,并征求客人对接待工作的意见,送客人到车站(机场、码头)。

7. 总结收尾阶段

将客人送走后,接待工作基本结束,但应做好收尾工作,如及时将客人所乘车(机、船)班次及时间通知客人所在单位,以便对方安排接站。

二、会务接待礼仪

在会务接待过程的各个环节中,都应注意必要的礼仪。

(一)介绍的礼仪

介绍和自我介绍是人与人之间相识的一种手段,也是日常生活和商务活动及各种社交活动中经常遇到的。正确地介绍和自我介绍,能显示出良好的交际风度(详见本篇第一节)。

(二)递接名片的礼仪

在商务活动中,名片经常被用到,它传递着多种信息。要注意,名片的递接大有讲究,礼貌的递接体现了对对方的尊重。

(三)陪同的礼仪

在商务活动中,陪同客人走路,一般应在客人的左侧,以示尊重。如果是主陪陪同客人,那么要并排与客人同行。如属随行人员,应走在客人或主陪人员的后边。负责引导时,应走在客人左前方数步远的位置,遇到路口或转弯处,应用手示意方向并加以提示。乘电梯时,如有专人服务,应请客人先进,如无专人服务,接待人员应先进去,到达时请客人先走。进房间时,如门朝外开,应请客人先进,如门往里开,陪同人员应先进去,扶住门,然后再请客人进入。

乘车时,陪同人员要先打开车门,请客人上车,并以手示意车门上框,提醒客人避免磕碰,待客人坐稳后,再关门起车。按照习惯,乘车时,客人和主陪应坐在司机后第一排位置上,客人在右,主陪在左,陪同人员坐在司机身旁。车停后陪同人员要先下车打开车门,再请客人下车。

(四)食宿服务礼仪

食宿服务礼仪是整个接待工作中最基本的方面。在商务接待工作中,如有条件,可将客人

的食宿安排在本公司的餐厅和招待所。

客房服务人员在客人到达前,要了解所接待人员的情况,包括客人的生活习惯、到达时间、人数等。在客人抵达或离开时,服务人员要热情诚恳谦虚有礼,为客人提送行李。客房内要保持安静、卫生,尽可能为客人提供各种生活便利。

餐厅服务人员更要周到细致,"礼"字当先,不仅要让客人吃好,吃得满意,还要使客人感到春天般的温暖,这都需要处处讲究礼仪。

思考与练习

1. 某地幼儿园园长将于下周二到你所在园开展教研活动。作为接待员负责人,你应该怎样做好这次接待工作?

2. 陪同客人要讲究哪些礼仪?

第四节　馈赠礼仪

本节课题：熟识馈赠环节及礼品中的礼仪语言，为公务活动创造良好的友谊氛围。

礼品,泛指在人际交往中为了表示对交往对象的尊重、友好与敬意而特意相赠的物品。通常认为,在人际交往中向交往对象赠送礼品,可以表达自己对对方深深的心意,从而增加双方的理解,增进双方的友谊。我国民间所说的"千里送鹅毛,礼轻情意重"所表达的正是这层意思。

不论是在国际交往中还是在国内交往中,因公或因私都经常会遇到同礼品相关的问题,或是要为别人准备礼品,或是别人向自己赠送了礼品。在这些情况下,都必须深思熟虑,三思而行。既要有助于促进与他人之间的交往,使自己的好意为交往对象所接受,或是接受交往对象所表达的好意,又要不失自己的身份,不至于因为自己在某些方面的考虑欠妥而影响到交往对象的看法。

这里所说的,实际上就是有关礼品礼仪的问题。礼品礼仪,具体指的是在礼品的选择、赠送、接受的过程中所必须遵循的规范。在接待工作中,礼品礼仪是难以回避的问题。为了便于学习礼品礼仪,下面从三个方面来讲述一下礼品礼仪的基本要点。

一、礼品的选择

礼品的选择应当突出"对象化"。在一般情况下,礼品主要是赠送给个人的,因此,选择礼品的首要之点,就是要使其"对象化"。所谓礼品选择的"对象化",是指礼品的选择应当围绕着受赠对象来进行,应当使之具有适合受赠对象某种需要的独特的针对性,这样才会使之更好地发挥作用。反之,如果礼品的选择不讲"对象化",拿出任何一种礼品"以不变应万变",将它不加区分地赠送于人,那就难保赠送效果。一般应具体体现以下三点。

（一）明确关系

要明确彼此之间关系现状如何。显而易见,在选择礼品时,若忽略了自己与受赠对象之间

关系的现状,则绝对是行不通的。对待公务交往的对象与私人交往的对象,对待个人与集体,对待老友与新朋,对待家人与外人,对待同性与异性,对待中国人与外国人……在选择礼品时一定要有所分别,具体关系具体对待。

比如说,把一支红玫瑰送给自己的夫人或女朋友,可借以表达自己浓浓的爱意,但要把它送给一位普通关系的异性朋友,那就不大对劲了,因为玫瑰象征着爱情是世人皆知的。

一般而论,在公务活动中,代表本单位为外单位或其他人选择礼品时,应侧重于它的精神价值和纪念意义,而不能仅仅以金钱来衡量,过分强调其"含金量"。为外国友人选择礼品时,还须重点突出礼品的民族特色。一般而言,书画、画册、影集、明信片、纪念章、产品模型等等,都是在公务接待中赠予来宾的上佳礼品。

在私人交往中,选择礼品的余地要大一些,但仍须重点表达自己对受赠对象的真情与友谊,要坚持"君子之交淡如水",切不可使私人关系庸俗化。

(二) 了解对方

要了解受赠对象的兴趣爱好。俗话说:"酒逢知己千杯少,话不投机半句多。"选择礼品,其实也完全一样。如果所赠礼品投了受赠对象的兴趣与爱好,它的实际作用可能会倍增。相反,则恐怕会受到冷遇,甚至被受赠对象"打入冷宫"。

选择礼品,应尽可能地迎合受赠对象的兴趣与爱好,既是为了使之更好地发挥作用,也是向受赠对象表示关心与了解的一种适当方式。因为唯有知己,才会真正地知道对方的兴趣与爱好。

不过这一切都必须量力而行。要是为了对受赠对象投其所好,而超出了个人能力或彼此关系的限度,去不遗余力地向对方赠送迎合其兴趣与爱好的礼品,不仅毫无必要,而且弄不好还有可能被对方怀疑此举别有用心。

(三) 尊重对方

要尊重受赠对象的个人禁忌。禁忌,即因某种原因而对某些事物所产生的顾忌。在选择礼品时,受赠对象的个人禁忌自然不能不予以考虑,并且绝对不允许赠予受赠对象的礼品有意犯禁忌。

对受赠对象的个人禁忌,应当从两个方面加以理解。一方面,它是指纯粹由于受赠对象个人原因所造成的禁忌。例如,把一瓶茅台酒送给一位历来滴酒不沾的长辈,绝不会受到欢迎。这就是属于触犯了个人禁忌的情况。另一方面,它是指由于风俗习惯、民族差异、宗教信仰以及职业道德等原因所造成的个人禁忌。有时,这方面的禁忌亦称公共禁忌。因此,对其更应重视。例如,在中国一般不将"钟"作为礼物送人,因其谐音"送终",犯了忌讳。

二、礼品的赠送

礼品的赠送应当采取适当的方式。在选择好礼品之后,赠送礼品的行为还仅仅是开始。只有在以适当的方式把礼品赠送出去,并使之为受赠对象所笑纳之后,馈赠才可以说是大功告成。从某种意义上来讲,在馈赠的整个过程中,采取适当的方式把礼品赠送出去要比礼品的选择重要得多。

采取适当的方式把礼品赠送出去,一般来讲有四个要点必须予以重视。

(一) 赠送礼品的具体形式

赠送礼品,大致上共有三种具体的形式:当面赠送、邮寄赠送和托人赠送。

当面赠送，即亲自将礼品面交受赠对象。这是一种最为常见的赠送礼品的形式。它可以在赠送礼品时随机应变，或畅叙情义，或介绍礼品的寓意，或演示礼品的用法，最有助于促使受赠对象了解、接受礼品。

邮寄赠送，即通过邮局、快递公司等机构将礼品送达受赠对象手中。此种方式适用于路途较远、不方便见面等情况。

托人赠送，即委托第三者代替自己将礼品送达受赠对象手中。当本人不宜当面赠送礼品时，采用这种方式可以显示出自己对此十分重视。不过所托之人在转交礼品时，一定要以恰当的理由来向受赠对象解释赠送人何以不能当面赠送礼品。

（二）赠送礼品的具体时机

赠送礼品的时机大有讲究。赠送礼品，只有选准了适当的时机，方能令双方皆大欢喜。

在一般的人际交往中，以下时机都是适宜向交往对象赠送礼品的。

（1）应当道喜之时。当亲友结婚、生育的时候，均可赠送适当的礼品向其道喜。

（2）应当道贺之时。当交往对象升学、晋级、乔迁、出国、事业取得成功或是过生日、过节日时，可以以礼道贺。

（3）应当道谢之时。受到他人关心、照顾、帮助之后，可在适当的时机，以礼相赠，略表谢意。

（4）应当鼓励之时。交往对象身处顺境或逆境之时，均可通过赠送礼品的方式以资鼓励。

（5）应当慰问之时。若关系密切之人遇到困难、挫折或是患病卧床，可以赠送适当的礼品表示慰问。

（6）应当纪念之时。久别重逢、参观访问、临行话别之际，亦可以赠送礼品，作为纪念。

应当说明的是：以上六个时机仅仅是送礼的良机，但是送礼应当少而精，并非逢此时机都非得送礼不可。

（三）赠送礼品的具体地点

赠送礼品时，具体的地点值得推敲。若是赠送礼品时没有选对地点，则会使馈赠的作用大受影响。

选择赠送礼品的具体地点，通常都应当遵守下述原则，即应当将公务交往与私人交往中赠送的礼品区别对待。在公务交往中所赠的礼品，应当大抵在工作地点或交往地点赠送。而在私人交往中所赠的礼品，则应当在私下赠送，其中最好的一个选择，就是受赠对象本人的家里。

（四）赠送礼品的具体做法

赠送礼品时，其具体的做法很有讲究。

正式赠送的任何礼品，事先都要进行精心的包装。礼品的包装，好比是礼品的外套。若不加包装而以之送人，就像是没穿外套而去正式拜会对方一样，只会使对方有被轻视之感。送给国际友人的礼品，尤其要对此加以注意。

邮寄赠送或托人赠送的礼品，一般都要附有一份礼笺。在其上，既要署名，又要采用规范的语句说明赠送礼品的缘由。

当面赠送礼品时，可以不附礼笺，但是在面交礼品时，一定要认真地道明送礼的原因，并解释一下所赠之物的寓意。

在面交礼品时，一言不发，或是对其加以贬低，说什么"是临时为您买的""是自己家里多余

的",根本没有必要,而且还有可能弄巧成拙,被对方当真,进而使其产生不被重视之感。

当面赠送或代人转交礼品时,应起身站立,面带笑容,目视对方,双手把礼品递送过去。在递送礼品,当面致辞之后,应主动与受赠对象热情握手。不要一只手递交礼品,更不要悄悄地乱塞或偷偷地传递礼品。

三、礼品的接受

礼品的接受应当郑重其事。在接受他人相赠的礼品时,要严肃对待。对待他人所赠礼品的认真态度,主要表现在如下三个方面。

(一)接受礼品必须合乎规定

在人际交往中,接受礼品时必须自觉地遵守有关的规定。

参与国际交往时,对于外国友人赠送的礼品一般不宜接受,尤其是不宜接受现金、有价证券以及其他贵重物品。若对方盛情难却,不易推辞,可以暂时接受礼品,随后登记,并且上交。不允许来者不拒,隐匿不报,或是少报、少交、替换,更不允许主动索取礼品。

在国内外私人交往中,纯粹以个人身份接受的礼品,一般不必登记、上交,但是其前提必须是不至于影响到公正地执行公务,不允许利用职权索贿、受贿、敛财。

(二)接受礼品应当从容大方

在接受礼品时,必须表现得从容大方,友善有礼。若在此刻手足无措,或是扭捏作态,都属于失仪之举。

他人表示向自己赠送礼品时,既要表现出感谢之意,又不能过分地显现出喜出望外,尤其是不宜使自己的表情发生由冷而热的骤变。应有的态度应当是立即起身站立,面向对方,神态自然,面露微笑。

当他人把礼品递交给自己时,应以双手相接,然后伸出右手来与对方相握为礼,并且口中说上一句必不可少的"谢谢"。在一般情况下,他人在递交礼品给自己时,不宜拒不以手相接,推来推去,或是直接要求对方"把它拿回去"。倘若推辞了半晌,最终还是接受了礼品,同样不能忘记表示感谢。

接过他人礼品后,若当时的条件允许,不妨拆开包装来欣赏一番,并当着赠送者的面对其加以称道。这是接受礼品的惯例之一。在此之后,应当将受赠之物放在适宜之处,不要乱扔、乱放。例如,对受赠的鲜花,应捧在胸前稍嗅其香,或者装瓶摆放,不能将其倒拎,或转送他人。

(三)拒收礼品应当解释理由

有时,拒收受赠的礼品应当在受赠礼品的当场进行,尽量不要事后退还。在拒收礼品时,一是要感谢对方的好意,二是要说明自己按规定难以接受所赠之物。

倘若当时的情况不允许当面退还礼品,则应在事后24小时之内将受赠之物登记上缴,或是退还赠送者。事后退还礼品,也需要向赠送者说明理由,并致以谢意。

趣闻趣事

众所周知,中国资源丰富,是一块宝地。种植的东西很多,尤其是水果。到了夏天的时候,西瓜可以说是解暑神器,西瓜内所含的水分比较充足,有的人会喜欢将西瓜分享给周围的人。然而,你知道世界上有一种人,没事的时候不要邀请他们吃西瓜,美国篮球明

星韦德就曾因此勃然大怒。

韦德,我相信很多人都知道,是一个非常有名的篮球运动员,也受到很多中国球迷的喜爱,在参加一次活动结束后,吃完饭后主办方邀请韦德去KTV唱歌放松一下,但是玩到一半,一个服务员送上了一个水果拼盘。大家都知道KTV会送一个免费的水果拼盘,大部分是西瓜,没想到,韦德因为那盘西瓜而生气。公司里的每个人都很惊讶,韦德毕竟不是一个容易生气的人。

这件事情要追溯到很久以前,在美国南北战争的时候,北美洲的大陆生活着很多非洲黑人奴隶,白人通常奖励黑人吃的就是西瓜,所以白人经常用西瓜来嘲讽黑人,西瓜就逐渐演变成了一个象征种族歧视的词,哪怕是放在倡导种族平等的现在,依然很少有黑人会去吃西瓜,因为他们从心底觉得这是一种侮辱。也是这个原因,很多黑人看见西瓜就会发怒!而根据韦德妻子的回忆,当时的气氛简直凝固到了极点,随后经过相关人员的解释后,韦德也选择原谅了工作人员。这给我们提了个醒,以后见到黑人朋友一定不能请他吃西瓜,这种行为对他们而言是非常不尊重人的。

思考与练习

1. 假设你最亲密的朋友要结婚了,你想送他(她)一份什么样的礼物呢?说说为什么。
2. 如何选择赠送礼品的时机?
3. 接受礼品时要注意什么?

第五节　涉外礼仪

本节课题:知晓国际通用礼仪规则,提升个人内在礼仪涵养。

涉外礼仪就是涉外交际礼仪的简称,即人们在对外交往中,用以维护自身形象,向交往对象表示尊敬与友好的约定俗成的习惯做法。其基本内容就是国际交往惯例,指的是参加国际交往时必须认真了解并遵守的常规通行的做法。概括而言,就是国际通则。

国际通则,是指人们在接触本国以外的人时,应当遵守并应用的有关国际交往管理的基本原则。凡从事涉外工作的人员不仅有必要了解、掌握,而且还必须在实际工作中认真地遵守、应用。

一、个人形象通则

个人形象,有时简称为形象。它所指的是一个人在人际交往中留给他人的总的印象,以及由此而使他人对其所形成的总的评价和总的看法。

在国际交往中,人们普遍对交往对象的个人形象倍加关注,并且都十分重视遵照规范的、得体的方式塑造、维护自己的个人形象。

(一)个人形象的重要性

个人形象在国际交往中之所以深受人们的重视,主要是基于下列五个方面的原因。

（1）每一个人的形象，都真实地体现着他的个人教养和品位。比如，当一名男子身穿深色西装套装时，依照国际惯例，上衣左袖袖口上的商标必须拆掉，而且不能穿白色的袜子。如果他不谙此道，或者明知故犯，就会有损个人形象，并且会使人感到他缺乏教养，品位不高。

（2）每一个人的个人形象，都客观地反映了他个人的精神风貌与生活态度。在日常生活里，假如一个人总是蓬头垢面，衣冠不整，不修边幅，别人恐怕很难认为他热爱生活。

（3）每一个人的个人形象，都如实地展现了他对交往对象所重视的程度。一般在人际交往中，一个人对自我形象重视的程度，应与对交往对象重视的程度成正比。换而言之，在涉外交往中，若是对自我形象毫不修饰，不但是对交往对象的不尊重，亦属失礼行为。

（4）每一个人的个人形象，都是其所在单位的整体形象的有机组成部分。对于幼儿园来说，幼儿教师的形象直接代表着幼儿园的整体形象。良好的教师形象，能为幼儿园赢得家长、社会及上级部门的信任与赞赏。

（5）每一个人的个人形象，在国际交往中还往往代表着其所属国家、所属民族的形象。一个人在对外交往中要是不注意维护自身形象，从某种程度上讲，就有可能会损害这个国家的国际形象和整个民族的形象。

基于以上原因，在涉外交往中，每个人都必须时时刻刻注意维护自身形象，特别是要注意维护自己在正式场合留给别人的初次印象。

（二）如何维护好个人形象

根据常规，在公务活动中，要维护好个人形象，重点是要注意下列六个环节。

1. 仪容

仪容是指一个人形体的基本外观。要注重仪容，就要力争做到仪容美，并且为此进行必要的美化和修饰。在国际交往中，通常要求男子不蓄须，不使鼻毛、耳毛外露，不留长发；女子则不剃光头，不剃眉毛，不宜暴露腋毛，不宜化妆过于浓重；任何人都不宜刺字、文身，不宜躬身、哈腰，不准蓬头垢面。这些，实际上都是有关个人仪容的约定俗成的规范。

2. 表情

表情通常是指一个人的面部表情。它包括眼神、笑容及其面部肌肉的综合运动等等。在国际交往中，最适当的表情应当是亲切、热情、友好、自然。不论是表情过于夸张，还是表情过于沉重，抑或面无任何表情，都是不应该的。

3. 举止

举止是指人们的肢体动作。在心理学上，人的举止被称为"形体语言"，它被认为能够同样真实、准确地反映人的心理活动。在涉外交往中，每个人都要有意识地对自己的举止多加检点。不仅要坚决改正诸如当众擤鼻涕、挖耳孔、剔牙齿、抠脚丫一类的不文明的举止，要认真纠正诸如对人指指点点、就座后高翘"二郎腿"并且脚尖或鞋底直对着他人抖动不止等失敬于人的举止，更要努力学习那些文明、优雅的举止，真正做到"站有站相，坐有坐相"。

4. 服饰

服饰是对人们穿着的服装和佩戴的首饰的统称。一个人在服饰方面所作出的选择，不仅体现着他个人的审美品位，也充分反映着其个人修养。在涉外交往中，对服饰不加以重视，将会影响自己的个人形象。

5. 谈吐

谈吐即一个人的言谈话语。常言道"言为心声"，一个人的谈吐，在人际交往中，除了可以传达其思想、情感之外，还具有表达对待交往对象的态度的作用。因此，在对外交往中，对于谈

吐尤须加以注意。与外国朋友进行交谈时，一定要遵照国际惯例，自觉地调低音量。同时，还应使用规范的尊称、谦词、敬语与礼貌语。

6. 待人接物

待人接物具体是指与他人相处时的表现，亦即为人处世的态度。一个人修养再好，要是他不懂得待人接物，那么也将难以在人际交往中获得成功。重视待人接物，不光要善于运用常规的技巧，最重要的是要善于理解人、体谅人、关心人、尊重人。例如，在幼儿园接待国际学术交流活动，尤其是国际会议中的幼儿园观摩活动中，应为国际学者、访客创造安全、受尊重的观摩环境，并通过细节展现专业素养和跨文化理解。

二、不卑不亢原则

不卑不亢，是涉外礼仪的一项基本原则。它的主要要求是：每一个人在参与国际交往时，都必须意识到，自己在外国人的眼里，是代表着自己的国家，代表着自己的民族，代表着自己的所在单位的。因此，其言行应当从容得体，堂堂正正。在外国人面前，既不应该表现得畏惧自卑、低三下四，也不应该表现得狂傲自大、放肆嚣张。在涉外交往中坚持"不卑不亢"的原则，是每一名涉外人员都必须给予高度重视的大问题。

在涉外交往中要求每一名涉外人员要努力表现得不卑不亢，主要是因为这是事关国格、人格的大是大非的问题。

涉外人员在对外交往中要真正做到"不卑不亢"，不仅在思想上要端正态度，而且在工作中要付诸实际。

一方面，要在虚心向外国学习一切长处、尊重外国的风俗习惯的同时，坚决反对自卑自贱的思想，在对外交往中，要以自尊、自重、自爱和自信为基础，表现得堂堂正正、坦诚乐观、豁达开朗、从容不迫、落落大方。

另一方面，在一切对外交往中，既不可妄自菲薄，也不应当高傲自大、盛气凌人、孤芳自赏、目空一切、自以为是，对交往对象颐指气使、冷漠无情。

同时，还应注意对任何交往对象都要一视同仁、一律平等，给予同等的尊重与友好，不要对大国小国、强国弱国、富国穷国亲疏有别，或是对大人物和普通人有厚有薄。

三、求同存异原则

世界各国的礼仪与习俗是存在着一定程度的差异性的。在涉外交往中，对于类似的差异性，尤其是我国与交往对象所在国之间的礼仪与习俗的差异性，重要的是要了解遵守求同存异原则，而不是要评判是非、鉴定优劣。

简而言之，"求同"，就是要遵守有关礼仪的国际惯例，要重视礼仪的"共性"；"存异"，则是要求对他国的礼俗不可一概否定，不可完全忽略礼仪的"个性"，并且要在必要的时候，对交往对象所在国的礼仪与习俗有所了解，并表示尊重。

从宏观上来看，一方面，礼仪的"共性"寓于礼仪的"个性"之中，礼仪的"个性"是礼仪的"共性"存在的基础，没有前者，便不存在后者；另外一方面，礼仪的"共性"不但来自礼仪的"个性"，而且也是对其所进行的概括与升华，所以其使用范围显然更为广阔。就这一点来讲，在涉外交往中，在礼仪上"求同"，遵守礼仪的"共性"，也就是在礼仪的应用上"遵守惯例"，是更为重要的。

比如,在世界各国,人们往往使用不同的见面礼节。其中较为常见的,就有中国人的拱手礼,日本人的鞠躬礼,韩国人的跪拜礼,泰国人的合十礼,阿拉伯人的按胸礼,以及欧美人的吻面礼、吻手礼和拥抱礼。它们各有其讲究,都属于礼仪的"个性"。与此同时,握手作为见面礼节,则可以说是通行于世界各国的。与任何国家的人士打交道,以握手这一"共性"礼仪作为见面礼节,都是适用的。所以在涉外交往中采用握手礼,就是"遵守惯例"。

一般而言,在国际交往中应用礼仪时"遵守惯例",其实就是要求人们遵守涉外礼仪。与各国的国别礼仪所不同的是,涉外礼仪的基本内容,就是有关礼仪的国际惯例。

四、入乡随俗原则

"入乡随俗",是涉外礼仪的基本原则之一。它的含义包括：在涉外交往中,要真正做到尊重交往对象,首先就必须尊重对方所独有的风俗习惯。在前往其他国家和地区进行工作、学习、参观、访问、旅游的时候,尤其要对当地所特有的风俗习惯,加以认真的了解和尊重。

在涉外交往中,如何做到"入乡随俗",最重要的是要注意到下列两个问题。

（一）充分地了解与交往对象相关的习俗

古人早就要求一切正人君子,都必须认真做好"入境而问禁,入国而问俗,入门而问讳"。充分了解与交往对象相关的习俗,本是"知己知彼"的应有之义。如果连这一点都办不到,"入乡随俗"就根本无从谈起。

比如,准备前往德国参观访问,要同德国人直接打交道,就应当事先对德国人在衣食住行、言谈举止、待人接物等各个方面所特有的讲究与禁忌,有一定程度的了解。这样,在与德国人接触往来时,就会胸有成竹,落落大方,表现自如。至少,也不太会惹麻烦,或者出洋相。

（二）尊重交往对象所特有的习俗

在国际交往中,对于其他国家所特有的习俗,不能照抄照搬,更没必要全盘引进。对于本国的传统习俗,则需要发扬光大。这一切,与"入乡随俗"原则并不矛盾。然而对于别国所特有的习俗,是不能少见多怪、妄加非议的。如若以我划线,以我为尊,厚此薄彼,则更是有害的。正确的态度应当是认真地对其予以尊重。

对外国友人所特有的习俗,我们既要了解,更要尊重。了解的目的,是为了更好地尊重。尊重,是建立于了解基础上的。

在涉外交往中,当自己身为东道主时,通常讲究"主随客便"。而当自己充当客人时,则又讲究"客随主便"。在本质上,这两种做法都是对"入乡随俗"原则的具体贯彻落实。

五、信守约定原则

"信守约定"作为涉外礼仪的基本原则之一,在一切正式的国际交往之中,尤其需要恪守不怠。

在涉外交往中,要真正做到"信守约定",须在下列三个方面严格地要求自己。

（一）在人际交往中,许诺必须谨慎

不管是答应交往对象所提出的要求,还是自己主动向对方提出建议,或者是向对方许愿,都一定要深思熟虑,量力而行,一切从自己的实际能力以及客观可能性出发,切勿草率行事,头脑

一热，便承诺"满天飞"。即使对于必须作出的承诺和约定，也必须慎重，要考虑周全，既不要含糊不清、模棱两可，也不要大而化之、信口开河。

（二）认真遵守自己已经作出的约定

承诺一旦做出，就必须要兑现；约定一经做出，就必须如约而行。唯有如此，才会赢得交往对象的好感与信任。在涉外交往中，真正地做到"言必信，行必果"，让外国人确信："我们中国人历来说话都是算数的。"为了落实已有的约定，不仅要认真地如约而行，还应当尽可能地避免对已有的约定任意进行改动，随心所欲地乱作解释，或是擅自予以取消、否认。

（三）不能守约，要主动说明问题

万一由于难以抗拒的因素，致使自己单方面失约，或是有约难行，需要尽早向有关各方面进行通报，如实地解释，郑重其事地为此事向对方致以歉意，并且主动承担因自己的失约而给对方造成的某些物质方面的损失。千万不要在碰上这种情况时得过且过，避而不谈，一味推诿，甚至企图赖账，拒绝为此向交往对象道歉。

总而言之，在涉外交往中，必须诚实守信，说话算数，办事讲究信誉，绝不在信誉方面进行"形象自残"。

六、热情适度原则

"热情适度"，是涉外礼仪的基本原则之一。它要求人们在参与国际交往，直接同外国人打交道时，不仅待人要热情而友好，更为重要的是要把握好待人热情友好的具体分寸。

具体而言，在涉外交往中要遵守"热情适度"这一基本原则，关键是要掌握下列四个方面的"度"。

（一）"关心有度"

意思是，不宜对外国友人表现得过于关心。

（二）"批评有度"

在一般情况下，对待外国友人的所作所为，只要其不触犯我国法律，不有悖于伦理道德，没有侮辱我方的国格人格，不危及人身安全，那么通常就没有必要去评判其是非对错，尤其是不宜当面对对方进行批评指正，或是加以干预。

（三）"距离有度"

在与外国友人进行交往应酬时，应当视双方关系的不同，而与对方保持适度的空间距离。

（四）"举止有度"

与外国人相处之际，建议对自己的举止多思考。切勿因为自己举止过分随意，从而引起误会，或是失敬于人。

要在涉外交往中真正做到"举止有度"，最重要的，是要注意以下两个方面。

（1）不要随意采用某些意在显示热情的动作。在国内，朋友相见时，彼此拍拍肩膀；长辈遇见孩子时，抚摸一下对方的头顶或脸蛋；两名同性在街上携手而行……都是常见的亲热之举。可是，外国人却可能难以接受这些行为。

（2）不要采取不文明、不礼貌的动作。有些动作，比如当众挖鼻孔、抓痒痒、脱鞋子、抠脚丫，或是在与人交谈时用手指向对方、高翘着"二郎腿"乱晃抖动不止，被世人公认为既不文明也不礼貌。在外国友人面前，自然更是应当被禁止。

七、过谦适当原则

中国人的待人接物,在一般情况下,讲究的都是含蓄和委婉。在对自己的所作所为进行评价时,多数中国人主张自谦、自贬,不提倡多作自我肯定,尤其是反对自我张扬。在这个方面若不好自为之,就会被视为妄自尊大、嚣张放肆、不够谦逊、不会做人。

可是实践却证明,中国人的这种过分谦虚,不敢正面肯定或评价自己的做法,在对外交往中并不一定为外国人所理解和认可。在许多情况下,中国人在面对外国人时过于自谦,非但不会得到好评,而且还极有可能自找麻烦。

在对外交往中,当有必要对自己的所作所为进行评价时,得体的做法,是要切记"过谦适当"的原则,并将之付诸行动。与不了解中国国情的外国人接触时,特别要注意这一点。

"过谦适当"原则的基本含意是:在国际交往中涉及自我评价时,虽然不应该自吹自擂、自我标榜、一味地抬高自己,但是也绝对没有必要妄自菲薄,自我贬低,自轻自贱,过度地对外国人谦虚、客套。如果确有必要,在实事求是的前提下,要敢于并且善于对自己进行正面的评价或肯定。

在对外交往中,特别是在面临如下情况时,务必要将"过谦适当"原则付诸行动。要敢于并且善于充分地从正面肯定自己,而切勿随意过分地否定自己、贬低自己,具体而言有以下六点。

一是外国友人赞美自己的相貌、衣饰、手艺时,一定要记住落落大方地道上一声:"谢谢!"这么做,既表现了自己的自信和见过世面,也是为了接纳对方。此时此刻,没有必要因此而羞羞答答,也不必假客气,说什么:"哪里,哪里!"

有一回一个法国朋友在称赞一位中国姑娘漂亮时,那位中国姑娘说:"哪里,哪里。"结果就出了洋相。中国姑娘这么说,自然是表示自谦,而那位法国朋友却误以为对方是在问他自己"何处漂亮",便赶忙答道:"你的眼睛很漂亮。"谁知姑娘依然谦虚如故:"哪里,哪里。"法国朋友又答道:"你的鼻子也漂亮。"结果南辕北辙了。

二是当外国友人称道自己的工作技术或服务时,同样要大大方方予以认可。千万不要小里小气,一再极力对此进行不必要的否认。

三是在涉外交往中,当需要进行自我介绍,或者对自己的工作、学习、生活、服务、技术、能力、特长进行自我介绍时,要敢于并且善于实话实说。不敢肯定自己,不会宣传自己,往往会使自己坐失良机。

四是当自己同外国友人进行交往应酬时,一旦涉及自己正在忙什么、干什么的时候,无论如何都不要脱口而出,说什么自己是"瞎忙""混日子""什么正经事都没有干"。那样的话,有可能被对方看作不务正业之人。

五是当自己身为东道主,设宴款待外国友人之时,应当在介绍席上菜肴的过程中,有意识地说明"这是本地最有特色的菜""这是这家菜馆烧得最拿手的菜""这是我们为你特意精心准备的菜"。只有如此,才会令对方感到备受我方的重视。

六是当有必要向外国友人赠送礼品时,既要说明其寓意、特点与用途,也要说明它是为对方精心选择的。不要画蛇添足地说:"这件礼品不像样子""实在拿不出手""没来得及认真挑选""这是自家用不了的",这种过谦的说法,无疑会大大地降低礼品的分量。

八、静观其变原则

静观其变原则的基本要求是,在涉外交往中,面对自己一时难以应付、举棋不定,或者不知道到底怎样做才好的情况时,最明智的做法是尽量不要急于采取行动,尤其是不宜急于抢先,冒

昧行事。面对这种情况时，不妨先按兵不动，然后静观一下周围人的所作所为，并与之采取一致的行动。"静观其变"原则在很多时候也被称为"紧跟"原则，或是"模仿"原则。

"静观其变"原则具有双重的含义。一方面，它要求人们在难以确定如何行动才好时，应当尽可能地避免采取任何行动，免得出丑露怯。另一方面，它又要求人们在不知道怎么做才好，而又必须采取行动时，最好先观察其他人的做法，然后加以模仿。

九、尊重隐私原则

个人隐私，指的就是一个人出于个人尊严和其他某些方面的考虑，因而不愿意公开，不希望外人了解或是打听的个人秘密、私人事宜。在国际交往中，人们普遍讲究尊重个人隐私，并且将尊重个人隐私与否，视作一个人在待人接物方面有没有教养，能不能尊重和体谅交往对象的重要标志之一。

（一）收入支出

在国际社会里，人们普遍认为任何一个人的实际收入，均与其个人能力和实际地位直接存在着因果关系。所以，个人收入的多寡，一向被外国人看作自己的脸面，十分忌讳他人进行直接或间接的打听。除去工薪收入之外，那些可以反映个人经济状况的问题，例如，纳税数额、银行存款、股票收益、私宅面积、汽车型号、服饰品牌、娱乐方式、度假地点等等，因与个人收入相关，都不宜提及。

（二）年龄大小

在国外，人们普遍将自己的实际年龄当作"核心机密"，轻易不会告知于人。这主要是因为，外国人一般希望自己永远年轻，而对于"老"字则讳莫如深。中国人听起来非常顺耳的"老人家""老先生""老夫人"这一类尊称，在外国人听起来却有如诅咒谩骂一般。特别是外国妇女，最不希望外人了解自己的实际年龄。所以在国外，有这么一种说法：一位真正的绅士，应当永远"记住女士的生日，忘却女士的年龄"。

（三）恋爱婚姻

中国人的习惯是对于亲友及晚辈的恋爱、婚姻、家庭生活时时牵挂在心，但是绝大多数外国人对此不以为然。比如"有没有恋人""两个人怎么认识的""跟恋人相处多久了""结了婚没有""夫妻关系怎么样""婆媳关系如何""有没有孩子"等话题，很让人诧异。

在一些国家里，跟异性谈论此类问题，极有可能被对方视为无聊之至，甚至还会因此被对方控告为"性骚扰"，从而吃上官司。

（四）身体健康

中国人在相遇后彼此打招呼时，经常会相互问候对方："身体好吗？"要是确知交往对象身体曾经一度欠佳，那么为了表示对对方的关心，与其再见面时，人们往往还会热心而关切地询问对方："病好了没有？"如果彼此双方关系密切的话，则通常还会直接向对方打探："吃过一些什么药？""怎么治疗的？"或是向对方推荐名医、偏方。

可是在国外，人们在闲聊时一般都是"讳疾忌医"，非常反感其他人对自己的健康状况关注过多，因为在市场经济下，每个人的身体健康都被看作他的重要"资本"。

（五）家庭住址

在中国人的人际交往中，大家对于自家的住址通常是不保密的。对于自己的家庭住址、私宅电话号码等等，人们一般都会有问必答，甚至于还会主动地告诉别人。

而在国外,通行的做法却恰好与我国相反。外国人大都视自己的私人居所为私生活领地,非常忌讳别人无端干扰其宁静。在一般情况下,除非知己和至交,他们一般都不大可能邀请外人前往其居所做客。为此,他们都不喜欢轻易地将个人住址、住宅电话号码等纯私人资讯"泄密"。在他们常用的名片上,此项内容也难得一见。

(六) 个人经历

初次见面时,中国人之间往往喜欢打听一下交往对象"是哪里的人?""哪一所学校毕业的?""以前干过什么?"总之,是想了解一下对方的"出处",打探一下对方的"背景",摸一摸对方的"老底"。

然而外国人却大都将这些内容看作"商业秘密",并且坚决主张"英雄莫问出处",反对询问交往对象的既往经历,随随便便地擅自查对方的"户口"。

(七) 信仰政见

在国际交往中,由于人们所处国度的社会制度、政治体系和意识形态多有不同,所以要真正实现交往的顺利、合作的成功,就必须不以社会制度划线,抛弃政治见解的不同,超越意识形态的差异,处处以友谊为重。如果动不动就交往对象的宗教信仰、政治见解评头论足,甚至横加责难、非议,或是将自己的观点、见解强加于人,都是对交往对象不友好、不尊重的表现。最为明智的做法,就是在涉外交往中对此避而不谈。

(八) 所忙何事

在我国,熟人见面之际,免不了要相互询问一下对方:"忙什么呢?""怎么好久没见到你?"但是,外国人对于这一类的问题却极为忌讳,认为向别人探听与此相关的问题的人,不是好奇心过重,不懂得尊重别人,就是别有用心,或者具有天生的"窥视欲"。

上述八个方面的问题,都属于个人隐私问题。要尊重外国友人的个人隐私权,就应自觉地避免在与对方交谈时,主动涉及这八个方面的问题。

十、女士优先原则

"女士优先"是国际社会公认的一条重要的利益原则,它主要适用于成年的异性进行交往活动之时。"女士优先"的含义是,在一切社交场合,每一名成年男子,都有义务主动自觉地以实际行动去尊重妇女,照顾妇女,体谅妇女,保护妇女,并且还要想方设法、尽心竭力地去为妇女排忧解难。倘若因为男士的不慎,而使妇女陷于尴尬、困难的处境,便意味着男士的失职。人们公认,唯有如此这般的男子,才会被视为具有绅士风度。

"女士优先"原则还要求在尊重、照顾、体谅、关心、保护妇女方面,男士们对于所有的妇女都要一视同仁。

外国人强调"女士优先"的主要原因,并非因为妇女被视为弱者,值得同情、怜悯,最为重要的是,他们将妇女视为"人类的母亲"。

在国外的社交应酬中,"女士优先"作为一条礼仪的基本原则,早已逐渐演化为一系列具体的、可操作的做法。它们不仅已为世人皆知,而且在社会舆论的督促之下,每一名成年的男子均须将其认认真真地付诸实践。

十一、爱护环境原则

作为涉外礼仪的主要原则之一,"爱护环境"的主要含义是,在日常生活里,每一个人都有

义务对人类赖以生存的环境,自觉地加以爱惜和保护。严格地讲,"爱护环境"属于社会公德的范畴。因此,它是不会因国别不同而有所区别的。在国际交往中,能否以实际行动"爱护环境",已被视为一个人有没有教养、讲不讲社会公德的重要标志之一。

在国际交往的实践中需要特别注意的问题有两点。

一是要明白,光有"爱护环境"的意识还是远远不够的,重要的是,要有实际行动。要从自我做起,从小事做起,从现在做起。

二是与外国人打交道时,在"爱护环境"的具体问题上要好自为之,言语自律,要对细节多加注意,切勿因个人的不拘小节而引起非议。

具体而言,在涉外交往中特别需要在"爱护环境"方面倍加注意的细节问题,又可分为下列八个方面。

1. 不可毁损自然环境

不论是为了发展经济还是为了提高生活质量,都不可毁损自然环境。诸如乱采矿藏、乱伐森林、浪费或破坏水资源、随意污染空气等等。

2. 不可虐待动物

在国外,动物的地位往往是很高的。能否积极保护动物,是否反对虐待动物,直接与一个人的道德水准的高低挂钩。

3. 不可损坏公物

一切公物,即公有、公用场所之中为大众提供服务的一切公共设施,亦属人类公共环境的重要组成部分。每一个人,对于公物都要自觉爱惜,自觉维护。对于任何公物,都不可窃为己有,也不应独占或私用。特别要注意的是,不要在公共场所乱涂、乱抹、乱刻、乱画,不要攀爬树木和公共建筑物,不要偷折偷采树枝、花卉,不要对公用的桌椅、电话等进行恶意破坏。

4. 不可乱堆乱挂私人物品

在平时要养成良好的个人生活习惯,对于环境卫生要自觉予以维护。在公用的楼梯、走道、门厅等处,切勿任意乱堆、乱放私物或垃圾。在邻街的阳台、窗口,最好不随意晾晒衣物,或是胡乱置放私家物品。

5. 不可乱扔乱丢废弃物品

有必要对废弃物品进行处置时,一般不要自行焚毁,更不要随手乱丢、乱扔。

6. 不可随地吐痰

将痰吐在痰盂里,或吐在纸巾之中,然后再抛在垃圾筒里。

7. 不可到处随意吸烟

在公共场所吸烟,对于其他不吸烟者是极不尊重的。在涉外交往中,除了在禁止吸烟之处不得吸烟之外,在一切其他的公共场所尽量也不要吸烟。还须切记,向外宾敬烟,不仅毫无必要,而且还是失礼之举。

8. 不制造噪声

在现代生活中,噪声污染对于环境也是一种破坏。所以与人交谈时一定要轻声细语,在公共场所切勿大声喧哗,切勿在不适当的地方劲歌狂舞。尤其重要的是,在一切公共场合,都要注意不使自己所用的手机响叫不止。

十二、以右为尊原则

如果您在每天晚上19点整观看中央电视台第一套节目的《新闻联播》时,稍加留意便会发

现,我国党和国家领导人正式会晤国际友人时,宾主之间所就座的具体位置,具有一定的规律性。

在常规的情况下,当我国的党和国家领导人,诸如国家主席、政府总理、人大常委会委员长、全国政协委员会主席等等,作为东道主,在我国国内会见外宾的时候,大都会同外宾并排而坐,并且通常会居左而坐。也就是说,届时,他们一般都会请外宾在自己的右侧就座。

为什么非得要这么做呢?莫非在国际交往中,位置的左右还有尊卑高下之分吗?答案是肯定的。

在各种类型的社会交往中,大到政治磋商、商务往来、文化交流,小到私人接触、社交应酬,但凡有必要确定并排排列时的具体位置的主次尊卑时,"以右为尊"都是普遍适用的。在操作、处理问题时,只要参照"以右为尊"原则,肯定不会有失敬于人的事件发生。

按照惯例,在并排站立、行走或者就座的时候,为了表示礼貌,主人应主动居左,而请客人居右。男士应当主动居左,而请女士居右。晚辈应当主动居左,而请长辈居右。未婚者应当主动居左,而请已婚者居右。职位、身份较低者应当主动居左,而请职位、身份较高者居右。

不过,应当说明的是,按照国际惯例,在接待外宾的过程中,当主人前往外宾下榻之处进行拜会或送行时,主人的身份应当是"客人",而外宾在此时此地则"反客为主"了。这时,应当使主人居右,而使外宾居左。其实际的含义是:外宾在主人为其提供的临时居所之中,理应被视为"主人",而不是"客人"。从这一意义上讲,以上做法与"以右为尊"原则一点儿也不矛盾。

有时,进行国际交往的宾主双方往往不止一人,如需要会见、合影时,仍需要恪守"以右为尊"的原则,只不过宾主双方届时需要在属于自己的一侧,再具体排定一下各自人员的位次罢了。

举行正式谈判时,假定谈判双方需要分别坐在谈判桌的两侧,而谈判桌竖放于室内的话,则谈判桌的两侧的位置仍有上下之分,在进行确定时,"以右为尊"原则依旧有效。其具体方法是:假定有一个人正在推门而入,并且面向室内,则应以其右侧为上座,使客方谈判人员在其右侧就座;以其左侧为下座,使主方谈判人员在其左侧就座。

谈判桌横放于室内时,以面对正门的一侧为下座。但是届时各方人员进行具体排列时的做法,与谈判桌竖放于室内时的情况却相类似,即位于主谈者右侧的位置,在地位上高于位于其左侧的位置。

举行国际会议时,会议主席台上依次的排列,也是要讲究"以右为尊"的。不仅如此,发言者所使用的讲台亦须位于主席台的右前方,这是给予发言者的一种礼遇。

在排列涉外宴会的桌位、席次时,同样必须应用"以右为尊"原则。在宴会厅内摆放圆桌时,通常应以"面对正门"的方法进行具体定位。如果只设两桌时,一般须以右桌为主桌。此处所说的右桌,指的是在宴会厅内面对正门时居于右侧的那一桌。若是需要设置多桌时,则在宴会厅内面对正门时位于主桌右侧的桌次,应被视为高于位于主桌左侧的位次。

在同一张宴会桌上确定席次时,一般以面对宴会厅正门的位置为主位,由主人就座。主宾则大都应当就座于主位的右侧。其他人的位次,一般均为距离主位越近,位次则越高。而在与主位距离相同时,则位于主位右侧的位次高于位于主位左侧的位次。

在进行官方往来、召开国际会议、举办国际博览会,或是从事国际体育比赛时,按照国际惯例,经常需要悬挂有关国家的国旗。国旗是一个国家的象征,也是其主要标志之一。在国际交往中依照惯例悬挂本国和其他相关国家的国旗,既表达了对本国的热爱,也表达了对他国的尊重。必须予以强调的是,在国际交往中悬挂国旗是一件极其严肃的事情。悬挂他国国旗,并借

此向他国表示尊重与敬意之时,就更是如此。不仅不能将他国国旗弄错、挂错,而且还须在悬挂他国国旗时给予其适当的礼遇。

目前,在各类国际交往中所悬挂的国旗,大都采用并排悬挂的方法。在进行操作时,必须以"以右为尊"原则为指针。

具体而言,并排悬挂两国国旗时,按惯例应以国旗自身面向为准,以右为上,悬挂来访国国旗;以左为下,悬挂东道国国旗。

在重要国宾搭乘的轿车上同时悬挂两国国旗时,一般应以轿车行进的方向为准,以驾驶员右侧为上,悬挂来宾所在国国旗;以驾驶员左侧为下,悬挂东道国国旗。

需要同时悬挂多国国旗时,通常的做法是,以国旗自身面向为准,令旗套位于其右侧。越往右侧悬挂国旗,被给予的礼遇就越高;越往左侧悬挂的国旗,被给予的礼遇就越低。在确定各国国旗的具体位次时,一般的做法,是按照各国国名的拉丁字母的先后顺序而定。在悬挂东道国国旗时,可以遵行这一惯例,也可以将其悬挂在最左侧,以示东道国的谦恭之意。

上述种种实例表明,在国际交往中有必要排定并排位次的尊卑时,遵循"以右为尊"原则,就可以化繁为简,化难为易,以不变应万变,轻而易举地处理好种种问题和难题。

有趣的是,在确定并排排列的位次时,我国的传统做法是"以左为尊",也就是以左为上,以右为下。注意一下国内举行会议时的主席台排位,就会发现这一点。不过,在国际交往中,还是要注意"内外有别",坚持"以右为尊"为好。

友情链接（一）

20世纪90年代中期,国内的一名中学生应邀前往一个拉美国家参加民间外交活动。有一天,当他出席在那个国家所举行的一次国际会议时,发现在会场周围所悬挂的各与会国国旗之中竟然缺少中华人民共和国国旗,便当即向会议的组织者指出了这一问题,并且严正地表示:"不悬挂我国国旗,就是缺乏对我国的尊重,假如不马上改正,我将拒绝出席这次会议,并且立即回国。"经过据理力争,中国国旗终于飘扬在会场的上空。在会议的组织者再三地表示了歉意之后,那位中学生才终于步入会场,出席会议。在他入场时,有不少与会者主动起立,向他热烈地鼓掌表示欢迎。当地的报纸事后为此发表评论说:"连一名中学生都具有那么强烈的民族自尊心,中国人的确是值得尊重的。"

友情链接（二）

我国是世界著名的礼仪之邦。我们中国的父母,尤其是一些名人,特别重视对他们的子女进行文明礼仪教育。

丰子恺是浙江桐乡人,我国著名的现代画家、文学家、教育家。早年从事美术和音乐教学,五四运动以后,进行漫画创作。丰子恺在平时生活中,经常给孩子们讲要对人有礼貌,还非常具体细致地说"礼仪",就是待人接物的具体礼节和仪式。丰子恺是名人,家里经常有客人来访。每逢家里有客人来的时候,他总是耐心地对孩子们说:"客人来了,要热情招待,要主动给客人倒茶、添饭,而且一定要双手捧上,不能用一只手。如果用一只手给客人端茶、送饭,就好像是皇上给臣子赏赐,或是像对乞丐布施,又好像是父母给小孩子

喝水、吃饭。这是非常不恭敬的。"他还说:"要是客人送你们什么礼物,可以收下,但你们接的时候,要躬身双手去接。躬身,表示谢意;双手,表示敬意。"这些教导,都深深地印在孩子们的心里。有一次,他在一家菜馆里宴请一位远道而来的朋友,把几个十多岁的孩子也带了去作陪。孩子们吃饭时,还算有礼貌,守规矩。当孩子们吃完饭后,他们之中就有人嘟囔着想先回家。他听到了,也不敢大声制止,就悄悄地告诉他们不能急着回家。事后,丰子恺对孩子们说:"我们家请客,我们全家人都是主人,你们几个小孩子也是主人。主人比客人先走,那是对客人不尊敬,就好像嫌人家客人吃得多,这很不好。"孩子们听了,都很懂事地点头。

　　在丰子恺的正确教导下,他的孩子个个都是懂规矩,讲礼貌,长大后有出息的人①。

思考与练习

1. 涉外礼仪中有哪些属于个人隐私,须加以了解?

2. 收集奥运会、联合国大会的礼宾次序实例,了解在国际会议、体育赛事中是如何安排礼宾次序的,体会"以右为尊"的原则。

3. 礼宾接待实训。

(1) 场景:一位外国朋友来你的家乡参观,你应做到热情适度、不打探个人隐私、不卑不亢、信守约定。翔实地介绍家乡,礼貌周到地做好接待工作。

(2) 每2人一组,根据场景自行设计接待的活动、环节及对话。

(3) 根据设计的内容进行练习,练习中要遵守相关的涉外礼仪规范要求。

(4) 在课堂上展示。

(5) 对展示小组的活动进行评价,加深对涉外礼仪要求的理解和掌握。

4. 说说如何在涉外活动中讲好中国传统文化故事。

① 丁畅.社交礼仪大全[M].长春:吉林大学出版社,2011.(有删减)

师范生求职礼仪和见、实习礼仪

　　一名实习生组织幼儿户外活动。在活动中,一名小朋友不小心摔倒了,手蹭破了皮,隐隐渗出血丝。实习生见状,上前把小朋友扶起,并马上向带班老师汇报。带班老师察看过小朋友的伤口后,让实习生把小朋友送到幼儿园医务室,让医护人员帮他搽药,贴上创可贴。午睡后,实习生关切地询问小朋友的情况。离园时,实习生很抱歉地向家长说明白天在园发生的事。"今天真对不起! 由于我们照顾不周,让小朋友受伤了,这是创可贴,明天请您给他换上,好吗?"实习生真诚的态度取得了家长的谅解。

　　有一位幼教专业学生到深圳某一大型外企办的幼儿园应聘。已经通过了初试、笔试等环节,只要复试一过就万事大吉了。到了复试这一天,幼儿园的园长、有关负责人和面试考官都准时到了,谁知这位学生却迟到了三分钟。结果学生与这家幼儿园的教师职位失之交臂。

　　"细节决定成败。"为了使师范生能够顺利地进行见习、实习和求职面试,本章将详细介绍在见习、实习和求职过程中要了解和注意的礼仪知识。

知识框架

第一节　师范生求职礼仪

本节课题：

　　随着每年毕业的学生即将走入社会，招聘面谈和求职的礼仪细节以及形象越来越被用人单位所重视，它是毕业生和求职者开始新工作前最重要也最需要学习的课题，因为它关系到毕业生能否顺利踏入社会，寻找到一份合适满意的工作。求职者的知识和能力虽然是求职成功的重要原因，但个人的礼仪修养、行为习惯等因素在求职中的影响更大，应聘时要特别注意自己的衣着和言谈。哈佛大学有关专家研究表明，用人单位与求职者交往后一般用7~30秒就会将外表不合格的人淘汰掉了。而语言学家和行为学家的研究表明，人与人面对面的交往信息中，有声部分不高于35%，其余65%的交往信息都是无声的，包括人的表情、举手投足、穿着打扮等，其中肢体语言最为重要，表达意思也最为丰富。作为一名幼师毕业生，除必要的专业素养外，掌握一些求职的礼仪惯例和技巧是非常必要的。

一、求职面试前的礼仪

（一）求职面试前的心理准备

1. 研究自己

　　求职面试前的心理准备中最重要的是研究自己，把握好自己，才能有良好的面试心态和状态。以下是自我心理准备的"四具备"。

　　（1）具备充足的信心。一个求职者，只有坚信自己有实力能胜任某项工作，才能表现出坚定的态度和从容不迫的风度，才能赢得招聘者的信任和赏识。

　　（2）具备积极主动的求职意识。求职者要积极主动了解自己所学专业的培养目标，特别是关于本专业的用人信息，跟上社会发展变化的步伐。

　　（3）具备竞争意识。一个人如果不主动"推销"自己，不善于捕捉一切有利于自己的时机，那么机会势必会和他擦肩而过。

　　（4）具备顽强意志。决定任何事情成功与否的关键是一个人的意志品质的高低。

2. 应对不良心理

　　（1）焦虑。绝大多数的求职者在面试时会出现焦虑情绪，这是正常的。求职者要学会运用以下方式来缓解自己的焦虑状态。

　　一是积极的自我暗示，求职者必须习惯于多给自己积极的评价、积极的暗示，如图4-1-1所示。二是用"暴露冲击法"消除过度焦虑，利用一些面试机会，多"练几次兵"，成功几次或碰壁几次，求职的时候也就坦然多了。

　　（2）恐惧。很多求职者一见到决定自己命运的主考官就脸红、紧张、说不出话来。消除恐惧的方法有如下四种：

　　一是面试的时候，适当提高自己的服装档次；二是公开说出自己的紧张，如图4-1-2所示；三是发现对方的弱点，减轻心理压力；四是深呼吸。

积极的暗示
图 4-1-1

公开说出自己的紧张
图 4-1-2

（3）自卑。参加面试的人很注意别人对自己的评价。当他们发现自己的缺点，在面试中就会表现出自卑的倾向。

求职者可以从以下五方面强化自己的自信心。

一是暗示自己，在陌生人面前，你不了解对方，对方同样也不了解你；二是保持和对方谈话中的沉默间隔，不要急不可待；三是如果对方声音超过你，你可以突然把声音变轻，但要清晰，这种音量差会给对方造成心理压力，使对方更想细心地听你说；四是盯住对方的眼睛讲话，如果对方回避你的目光，说明你比他坚强；五是人各有长短，都存在着有求于人和被人所求的可能，不能因为有求于别人就感到自己低人一头。

（4）羞怯。每个人都有不同程度的羞怯心理，在羞怯心理的影响下，由于心情紧张，往往呈现出非常不自然的面部表情或姿态。求职者事先有意识地加强社交方面的训练是很有必要的。

（5）过度迎合。具有过度迎合心理的人，在面试中会抓住每个时机对主考官加以恭维。大多数情况下，会出现事与愿违的结果。

3. 研究主考官

主要研究以下四个方面。

（1）主考官对求职者的第一印象。主考官往往凭借求职者的衣着、仪态和行为举止等，形成对求职者的第一印象。

（2）主考官要整体考核什么。主考官会对求职者的专业知识、口才、谈话技巧进行整体考核。

（3）主考官要了解什么。主考官可能会从面谈中来了解求职者的性格和人际关系，并从谈话过程中了解求职者的情绪状况以及人格成熟的程度。

（4）应对六种主考官。

第一种——"谦虚"型的主考官。这种主考官一见到求职者，立即上前边握手边寒暄，让求职者感到轻松愉快，其实这可能是假象。这类主考官表面看起来很好打交道，可是内心相当严格，他们洞察能力强，喜欢用表扬的话语来观察你的反应。

面对这种类型的主考官，求职者必须保持高度的警惕感，应该老老实实地介绍自己的简历、发表自己的想法，不用一味地去迎合他的口味，切记不可表现出妄自尊大。

第二种——老练型的主考官。这类主考官做事情非常讲礼节，但礼节中却蕴涵着距离感。例如：你和他们握手时，他们只是象征性地轻轻碰一下你的手。他们不会主动打破沉默讲第一句话，问话总是话中有话，不会对你的谈话作出明确的回答。

面对这类主考官，你需要的是沉稳、坚定，把你精明能干、责任心强、追求细节的印象留给他们就行了。回答他们提出的问题时，一定要慎重，最好说具体点。

第三种——"唯我独尊"型的主考官。这类主考官故意摆出一副唯我独尊的样子,眼神傲慢,表情冷漠,谈话时经常用"哦""嗯"来应付你,甚至对你不予理睬。

遇上这类主考官,我们从心理上不能打败仗,还有必要和他说一些客气话,表明你能客观冷静地应对他。回答问题时,将必要的情况简明扼要地交代一下就行了,即使他说了些难听话,你仍然要不愠不怒才行。

第四种——演讲家型的主考官。这种类型的主考官很爱表现自己,遇到任何话题张嘴就说,谈话范围广而抓不着重点。

应对这类主考官你只需要认真做个好听众,表现出对他的"演讲"抱有浓厚的兴趣,不要随便插话就可以了,促使他始终处于自我兴奋状态。这样,你被录用的可能性就很大了。

第五种——死板型的主考官。当你走进面试的房间,他对你的出现不作任何反应,好像在想别的心事。就算你很客气地和他打招呼、寒暄,他也不会作出你所预想的反应来。这类主考官性格内向,坚持原则,他面试的经验完全来自书本。

应对这类主考官你只需要按部就班地来应对,不作过多发挥就可以获得成功。

第六种——患有"迟滞症"型的主考官。这类主考官做事迟缓,让人感觉其工作效率很低。他们会让你先把准备好的材料递上去,仔仔细细看一遍后,仍然要问一些材料中已作交代的问题。

求职者对这类主考官一定要稳住性子,说话一定要保持温和谦虚的口吻,耐心、详细地回答问题,多作补充说明,少作辩解。

4. 研究单位

(1) 研究单位的基本情况。求职者必须研究和这家单位相关的各种资料,比如单位的成立背景、创立时间、规模及所在地、近几年的成长概况及业绩、所处的行业地位、遵循的经营理念、今后的发展趋势,甚至包括负责人和组织成员的名单、最近有关媒体对该单位的报道等。

(2) 通过哪些途径搜集单位资料。一是查找该单位的原始广告。二是查看有关报纸、杂志的报道。媒体报道往往会涉及该单位最近的各种情况。三是通过网络搜集单位资料。只要在搜索网站上输入该单位的名称,就会列出相关的资料。

(二) 材料要充分准备

1. 毕业生就业推荐表

毕业生就业推荐表是学校为毕业生统一制作的、最具权威的求职面试的材料。推荐表的个人基本情况、学习情况的总结等部分内容是需要毕业生本人亲自填写的。这些内容的填写一定要书写工整。我国历来有"字如其人"的说法,一个人的字给对方的第一印象非常重要。书写工整不但利于面试负责人的阅读,还会给对方受到尊重的感受,在感情上拉近距离。有些毕业生对书写不注意,写字潦草,甚至错别字不断,这有违于礼仪礼貌的本质,也反映出一个人对待工作、对待事物的态度,不利于毕业生的求职。

在填写学习情况的总结时,一定要简明扼要,突出自己的优势和专长,所具备的能力和能胜任的工作。在填写时要尽可能避免涂改,保持推荐表的整洁。推荐表的所有内容填好,盖上学校的公章后,毕业生要多复印几份,在面试求职的过程中使用复印件,正件留待与用人单位正式签约时才使用。

2. 求职信

在学校组织的毕业生供需会上,直接使用毕业生就业推荐表去求职就可以了。但是许多时候,毕业生除参加供需会外,还会亲自到其他幼儿园或单位去求职面试。因此,除准备好毕业生就业推荐表外,还要精心准备求职信。

一份好的求职信应该是将自己的基本情况和求职意向表达清楚，并能给阅读者留下良好、清晰、深刻的印象。书写求职信要求字迹工整、条理清晰、语言精练、言简意赅、短小精悍，能让阅读者在短短的一分钟内就留下深刻印象。求职信最好是用手写，这是一种基本礼貌，是对阅信人的一种尊重。手写的求职信容易让对方感到你求职的诚意。字体要求工整，可用楷书或行楷，不要潦草，可以使用黑色或蓝黑色的钢笔或签字笔，不要使用红色笔或铅笔。求职信不能太长，而且尽量多分段，用一句话或几句话就说明一个问题。

无论是手写的，还是电子的求职信，就如我们平时的书信，由称呼语、正文、结束语三部分组成。在称呼语部分，抬头必须顶格书写"××园长"或"××领导"，抬头后附承启语，如"您好"等。接下来就是正文部分，作自我介绍，说明自己的基本情况（兴趣、爱好、特长和优势）、学习情况（学习了哪些课程、所学专业的特点和适用的部门或岗位、获得各类等级技能证书）、曾经获得的荣誉和奖励、求职的意向及应聘的理由。在书写正文的过程中，对对方单位的称呼要使用敬词，如"贵园""贵单位"等。最后，结束语部分写上"此致敬礼""祝贵园蒸蒸日上"等祝愿的语句，并署名，写上写信的时间。

求职信写好后，就可以根据自己的就业需要有针对性地寄给或发送给用人单位。

最后，毕业生可以把求职信、毕业生就业推荐表、各种技能等级证书、荣誉证书、发表的论文等的复印件和优秀作品的照片等资料整理成一本有个人特色的求职材料。求职材料最好能附上美观大方的封面。在封面上写上学校名称、本人姓名、所学专业、学校地址、联系方式和联系电话。材料准备好后，可以用拉杆夹把求职材料夹好，同时要多准备几份。

3. 面试物品的准备

由于幼儿教师职业的特殊需要，幼儿园的负责人往往在面试时要求毕业生现场展示作品或才艺表演，因此，在面试前，要结合自己的特长，精心准备好面试要用的物品，以备所需之用。

（1）表演类的物品。例如，舞蹈鞋、舞蹈道具（如扇子、手绢等）、音乐伴奏及播放设备、各种表演用的乐器。

（2）展示类的物品。如美术作品（作品要大气，保持平整和装饰好，不要折皱，更不能拿别人的作品充数）、发表或曾获奖的文章、教具、获奖证书的复印件等。

此外，还要准备好笔和纸张。

4. 模拟演练

事前的练习能帮助毕业生放松紧张的神经，并能发现问题，及时地进行修正。在正式面试前，毕业生要积极参加学校组织的模拟面试，对面试的各个环节进行熟悉，同时，虚心听取指导老师和同学的意见，不断地改进面试的技巧。此外，还可以几个同学为一个练习小组，大家相互演练，不断改进，积累经验，以提高面试的成绩。

二、面试中的礼仪

在求职的过程中，我们除了做好思想和相关物品的准备外，还要注意哪些细节呢？请看以下的案例，看能给你什么样的启发或信息？

案例一：某家幼儿园根据收到的求职材料约见一位女同学作为预选对象。面试时，这位女同学凭着较好的教学基本功和技能技巧基本上符合幼儿园的要求。但这位女同学忽然感到喉咙痒痒的，随口就朝地上吐出一口痰。就是因为这一口痰，她落选了。

案例二：一个幼师专业女毕业生去应聘一家幼儿园的教师职位，长相、学历样样合格，

偏偏面试时出了问题。原来这位姑娘那天去见幼儿园的园长时穿着一件比较暴露的吊带衫,光脚穿着凉鞋,10个脚趾上涂了很夸张很醒目的指甲油。园长一见,当场就谢绝了。

案例三:一名幼师专业男毕业生在应聘一家幼儿园时曾因留着长头发、站得歪歪斜斜而落聘,而后总结经验教训,对自己进行了一番"包装",现已被一家幼儿园聘用。

以上三则求职事例的成功与失败,给人以启迪:求职者除了注意外在的仪表与自我形象的设计外,还要重视个人内在的素质修养。参加面试,不管是学校组织的校园招聘会,还是自己本人亲自到用人单位,求职者最好能提前几分钟到达面试的地方。一方面显示自己重视珍惜这次面试的机会,另一方面可以趁这个时间稳定情绪,再次检查整理面试要用的资料,然后放松紧张的神经,从容不迫地步入面试场,力求给园长或面试单位留下良好的第一印象。

(一)仪容礼仪

1. 仪容整洁

(1)清洁面部。面试前,用洗面奶等清洁液清除附在脸上的污垢、汗渍等不洁之物。洗脸时要清洗耳朵和脖子。洗脸后,适当地涂抹一些护肤品。为了显得人更精神一些,可以化淡淡的妆,注意不要浓妆艳抹,不要上眼影。在面试过程中,擦汗时要用纸巾或自备小手帕,不要用衣袖代替。

(2)清洁口腔。保持口腔清洁是对别人的一种尊重,也是当今社会文明交往所必需的。在面试前,第一,要检查牙缝是否留有食物残渣。如果是刚用完餐,一定要刷牙漱口,避免上述情况出现。不要当众剔牙,要用手加以掩盖。与人交谈时,口角不应有白沫。第二,不要吃葱、蒜、韭菜等带有强烈异味的食物,以免造成与面试负责人交谈时的不快。如果口腔有异味,可以喝一杯牛奶,嚼几颗花生、茶叶或口香糖,以减少异味。但是,不能当众嚼花生、茶叶或口香糖,这是不礼貌的表现,特别是要避免与面试负责人一边交谈一边嚼东西。

(3)清洁头发。面试前,最好清洗一次头发。面试时,头发要梳理整齐,女生的长发最好用发圈束好,不宜披头散发,男生不要留长发,不要留怪异的发型,也不要烫发、直发和染发,头发不要有异味。进入面试场前,用手抖动衣物,避免上衣和肩背上落有头发或头皮屑,否则就会给人不洁的感觉。

(4)清洁手部。如果说脸是你给对方的第一张名片,那么,手就是你展示在他人面前的第二张名片。所以手的形象与人的整体形象是密切相关的。面试前,要认真清洗自己的手,特别是指甲缝,往往是最容易藏污纳垢的地方,更要认真清洗,并把指甲修剪整齐,注意指甲的日常护理,防止指甲周围的皮肤角质化形成死皮。不要留长指甲(这样不利于面试时进行才艺表演,如钢琴、手风琴的弹奏,同时也容易给人一种不爱劳动的感觉),不要涂指甲油(这与学生的身份、年龄和日后的工作不相协调),不要当众修剪指甲(这是不文明、不礼貌的举止)。

此外,还要注意鼻子的卫生,把鼻毛修剪整齐,不要当众用手挖鼻孔。男生还要把胡子刮干净。如果平时有使用香水习惯的同学,建议尽量使用淡淡香型的香水或最好暂时不用。

面试前,如果条件允许的话,最好能洗一个热水澡,既可以做好个人的清洁卫生工作,又能放松面试前紧张的神经,舒缓情绪。

2. 仪表大方

虽然说"三分长相,七分打扮",但是由于面试是一个正式、严肃的场合,按照着装"时间、地点、目的"的三大原则,作为一名幼师毕业生,面试时的着装应以自然、质朴为原则,与学生的年龄、身份相协调,体现青春活力、积极健康,力争第一次见面就给人整洁、美观、大方、端庄、青春、

明快的感觉。除了可以选择穿校服外，还可以选择一些款式与线条简洁流畅的着装，如运动服、T恤衫、夹克衫等。但是要注意着装不能过于花哨（一般一身着装的颜色不超过三种），不能穿超短裙、露脐装等奇装异服，穿在身上的服装要平整，不要皱皱巴巴的，衣服的扣子要齐全，不能有开线的地方，更不能有破洞。

常言道"脚上无鞋穷半截"，这点出了鞋子的重要性。而穿什么样的鞋子要与服装相搭配。一般来说，如果是穿运动服或运动味较浓的服装（如上身是T恤衫，下身是舞蹈裤等），鞋子就可以选择运动鞋、布鞋；如果是穿裙子或裙装的校服，那么可以选择穿皮鞋，但是注意皮鞋的鞋跟不要太细太高，免得在行走或需要展示才艺时造成不便。穿裙子时要穿长丝袜，袜子要高于裙子的下摆，袜口切忌露在裙摆之下，同时袜子不能抽丝或破洞。无论是运动鞋、布鞋还是皮鞋，鞋面都要保持干净。切记不要穿着拖鞋或露脚趾的凉鞋去求职面试。另外，在面试时不要佩戴饰物。

（二）言谈礼仪

案例： 一位求职者到某幼儿园参加面试，园长和她没谈几句，就对她说："谢谢你到本园来！"就婉言谢绝了。这位小姑娘并没有放弃，像其他求职者一样一走了之，而是在临走前十分有礼貌地对园长说："园长，很感谢您给了我这次应试的机会。可惜我自己的能力不够，达不到贵园的工作要求，占用了您宝贵的时间，很不好意思。您的忠告让我知道我还需要努力，谢谢您！"就这样婉转地结束了面试。事后园长觉得这位小姑娘具有很大的可塑性，有培养发展的前途，于是就把她录为幼儿园的后备人员。

从以上案例中可以知道，学会说话也是成功的奠基石。在面试过程中，求职者注意言谈的方式与技巧，将有助于求职的成功，有时还会有额外的收获。

与面试负责人交谈时，要做到谈吐礼貌、语言优雅、语调柔和、语音清晰、语速适中。语言要准确表达、简单明了、言简意赅，不要含含糊糊，让人听了半天还不清楚你在说什么。说话的速度不宜过快或过慢，声音不要过大或过小。坚持用"您好"开头，"请"字在中间，"谢谢"结尾。

学会倾听，是对言谈者的一种尊重，也是自身修养的一种表现。在与面试负责人交谈的过程中，求职者最好能集中精神，专心听对方说话，记住说话人的内容重点，保持微笑，自然流露出敬意，并用目光注视说话人。在倾听对方谈话时，要记住园长或面试负责人的姓名，身体微微倾向谈话人，表示对说话者的重视。注意作出适当的回应，可以用"是的""嗯""好"等词表示自己正在认真倾听或用稍稍点头、会意的微笑等动作作出反应。尽量少用"啊""噢""哇""嘛"等夸张性的语气词；不要轻易打断负责人的说话或乱插话，尽可能做到"多听少说"。当然，该说的时候，还是要说清楚。

在与园长或面试负责人交谈的过程中，求职者还可以适当地配以手势、眼神和脸部表情，以增强交谈的效果。

法国作家罗曼·罗兰曾说过："面部表情是多少世纪培养成功的语言，是比嘴里讲得更复杂千万倍的语言。"因此，求职者要学会保持端庄中有微笑、严肃中有柔和的面部表情，不要嘻嘻哈哈或嬉皮笑脸，给人一种玩世不恭的感觉。

"眼睛是心灵的窗户"，在和对方目光接触的过程中，目光要轻柔、亲切、真诚。求职者要正视对方的眼睛和眉毛之间的三角区部位。如果不敢正视对方或含胸埋头，会被对方认为你害羞、害怕或对自己信心不足。同时，注意不要左顾右盼、东张西望，给人一种心不在焉，"身在曹营心在汉"的感觉。如果有多位面试负责人，目光先从左面的负责人开始，再到右面的负责人，

然后再从右面到左面，与所有的面试负责人进行目光的交流。

（三）举止礼仪

面试时举止要端庄、稳健，自然大方有美感，不做作。站立时要直，端坐时要正，走路的姿势要端庄文雅，平时要多加练习个人礼仪，在面试这样的场合才能运用自如。

在与面试负责人的交往中，求职者胸挺背直，双目平视，能给人自信、乐观的感觉。因此，求职者在站立时，注意挺胸收腹，腰背挺直，双臂自然下垂，头平正，闭起嘴巴，双脚对齐，脚尖适度分开，眼睛正视前方，手自然下垂或叠放于小腹前。同时注意不要站得东倒西歪，两腿弯曲或叉开太大，不要弓着背或斜靠在同伴身上或其他物品上，手不要插入口袋或双臂抱在胸前或双手叉腰。尽量避免出现挠头发、摆弄衣角、咬手指甲等小动作。

在未得到面试负责人的允许前，求职者不要随便坐下。得到了允许后，应说声"谢谢"再坐下。入座时请从椅子的左侧入座，起立时也是从左侧还原。入座时动作要轻柔和缓，起立时动作要端庄稳重，入座和起立时注意不要弄出太大的声响，入座后不要随意摆动椅子。坐下时，不要一屁股把整个椅子坐满；如果是穿着裙子，在入座时应用手把裙子稍稍拢一下，不要坐下后再站起来整理衣服。入座后注意保持良好的体态，上身要挺直，不要斜靠在椅背上，双臂自然弯曲放于膝前或椅子的扶手上，掌心向下，双膝自然并拢，脚尖要朝下，不要抖动腿脚或跷"二郎腿"。同时，注意双手不要放于臀下或不停地摆弄头发、手指、小饰物、手中物品等，或出现用手捂住嘴巴、掩嘴巴、摸下巴等小动作。

求职者坐下来与面试负责人交谈时，身子要适当地向前倾，以示自己正认真地倾听负责人说话。

走路时，上身应保持挺直，目光平视，面带微笑，双手自然前后摆动，步幅均匀，步距适中，步态轻盈，脚步声轻而稳，抬头挺胸迈步向前。在行走的过程中，注意双臂不要过分摆动，脚步声不要太重，免得把地板踩得"咚咚"作响，也不要用拖拉的方式，即脚步蹭着地面的方式走路；眼睛不要东张西望或低着头心事重重的样子，手不要插在口袋里或倒背双手或双臂相抱。即使你有什么紧急的事情，也不要在面试场内风风火火地快速行走，以免影响其他求职者。

在面试的过程中，如果我们不小心把有关的资料弄丢在地上时，应该怎么办呢？习惯上，我们就会马上弯腰、翘臀去拾丢在地上的物品，这是不大合适的姿势。我们应先走到要拾物品的旁边，再以正确的蹲姿把物品拿起。

（四）自我介绍礼仪

无论是在学校组织的毕业生供需见面会上，还是毕业生亲自到幼儿园去求职面试，成功出色的自我介绍都有助于毕业生赢得用人单位的好感和信任，赢得了好感也就意味着求职的良好开端。

初次与陌生人，尤其是与关系到自己能否得到心仪工作的园长见面，紧张害怕的心情是难免的，要做到得体出色地介绍自己，更不是一件容易的事。但只要我们灵活掌握自我介绍的一些礼仪礼节和技巧，就有助于顺利地打开求职的大门。

第一，在进行自我介绍时，求职者要面带笑容、态度自然、亲切、落落大方，礼貌地称呼对方（如"园长，您好"或"您好"），给园长一种亲善友好的感觉。作为一名幼儿教师，亲善友好的态度是受小朋友欢迎的。

第二，自我介绍时要抓住重点、力求简洁，要突出自己的知识和能力，如自己在校期间所学习的专业知识和掌握的某种技能技巧、自身的专长、具有幼儿园实习或社会实践的经验、爱好兴趣等，把自己的优势和闪光点重点介绍。避免平铺直叙、面面俱到而无法使自己在众多的求职者中脱颖而出，从而错失良机。

第三，自我介绍的语言要清晰准确，最好使用标准的普通话，不要夹带方言、土语或俚语，不

要使用口头禅;语气要充满自信,保持正常的语速。语速过快、过慢或语音含糊不清都是求职者紧张、缺乏自信的表现,同时也让园长无法听清求职者的表述。

第四,自我介绍要诚实、实事求是、恰如其分,要与求职材料的内容相一致,不要夸大其词、说过头话。

求职者不管是以站着的姿态还是以坐着的姿态进行自我介绍,都要注意自己的仪态,站姿要端正、坐姿要稳重,尽量避免出现吐舌头、咬手指头、绕笔杆等小动作。

一般地,求职者进入面试场,就应该面带微笑。来到自己想就职的单位,一见到园长或面试负责人,就应微笑着主动热情地打招呼:"园长,您好,我是××学校的应届毕业生,我的名字叫×××,是来参加贵园面试的,请多多指教。"说完后双手恭恭敬敬地递上自己的求职资料。这样,你的面试之旅就顺利拉开了帷幕。

此外,还可具体参阅本书第三篇公务礼仪中的介绍内容。

（五）应答和询问礼仪

在面试中,园长会提出许多问题,通过观察求职者在回答问题的过程中的各种表现,从而考察求职者的综合素质和能力。

求职者要逐一回答园长的提问。无论是站着回答还是坐着回答,求职者都要注意保持优雅的姿势和亲切的笑容,回答的声音要响亮,尤其是在开放式的面试场所,要适当地提高音量,让园长能清晰地听到你的回答。同时,要集中注意力,目光注视园长,必要时要点头应和。在回答过程中,求职者不要左顾右盼、注意力分散,更不要出现用手捂嘴巴、吐舌头、打哈欠、挠鼻子、抖动双腿、看手表等不文雅的小动作,回答完后不妨说一声"回答完毕"或"请您多多指教",以提醒园长自己已回答完了。

第一,求职者要自信大方、沉着应对、不慌不忙、准确回答,是什么就答什么,不要答非所问、文不对题,或问而不答、毫无反应,这是很失礼的表现。在应答的过程中,难免会碰到一时答不出来的问题,求职者不要一言不发,可以用适当的话来缓冲一下:"这个问题我过去没怎么认真想过,但我认为……"然后迅速地在头脑中试归纳出几条主要的想法或先说说你所了解知道的内容,再承认自己有一部分内容还没有思考。只要求职者能从容地说出自己的想法,虽然回答不一定很完整,但是这不会影响整个面试的效果。

第二,态度要诚恳、实事求是地作答,"知之为知之,不知为不知",不要不懂装懂、弄虚作假或随意答复、敷衍了事。要记住"你的态度决定你的命运"。

第三,口齿伶俐、语言流利、突出重点、明了简要、条理清晰。由于面试的时间有限,在回答之前,应对自己要说的话稍加思考与整理,想好了的就先说,还没想好的就少说或干脆不说。回答时不要拖泥带水、拐弯抹角、喋喋不休,免得园长听得不耐烦。

第四,要有自己的见解,不要千篇一律、千人一面,避免乏味、枯燥。有个人特色的回答才能引起园长的注意。

第五,要谦虚,有错的地方要敢于承认,不要自吹自擂或过多地显示自我,更不能与园长发生争辩。一般情况下不要打断园长的问话或抢答,听不懂时可虚心地要求再重复一次,对重复的问题也要表现得有耐心。

应答范例

问题一：可以说说你自己吗?

回答:我觉得自己是一个细心、热心、具有爱心的人,平时同学有什么事情要都忙,我都会

尽力帮忙。我自己的性格较急躁，老师布置的事情或作业会在短期内最快完成，不想拖拉到最后期限。对工作认真积极，遇到困难不会轻易放弃。回答完毕。

小贴士：回答这个问题，要求求职者能客观地评价自己是有一点困难的，但关键是要以诚恳的态度实事求是、不卑不亢地回答，不要胡乱吹嘘或贬低自己。以谦虚的态度对待自己的缺点也可以成为优点。同时可借题发挥说说自己的工作态度和进取精神，园长在意的不一定是求职者所说的内容，而是求职者的态度。

问题二：本园对幼儿老师的要求很高很严，工作非常辛苦，你能忍受吗？

回答："严师出高徒"，有压力才会有动力。我认为自己的性格适合当幼儿园老师。因为自己富有爱心，做事认真、负责，而且能吃苦耐劳。回答完毕。

小贴士：爱心与责任心是从事幼儿园工作必备的"二心"，也是幼儿园工作与许多普通工作的不同之处。求职者能够抓住幼儿园工作的性质和特点来回答，表明自己的决心，自然会受到园长的喜爱。

问题三：如果小朋友在玩耍中不小心撞到了头，起了个包，你该怎么办？

回答：对不起，这个问题具体怎样处理，我暂时还没有好好思考过，也没有具体的经验。但我想我会马上把小朋友送到幼儿园的医务室，让医生来处理。在今后的工作中，我会虚心向幼儿园的医生和带班老师请教和学习相关的知识。请园长多多指教。

小贴士："知之为知之，不知为不知"，不懂的问题可以委婉地说不知道。不会就问是一种美德，园长是不会拒绝虚心好学的老师的。

像这类问题，答案没有正确与错误之分，求职者根据具体的情况加以回答即可，但是要注意回答的内容要与求职材料一致，不要相差较大，以免给园长留下不诚实的印象。另外，不要谈及与面试无关的问题，也不要夸大其词或夸夸其谈。

为及时了解有关的情况，求职者还要充分把握好询问的机会。

一般情况下，求职者应尽量避免直接向园长提出"贵园的福利待遇好吗？一个月有多少钱收入？以后能否让我继续深造？"等问题。但是在面试快要结束时，园长通常会问"你还有什么问题吗？"这不是客套话，求职者可以顺水推舟，借此机会巧妙婉转地向园长提出自己所关心的，或更具体更实质性的，但尚未了解清楚的问题，像薪酬、福利待遇等。

求职者询问时要落落大方，用期盼的目光平视园长，不要低头弯腰；询问的问题要具体、合适、得体，把你认为最重要的最有代表性的问题向园长提出，不要漫无边际或唐突莽撞；态度要诚恳，不要显示出满不在乎的表情；用词要准确，不要词不达意，或使用简称、方言、俚语与口头语，以免园长听不懂；语气要委婉，不要生硬冷淡；语速要适中、表达要流畅，不要因为觉得难为情就有意加快或放慢说话的速度，或者支支吾吾、说话含糊不清；声音要适度，不要过大或过小；时间要把握好，不要太长，显得喧宾夺主。

询问范例

范例一："我不想浪费您宝贵的时间，可是我想略微了解一下贵园的工作环境与今后的发展？"

范例二："我愿意接受贵园的薪酬标准，但不知按规定这个岗位的薪酬标准是多少？"

范例三："您能具体地介绍一下这个职位的工作范畴和要求吗？"

范例四："我还需要加强哪些方面的专业知识呢？"

（六）才艺展示的礼仪

多才多艺的毕业生是最受幼儿园园长欢迎的，求职者要精心准备好要展示的才艺，做好展示前的各项准备工作，把握好充分表现自己的这个机会，力求在展示中把自己最精彩的一面表现出来，以求给园长留下深刻的印象。

1. 做好展示前的准备工作

这些工作主要包括以下三个方面。一是要做好展示前的热身工作，如表演唱歌前要自己先练练声，以免在唱歌的时候，嗓子像已没有水分的苹果一样显得干涩；表演跳舞前要做好压腿、弯腰等基本功，避免在表演中出现扭伤腰腿的现象等。二是要穿好表演时所需的着装，如表演舞蹈时穿着的衣服、鞋子等。三是要准备好表演所需的各种物品，如伴奏带、录音机、乐器、剪刀、彩纸等。

2. 才艺表演的项目和具体要求

求职者要展示的才艺主要有钢琴、唱歌、舞蹈、讲故事、器乐演奏、剪纸、美工等。无论是展示哪一种才艺，求职者在展示前都应用响亮、流利、标准的声音报出自己将要展示的才艺名称，如"大家好，我将为大家展示的才艺是舞蹈，名字叫《×××》，请欣赏"。在展示中，求职者注意要保持优雅姿势，落落大方、充满信心、大胆地表演，展示的动作要到位、娴熟，音量要合适，讲童话故事时最好能巧妙地模仿各种人物或动物的声音、体态和神态，展示美工作品等要双手拿着或捧着，态度要诚恳谦虚。万一在展示的过程中出现各种失误，如忘记了动作或故事情节，求职者不要慌张，保持镇定，接着往下坚持展示直到表演完毕，不要半途而废或愣着发呆。展示完后鞠躬表示感谢并说声"请多多指教"。

在整个才艺展示过程中，求职者要注意把握好时间，不要占用太多的时间；同时提醒自己注意保持适当的仪态，尽量不要出现害羞、吐舌头等小动作。

一般来说，如果园长有提出才艺展示的具体要求和先后次序，如要求求职者首先展示唱歌，然后再展示跳舞，那么求职者就要按照园长的要求进行展示；如果园长没有提出具体要求，求职者一定要先展示自己最拿手或准备最充分的才艺项目，力求留下良好的第一印象。

3. 才艺展示时的注意事项

在进行舞蹈才艺表演时，求职者最好是把课堂上所学的内容与自己的体会相结合，在此基础上进行改进，使其含有经过自己精心组织设计的动作和内容，这样就能显出自己的与众不同，避免出现直接把课堂内容搬到面试场的现象，或同一毕业学校的求职者表演的舞蹈动作与内容都是一个模样的。在表演的过程中，若出现突发情况，如伴奏带不响了，此时，求职者不要慌张失措而影响才艺的表演，甚至放弃表演，也不必立即对园长解释是什么原因，而是要继续表演才艺。其实这是考验求职者的灵活应变能力，也是求职者表现自己的良好契机。同样，在进行唱歌表演时，亦会遇到类似情况。遇到这种情况，求职者可以这样处理：在心里默默地或口头上或用手打拍子代替伴奏带把舞蹈或歌曲继续表演完成。

在进行钢琴才艺表演时，求职者要以正确的姿势坐在钢琴前，深呼吸以稳定情绪，理清头绪后果断地按下琴键，熟练地弹奏。尤其是弹奏儿歌的时候，即使是园长没有要求，求职者最好能以边弹边唱的形式进行。这样的话，要求弹钢琴的声音要轻些，唱歌的声音要大些，以突出唱歌的声音。注意不要习惯性地试琴，因为可能会给园长造成一种错觉：你对这首曲子根本不熟练。有时，由于紧张等原因，在弹奏的过程中会弹错音或忘记音，不要停下来，保持微笑，继续往下弹奏，直到完成为止。

才艺展示结束后，求职者要把自己的物品收好、带好，不要遗忘在面试场，尤其是剪纸后产生的废纸，求职者最好能把现场清理干净后才离开，也不要马上就向园长询问展示的结果。如遇到园长提出意见，求职者要虚心接受。

三、面试后的礼仪

在整个面试过程中,求职者要善始善终,把握机会适时地提出告辞,做好面试后的致谢和再次面试的准备工作。

1. 把握机会告辞

无论是参加学校组织的校园招聘会,还是求职者自己主动到幼儿园面试,抑或是用人单位约见求职者面试,求职者都要会察言观色和听弦外之音,把握好结束面试的时机,在适合的时间向园长提出告辞。

一般地,如果园长表现出心不在焉、心神不定的神态或不停地看表,不停地整理有关的资料,或者对求职者这样说:

"你的情况我们都很满意。但是还有几个求职者在等我们面试呢。"

"感谢你对我们幼儿园的关心。一有消息,我们会马上通知你。"

"我们还没有最后定下来。"

这些都是在暗示求职者,面试是时候结束了。作为求职者,应该把握好这个时机,主动有礼貌地提出告辞。告辞前把自己的资料收拾好,如果园长需要,把自己的求职材料留下一份。告辞时应自然、大方、面带真挚的笑容,以柔和的目光注视园长,不做作。

2. 表示感谢

无论面试的结果如何,求职者在告辞时都应向园长表示衷心的感谢,"非常感谢您给了我这一次难得的学习和锻炼的机会。占用了您宝贵的工作时间,希望有机会能为贵园服务,向您请教。"说完后,微笑着站起来,伸出右手与园长握手告辞,再次谢谢园长,然后离开。如果是在室内面试的话,离开前记得要把门轻轻地带上,给园长留下一个良好的印象。

如果在面试现场没有机会对园长表示感谢,面试后的一两天内,求职者最好能给园长打电话、发短信或写信表示感谢。打感谢电话要选择好时间,尽量选择上班的时间,把电话打到园长的办公室,不要选择在园长休息或下班后的时间,也不要打园长的私人电话,如手机或家庭电话。电话要简短,把自己的名字、毕业学校及面试的时间等讲清楚,对园长表示感谢,打电话的时间不要过长。发短信时,用词要谦虚、真诚,内容包括自己的简单情况和感谢之意。把握好发短信的时间,不要影响园长的工作和休息,不要占用园长太多的时间,也不必要求园长回复。感谢信要清晰简洁,不要太长。在信中,先对园长表示感谢,再提到自己的姓名、简单情况及面试的时间,再次表示对该职位的兴趣和对幼儿园的信心、努力工作的决心等。注意不要出现错别字。

3. 耐心等待

求职者不要面试刚结束就迫不可待地向园长打听面试的结果。一般来说,面试结束后,幼儿园的有关领导需要进行讨论,最后才决定录用人选。如果幼儿园非常迫切需要老师,相信园长会主动与你联系或当场就能给你一个确切的答复。如果面试已过了一段较长时间或到了园长许诺的答复时间还没有结果时,求职者可以主动打电话、发短信或写信给园长,询问面试的结果。这时,同样也需要注意言谈措辞的礼貌礼节。

4. 再次面试

一次面试结束后,求职者没接到录用通知,那么面试的结果还是不得而知的,这时,求职者就不能放弃其他单位的面试,"把自己拴死在一棵树上"。求职者要尽快收拾好自己的心情,准备再投入下一次的面试。在此,总结上一次面试的经验,找出不足的地方,并针对这些不足重新作准备,以争取最好的面试表现。

"世上无难事，只怕有心人。"师范生在日常的学习、生活中，注意学习礼仪的知识，练习相关的礼节，不断提高自身的素质修养，相信在毕业求职的时候一定能找到满意的工作岗位。

第二节 师范生见习、实习礼仪

本节课题： 在见习、实习过程中全面实践个人及公务场合礼仪。

见习、实习是学前教育专业师范生走向工作岗位前提高职业道德、将知识转化为能力和培养社会交往能力的学习过程，尤其在实习期间，是师范生学习基本技能的关键环节。

见习包括保育见习和教育见习，时间是一至两周。实习主要是指毕业实习，时间是一个月左右。在见习期间，师范生要清楚自己的身份：你是一名见习生。你的任务就是按照学校的见习要求，用心观察幼儿一日活动几大环节中的保育工作的内容和方法，学习指导老师是如何对幼儿开展教育活动的，同时做好相关的记录。在此期间，师范生不可以组织幼儿开展任何形式的活动，也不能干涉保育员和指导老师的工作。

而在实习期间，师范生只是一名"准教师"，还不是一名正式的幼儿园教师，你不能擅作主张组织幼儿开展各类活动或处理幼儿突发的意外事故。如果要开展活动，要征得指导老师的同意并且在他们的协助下开展；如果幼儿发生任何事故，要第一时间向指导老师和幼儿园负责人汇报，由他们来处理，自己不能私自处理。处理不当的话，会影响到学校与实习园的关系及今后的实习工作，同时也会影响幼儿园与家长的关系。

无论是见习还是实习，师范生都要礼貌待人、谦虚好学、举止大方、为人师表。

一、见习生、实习生个人礼仪的具体要求

幼儿园教师是幼儿灵魂的塑造者，教师的言谈、举止、仪表、气质、待人接物的方式都是幼儿学习仿效的榜样。教师的一举一动、一言一行、每一个面部表情，都会处于幼儿敏锐的注意之中，成为幼儿的行为准则，直接影响到幼儿的成长。尤其是实习期，师范生在实习园的时间有一个月左右，有更多的机会与小朋友接触。虽然是实习生，但在幼儿心目中已是老师，所以，见习生、实习生除了要严格遵守见习、实习的工作要求外，还要注意个人的仪表仪容和仪态举止，给见习、实习单位留下好的印象，给小朋友树立学习的榜样，也为学校今后的见习、实习工作打下良好的基础。

（一）见习生、实习生仪表仪容的具体要求

作为见习生、实习生，要做到举止大方，态度诚恳，待人亲切，彬彬有礼，着装整洁。

1. 着装自然朴素

案例： 某一实习生衣着新潮，常穿奇装异服。一天，一个小朋友好奇地指着实习生裤子膝盖上的两个洞，问："姐姐，你的裤子破了，妈妈为什么不给你补一补呢？"实习生听了，若有所思。

俗语说得好，"唱什么戏，穿什么行头"。在见习、实习期间，师范生的着装要自然、大方、朴素、干净、整洁、有朝气。同时，实习生作为一名实习老师，着装要为人师表，显示出良好的知识素养和严谨的生活态度。师范生正处于花季年华，穿着应活泼、随意一些，但是要注意以下

四点。

（1）不要衣着稀奇古怪，忌穿露脐装、露背装、无袖衣裙、低腰裤、紧身衣等性感服装。

（2）不要衣冠不整、不修边幅，不要穿拖鞋。

（3）不要浓妆艳抹、花枝招展。

（4）不要戴戒指等饰物。

2. 个人卫生整洁

马卡连柯曾说过："从口袋里掏出揉皱了的手帕的教师，已经失去了当教师的资格了。"见习生、实习生要注意做好个人的卫生，保持面部、手部和头部的清洁。勤洗脸、洗脚、洗头、洗澡，保证身体无异味；早晚及饭后要刷牙；指甲要修理干净，不要留长指甲，不要在指甲缝里藏有污垢，不要涂染指甲油；头发要梳理整齐、展示青春活力，不要染发、烫发或披发散发；留长头发的女同学要把头发束好，前额的刘海不要遮住眉毛；男同学不要留长发，胡子要刮干净，不要抽烟喝酒。

3. 待人亲切有礼

师范生在见习、实习期间，既是学生又是"老师"，不仅要与见习园和实习园领导、指导老师、小朋友打交道，还要与小朋友的家长打交道。见习生、实习生要注意做好自己的角色，态度要诚恳，尊重见习园、实习园的领导和教职员工，见面时热情主动问候，待人亲切有礼，工作认真负责，做到早到晚走和"手勤、腿勤、眼勤"，虚心接受实习园领导、指导老师、家长的意见；尊重家长，热情周到地接待家长，不要与家长发生矛盾冲突；对待小朋友要耐心、细心和有爱心，要有高度的责任心和事业心，要善于倾听，学会控制好自己的感情与情绪，不要向小朋友乱发脾气。

4. 要拘小节

对于一些小问题，不要认为是"细枝末节"就掉以轻心。

（1）不要在人前"打扫个人卫生"，如剔牙齿、掏鼻孔、挖耳屎、搓泥垢等。

（2）与人谈话时要保持一定的距离，不要对人口沫横飞，声音不要太大或太轻。

（3）与人交谈时，不要在牙缝中夹带食物残渣，不要有葱、蒜、韭菜等食物的气味。

（4）身体有异味要勤洗澡和勤换衣服，要及时治疗或使用药物。

（5）谨言慎行，不要议论别人的隐私；不要乱起绰号。

（6）不要随意翻阅别人的资料或文件。

（7）不要随便食用小朋友的食物或接受小朋友的物品。

（二）见习生、实习生仪态举止的具体要求

我们在第一篇学习过，仪态就是人的身体姿态，包括人的站姿、坐姿、走姿、表情以及身体展示的各种动作。在见习、实习过程中，见习生、实习生要时刻提醒自己，注意自己的行为举止，要为人师表，克服平时的一些不良习惯，展示自己良好的"体姿"。

在见习、实习听课期间，如果是坐着听课时，要注意正确的坐姿。上身挺直，双脚并排自然摆放，目光柔和、集中精神，不要弓腰驼背，随意懒散地坐在椅子上。如果是站着听课时（如室外的活动课），注意身体要挺直，面带微笑，两臂自然下垂，手指自然弯曲，双腿直立，女生的双膝和双脚要靠紧，男生两脚间可稍分开点距离，不要靠在墙壁、椅子上或三三两两靠在一起窃窃私语。

实习生在实习上课时，应站着讲课，要站稳站直，胸膛自然挺直，不要耸肩或过于昂头；目光要柔和、亲切、有神，给小朋友以平和、易接近的感觉；声音要温柔、适中，要耐心细致地倾听小朋友的回答，必要时可蹲在小朋友的身旁，抚摸小朋友的头，拍拍小朋友的手或肩膀，给予鼓励。当说话被小朋友打断，不能责备或体罚小朋友，也不能投以不屑的目光或冷漠待之，学会采用一些合适的方式或小活动让小朋友重新集中精神听课；当出现突发事情打断讲课时，如小朋友突

然尿湿裤子，实习生要保持冷静，在指导老师的帮助下妥善处理事情，事后要进行自我批评与反思，找出事情发生的原因与解决问题的方法，避免类似问题再出现；同时，对当事的小朋友要加以关怀，不能嘲笑或责骂，以免伤害小朋友的自尊心。当需要用手势或教具来增强上课效果时，手势要得体、自然，出示教具要自然、要随相关内容进行；不要用教具或物品敲击讲台，提问时不能直接用手指指向小朋友，而应是用手掌作"请"状。在行进期间，步幅不宜过大过急。在整个上课期间，实习生都应保持面带微笑。

二、见习生、实习生言谈礼仪的具体要求

"良言一语三冬暖，恶语伤人六月寒"，合适的言语表达能够增进了解、加深友谊，进一步加强我们的人际交往。在见习、实习活动中，见习生、实习生不一定都要伶牙俐齿，妙语连珠，但是要具有清晰的语言表达能力和良好的逻辑思维能力，在交谈中有个人的风格，并能以礼待人。

（一）礼貌言谈

无论是与园长、指导老师、家长、小朋友还是见习生、实习生之间进行交谈时，都应使用礼貌语，态度要真诚热情、不卑不亢，语言要规范、准确、得体。"您好""请""谢谢""麻烦""对不起""再见"等礼貌用语要常挂嘴边。

在见习、实习的日常工作中，相互见面，应礼貌地互道"您好"或"你好"，需要其他见习生、实习生或指导老师协助时，要用"请""麻烦""劳驾"；对同伴或指导老师提供的帮助和方便，要用"谢谢""给您添麻烦了"；打扰或妨碍了他人时，要及时真诚地说声"对不起""请原谅""请多包涵"；接受吩咐时说"听明白了""清楚了，请您放心"；有同行或领导来园参观时，要说"欢迎"；有求于指导老师或同伴解答用"请问"等。

早上，负责值班的见习生、实习生要准时到园，在园门口接待小朋友与家长。见到小朋友和家长，要亲切问声"早上好"；下午，与家长和小朋友告别时要亲切地说"再见，请走好"或"明天见"。见习生、实习生要时刻注意自己的言谈，给小朋友树立一个学习的榜样。

（二）注意称谓

见习生、实习生要尽快记住园长、指导老师的姓名。在与幼儿园园长、指导老师第一次见面时，就要用心记住园长、指导老师的姓名，见到园长或指导老师时，要以职务称呼对方，要分别说"×园长好""×老师好"，不能笼统地说"老师好"；幼儿园的保育员或其他工作人员可以称呼为"阿姨"或"叔叔"；使用代称时，尽量使用"您"字，特别是对幼儿园的园长、年长的幼儿园老师和家长。不能给幼儿园园长、指导老师或工作人员起绰号；更不能随便称呼他们的外号。

见习生、实习生要在最短的时间内记住带班小朋友的姓名。对小朋友，可以称其为"×××小朋友，你好"，或"×××，你好"；对小朋友的称呼要亲切，尽可能用"我们……"而少用"你们……"；小朋友的家长可以称呼为"×××小朋友的家长，您好"或"叔叔（阿姨），您好"。不能说有损小朋友形象的绰号或以外号称呼小朋友。

见习生、实习生之间要相互理解，以礼相待。见习生、实习生之间也要以"老师"相称，尤其是在小朋友面前，既可以给小朋友树立文明有礼的榜样，有利于培养小朋友的文明礼貌习惯，也有利于在小朋友中树立威信。

（三）注意小节

（1）称谓要注意场合，如在上课期间，实习生之间不能互叫绰号。

（2）不要在别人背后说三道四。

（3）不要言而无信或轻易许下诺言。

（4）不要使用粗言秽语。

（5）不要大声喧哗。

三、见习生、实习生交往礼仪的具体要求

见习生、实习生要注意见习、实习期间交往中的礼貌、礼节，以赢得人们的好感和支持，顺利地开展见习、实习工作。

（一）与见习、实习园园长的交往

主动礼貌地与园长打招呼。见到园长，见习生、实习生都应放下手中的活儿，双手自然下垂站好，面带微笑，礼貌地与园长打招呼——"园长，您好"，或点头致意。

虚心接受园长的指导。园长向见习生、实习生提出有关见习、实习工作的意见或建议时，要虚心接受，并在工作中有所体现。

尊重园长的工作。见习生、实习生要尽量少打扰园长的工作。没有得到园长的允许，见习生、实习生不能擅自进入园长的办公室，也不能私自使用幼儿园的物品。

一般情况下，有什么问题直接向指导老师反映、请教，除非是非常要紧的事或是见习生、实习生本人的事要找园长，在这种情况下才好去打扰园长。首先要提前与园长约定好时间，以免太突然而使园长措手不及或打乱园长的工作安排。在预约时间时，说话要婉转、自然、真诚，使用商量式的语气。第二要选择好见面的时间。一般来说，周一和周五这两天幼儿园工作较繁忙，除非是有特别要紧的事，一般都避开这两天找园长。第三要按时赴约。约好时间后不能失约，要按时到达园长的办公室，不要迟到或早到。如果有特殊原因不能准时到达的，要及时向园长说明并表示歉意。第四要有礼貌地进入园长办公室。到达园长办公室门口，要稍稍整理一下自己的头发和服装，然后用手指关节轻轻敲两三下门，并礼貌地通报自己的姓名，得到允许后才能推门进入。进门后，不要马上找椅子坐下，应该在得到允许后才在适当的位置坐下。第五要直入话题。在赴约前，要把事情考虑好，想说什么，怎么样说等。坐下后直奔主题，简明扼要地把事情说明，尽量少说或不说客套话。得到答复后就应及时告辞，以免影响园长的工作。第六要礼貌地告辞。对园长的热情接待和帮助要表示感谢，离开时要轻轻把门带上。

（二）与见习、实习园指导老师的交往

尊重指导老师。指导老师就是见习生、实习生的"师傅"，见习生、实习生不仅要服从本校的带队指导老师，帮助老师开展工作，更要尊重见习、实习园的指导老师。在见习、实习期间，见习、实习园的指导老师与见习、实习生接触最多，尤其是实习期间，指导老师更是言传身教，手把手地向实习生传授有关幼儿教育教学的各种技能技巧。不要以貌取人或以年龄取人，无论指导教师的学历、相貌、年龄如何，都要以诚相见、以礼相待；不要在指导老师背后或在小朋友面前评论指导老师，以免损坏对方的形象。在见习、实习期间受到表扬时，应感谢指导老师的辛勤指导。

要主动、虚心地向"师傅"学习。在见习、实习过程中，指导老师都会针对见习、实习的工作给见习生、实习生作详细的讲解与示范，见习生、实习生不仅要用心听讲、做好记录，并用眼观察、用心体会、细细理解，还要学习他们丰富的教学经验和一丝不苟的敬业精神，学习他们的优点。切勿自以为是，目中无人，我行我素，懒懒散散，马虎应付。不是实习工作范围内的事情，不要"多管闲事"，不要去打听对方的学历、家庭等。

主动积极配合指导老师的工作。在观摩听课期间，见习生、实习生要做好"二传手"，如帮指导老师制作上课用的教具，早餐时帮忙分派餐具或组织好小朋友等，同时，见习生、实习生自

见习生、实习生
交往礼仪的具
体要求

己要做好听课记录,有不明白的地方在课余时间要大胆向指导老师请教,不要不懂装懂。在请教指导老师时,要注意自己的说话方式、口吻和请教的时间与场所。学习上的交流与讨论是必要的,但不能唯师是从,可以提出自己的见解,同样也要注意说话的口吻。多运用商量式的口吻,如"我觉得这个问题,这样处理,是不是会更好一些?"等。

在实习上课期间,实习生要提前写好教案和做好教具,准时送给指导老师审阅,并按照指导老师的意见进行修改,修改后再送给指导老师审阅,不要怕麻烦。在正式上课前,要进行试教,要邀请指导老师和同组的实习生一同听课,试教后要及时根据老师和同学的意见进行修改、熟悉。上完课,实习生要主动征求大家的意见,恳请大家给予指导,以不断地提高自己的水平。实习生要组织小朋友开展活动,一定要征求指导老师的意见和建议,并得到他们的同意才能开展。不可以私自组织小朋友活动。上完课,如果指导老师需要教具,实习生应大方地把教具留给幼儿园。

（三）与其他见习生、实习生的交往

学会与人交往、与人合作是非常重要的。要认识到见习、实习是一次难得的学习机会。见习生、实习生之间要相互帮助、相互关心、取长补短、共同进步,要以诚相待,要有宽容包涵之心,要有集体的观念,尤其是与其他见习、实习学校的不熟悉的见习生、实习生,不能相互欺生,也不要互相唱对台戏或嘲笑同学;遇到问题时,大家要齐心协力、共同解决;要相互听课评课。在见习、实习期间,不要只是和自己熟悉的同学在一起,而孤立其他实习成员。如果是住在幼儿园的宿舍,要自觉地把宿舍卫生打扫干净,不要随便拿用别人的物品。

（四）与小朋友及小朋友家长的交往

记住自己的身份。"教师无小节",从进入见习、实习园的第一天起,见习生、实习生就要像一名"教师",注意自己的形象、言行、举止,要有老师的模样。在与小朋友交往的过程中,亦师亦友、宽严结合,对小朋友要真诚、耐心、细致、有爱心、一视同仁;使用儿童式的语言,亲切地与小朋友打招呼、交谈,不要板着脸;尊重小朋友的选择与意见,多称赞和表扬小朋友,对小朋友的"过错",要讲究教育的艺术,保护小朋友的好奇心和自信心。在生活中,要关心小朋友,以大哥哥大姐姐的姿态呵护小朋友,适时提醒他们要注意的事项;照顾个别小朋友的特殊需要。在活动中,要和小朋友一起无拘无束地玩耍,引导教授他们相应的活动技能技巧及与人相处的方式方法。注意不要随意给小朋友起绰号或叫他们的绰号,不要厚此薄彼,不能大声斥责、体罚或冷落小朋友。

要尊重家长。见习生、实习生要热情有礼貌地与家长打招呼,虚心听取和接受家长的意见,如实、婉转地向家长反映小朋友在园的情况。当家长有情绪或意见时,实习生不要顶撞家长、与家长产生矛盾,或擅自做主处理问题,应该把问题交给指导老师或幼儿园领导去解决。

四、见习、实习结束时的礼仪

提前告知园方见习、实习工作结束的时间。当见习、实习工作快要结束时,见习生、实习生要提早两三天告诉见习、实习园领导和指导老师离园的具体时间,让见习、实习园做好各项工作的安排,使正常的教学活动不受影响,同时能安排好时间组织召开欢送会。

做好离园前的各项工作。在离开见习、实习园前,见习生、实习生要清理好自己借用见习、实习园或指导老师的有关资料或物品,并将有关的费用结算清楚。把宿舍和办公室的卫生打扫干净,物品还原到原来的位置。写好见习、实习的工作总结和有关的表格。

与指导老师告别。请指导老师写好见习、实习工作的评定意见和成绩,虚心听取他们的意见或建议,感谢他们在见习、实习期间的真诚帮助。如果条件允许,可以向指导老师赠送小小的

纪念品,以表示感谢。

与小朋友告别。安慰小朋友的情绪,与他们一起合照留念,鼓励小朋友好好学习。可以让小朋友在留言本留言、画画,见习生、实习生也可以制作一些小玩具等与小朋友交换礼物以作纪念。

召开欢送会。见习生、实习生可以在指导老师的帮助下,在见习、实习班召开欢送会,也可以组织有见习、实习园的领导、全体指导老师参加的欢送会。无论哪一种情况,见习生、实习生都要对见习、实习园提供的见习、实习条件表示真挚的感谢。在欢送会上,除了简单总结见习、实习的工作外,还可以即兴表演节目以活跃气氛,由见习生、实习生代表向见习、实习园赠送小小的纪念品。

写信感谢。离园前,见习生、实习生最好能写一封言真意切的感谢信,在正式离园前一天,张贴在见习、实习园的板报栏,再次对见习、实习园的大力支持表示感谢。

安静离园。见习生、实习生离园时,尽可能避开小朋友上课的时间,不要影响幼儿园正常的教学活动,以免对小朋友的情绪造成影响。

友情链接(一)

　　宋代的米芾是个大画家,专爱收集古画,甚至到了不择手段的程度。他在汴梁城闲逛时,只要发现有人在卖古画,总会立即上前细细观赏,有时还会要求卖画者把画让他带回去看看,卖画者认得他是当朝名臣,也就放心地把画交给了他,他便连夜复制一幅假画,第二天将假画还回去而将真画留下。由于他极善临摹,那假画的确足以乱真,故此得到不少名人真迹。又一日,当他又用此法将自己临摹的一幅足以以假乱真的假画还去时,画主人却说了一句:"大人且莫玩笑,请将真画还我!"米芾大惊,问道:"此言何意?"那人回答:"小人的画上有个小牧童,那小牧童的眼里有个牛的影子,您的画上没有。"米芾听罢,这才叫苦不迭。

　　请注意,上述这个极易被人忽略的小牧童眼里牛的影子,就是细节,而一向"稳操胜券"的米芾,也正是"栽"在眼中的牛这个小小的细节上! 细节,因其格外细小而常常被人忽略,但这绝不意味着细节无关紧要。大量的事实表明,能否充分重视交际中的细节,直接关系到交往的成败,正所谓"成也细节,败也细节",细心者常常可以因为重视细节而旗开得胜,粗心者则常因忽略细节而功败垂成。

友情链接(二)

一个连简历都保管不好的人①

　　我看到这样一份报道,江汉大学应届毕业生陈某因为一份简历而使他在应聘时栽了跟头。

　　事情的经过是这样的:参加招聘会的那天早上,小陈不慎碰翻了水杯,将放在桌上的简历浸湿了。为尽快赶到会场,小陈只将简历简单地晾了一下,便和其他东西一起,匆匆

---

　　① 细节决定成败案例大全[EB/OL].(2018-06-18)[2022-09-09]. https://wenku. so. com/d/1527734628e2d2369cca8c6fd152e568.

塞进皮包里。在招聘现场，小陈看中了一家深圳房地产公司的广告策划主管岗位。按照这家企业的要求招聘人员将先与应聘者简单交谈，再收简历，被收简历的人将得到面试的机会。轮到小陈时，招聘人员问了小陈三个问题后，便向他要简历。小陈受宠若惊地掏出简历时，这才发现，简历上不光有一大片水渍，而且放在包里一揉，再加上钥匙等东西的划痕，已经不成样子了。小陈努力将它弄平整，递了过去。看着这份伤痕累累的简历，招聘人员的眉头皱了皱，还是收下了。那份折皱的简历夹在一叠整洁的简历里，显得十分刺眼。三天后，小陈参加了面试，表现非常活跃，无论是现场操作 Photoshop，还是为虚拟的产品做口头推介，他都完成得不错。在校读书时曾身为学校戏剧社骨干社员的小陈，还即兴表演了一段小品，赢得面试负责人的啧啧称赞。当他结束面试走出办公室时，一位负责的小姐对他说："你是今天面试者中最出色的一个。"然而，面试过去一周后，小陈依然没有得到回复。他急了，忍不住打电话向那位小姐询问情况。小姐沉默了一会儿，告诉他："其实招聘负责人对你是很满意的，但你败在了简历上。老总说，一个连简历都保管不好的人，是管理不好一个部门的。你应该知道，简历实际上代表的是你的个人形象。将一份凌乱的简历投出去，有失严谨。"

这件事给了小陈深刻的教训，从此，他变得细心起来。他深切感到，决定事情成败的，有时往往只是一个小小的细节。

简历既是进行自我营销的工具，也代表着个人的形象，所以，在应聘时一定要写好简历，更要保存好简历。要展示完美的自己很难，它需要每一个细节都要完善；但毁坏自己很容易，只要一个细节没注意到，就会给你带来难以挽回的影响。

思考与练习

1. 试围绕你的求职要求，写一封求职信，并请老师、同学给予评议。

2. 试收集面试求职时园长可能问及的相关问题，作出回答并请同学评议。

3. 找几位同学扮作幼儿园的园长对你进行面试，请他们观察你的表现，并说说其中的不足。

4. 同学小李是一个很新潮的人，衣着常常跟着潮流走。在幼儿园的实习期间，同学多次劝说她注意一下影响，她依然如故。对此，你怎么看？

5. 在你所见习的班上，有一个小朋友在午睡时尿床了，你该怎么办？

6. 在实习期间，家长误会你对其孩子进行了体罚，你会怎么办呢？

7. 党的二十大为中国的未来发展擘画了蓝图，会议提出的"中国式现代化"符合中国国情，而礼仪涵盖了诸如各类会议、接待、求职面试、旅游、就餐等社会生活的方方面面，因此讲礼仪也应符合国情、实事求是。请结合本章内容说说：在当下的求职面试过程中应注意哪些礼仪事项？

第五篇

幼儿教师礼仪

幼儿园组织春游活动，孩子们兴高采烈地前往公园。佳佳在享受完饮料后，手持空瓶，环顾四周寻找垃圾筒，却未能发现其踪迹。她稍作犹豫，最终决定向老师求助。她举起空瓶，向老师示意，但老师正忙于照顾其他孩子，显得有些不耐烦："拿着空瓶子找我干吗？快扔掉！"随即，老师随手将空瓶丢弃在路边。佳佳回头望了一眼被丢弃的瓶子，最终还是跟上了老师的步伐。

佳佳已初步展现出不随手扔垃圾的意识，她在寻找垃圾筒无果后选择向老师求助。然而，老师的行为却意外地误导了她，可能会让佳佳误以为随手扔垃圾是可以接受的行为，进而在未来的日子里模仿老师的做法。

若老师具备日常生活礼仪教育的意识，并珍惜这次宝贵的教育契机，以耐心和细心引导佳佳找到垃圾筒再丢弃空瓶，那么佳佳将能够轻松学会并内化不随手扔垃圾的基本公德。毕竟，老师是幼儿心中的榜样和模仿对象，他们的言谈举止对孩子的影响深远且重大。

知识框架

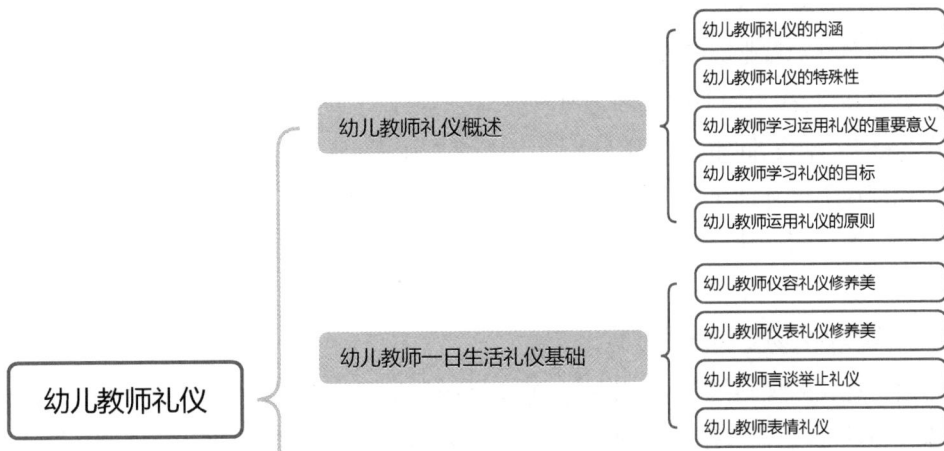

- 幼儿教师礼仪
  - 幼儿教师礼仪概述
    - 幼儿教师礼仪的内涵
    - 幼儿教师礼仪的特殊性
    - 幼儿教师学习运用礼仪的重要意义
    - 幼儿教师学习礼仪的目标
    - 幼儿教师运用礼仪的原则
  - 幼儿教师一日生活礼仪基础
    - 幼儿教师仪容礼仪修养美
    - 幼儿教师仪表礼仪修养美
    - 幼儿教师言谈举止礼仪
    - 幼儿教师表情礼仪

```
                          ┌─ 师幼沟通交往礼仪
        幼儿教师一日生活沟通交往礼仪 ┤
                          └─ 与领导、同事、家长交往礼仪

                          ┌─ 教学活动
        幼儿教师一日活动礼仪要求    ┤  游戏活动
                          └─ 生活活动
```

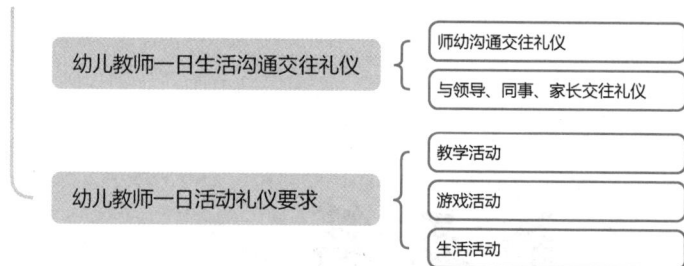

第一节　幼儿教师礼仪概述

本节课题：幼儿教师学习运用礼仪的意义和原则。

一、幼儿教师礼仪的内涵

　　幼儿教师礼仪是指幼儿教师在幼儿园从事幼儿保教及管理工作中应遵循的一系列行为规范，旨在展现幼儿教师的专业素养和良好形象，赢得幼儿、家长及同事们的尊重、喜爱和好评。主要包括：仪容礼仪、仪表礼仪、言谈举止礼仪、表情礼仪以及沟通交往礼仪。

二、幼儿教师礼仪的特殊性

　　幼儿教师礼仪，如同璀璨星辰，在幼儿教育这片浩瀚的夜空中熠熠生辉，它不仅照亮了孩子们的成长之路，也深刻影响着他们的未来。幼儿教师礼仪的特殊性主要体现在示范性、规范性、操作性和传承性这四个方面。

（一）示范性：润物细无声的教育力量

　　幼儿时期，是孩子们性格形成、习惯养成的关键阶段。在这个阶段，幼儿教师不仅是知识的传授者，更是孩子们模仿的榜样。幼儿教师的一言一行、一举一动，都如同细雨般悄无声息地滋润着孩子们的心田，潜移默化地塑造着他们的品格与行为。例如，当幼儿教师以温和的语气与孩子们交流，用微笑和拥抱传递关爱时，孩子们也会学会用同样的方式去对待他人，形成积极向上的人际交往模式。子曰："其身正，不令而行；其身不正，虽令不从。"这种示范性的教育力量，是任何言语教诲都难以替代的。

（二）规范性：职业操守的基石

　　幼儿教师礼仪，作为职业规范的重要组成部分，体现了礼仪的约束性和通用性。它要求幼儿教师在与幼儿、家长、同事以及社会各界人士的交往中，始终遵循一定的行为准则和道德规范。这种规范性不仅有助于维护教育秩序，保障教育活动的顺利进行，更能促进幼儿教师职业素养的提升。通过遵守礼仪规范，幼儿教师可以树立起良好的职业形象，赢得家长和社会的尊重与信任。

（三）操作性：易于实践的智慧之光

　　幼儿教师礼仪的规则简明、实用可行，便于操作和学习。它不需要复杂的理论支撑，也不需要高深的技巧训练，只需要幼儿教师用心去做、用爱去传递。例如，在日常教学中，幼儿教师可

以通过简单的问候、礼貌的用语、恰当的肢体语言等方式,向孩子们展示礼仪之美。这些看似微不足道的细节,却能在孩子们心中种下礼仪的种子,让他们在未来的成长道路上受益无穷。

(四)传承性:中华文明的瑰宝

幼儿教师礼仪,不仅是对现代职业规范的遵循,更是对中华优秀传统礼仪的继承与发扬。在漫长的历史长河中,中华民族形成了丰富多彩的礼仪文化,这些文化瑰宝不仅体现了中华民族的精神风貌和道德追求,也为幼儿教师礼仪的形成和发展提供了深厚的土壤。幼儿教师作为传统文化的传播者,有责任将这些优秀的礼仪传统传承下去,让孩子们在接受现代教育的同时,也能感受到传统文化的魅力与价值。

三、幼儿教师学习运用礼仪的重要意义

在幼儿教育的广阔天地中,教师不仅是知识的传递者,更是孩子们心灵的引路人和行为的楷模。因此,幼儿教师学习并有效运用礼仪,不仅关乎个人形象的塑造,更对幼儿的成长、教育环境的和谐以及教育事业的健康发展具有深远的意义。

(一)有利于树立良好的教师形象

教师形象是教师在教育活动中所展现出的综合素质的外在表现,而礼仪则是这一形象的重要组成部分。幼儿教师通过学习礼仪,能够修身养性,提升个人魅力,真正做到为人师表、成己达人。这不仅要求教师在日常教学中注重仪表端庄、举止得体,更要在言行中体现出对幼儿的关爱与尊重,用良好的人格风范感染和影响每一个孩子。例如,当教师以微笑迎接每一个孩子入园时,那温暖的笑容如同春风拂面,让孩子们感受到家的温馨;当教师耐心倾听孩子们的每一个问题时,那专注的眼神和亲切的话语,让孩子们感受到被重视和尊重。这些细微之处的礼仪展现,不仅树立了教师良好的形象,更在孩子们心中种下了知礼明礼的种子。

(二)有利于践行重要的教育使命

幼儿阶段是人一生中礼仪习惯养成的基础且关键的时期,而幼儿教师则是幼儿礼仪教育不可或缺的设计人、引路人、实施人。通过学习礼仪,教师能够更加深入地理解礼仪教育的内涵和价值,设计出符合幼儿身心发展规律的礼仪教育课程,引导幼儿在日常生活中学习礼仪、践行礼仪。据研究表明,良好的礼仪习惯能够培养孩子的自律性、责任感和社交能力,为他们未来的成长奠定坚实的基础。

(三)有利于促进和谐的教育关系

著名教育家陈鹤琴先生曾说,幼稚教育是一件很复杂的事情,不是家庭或幼稚园可以单独胜任的,必定要两方面共同合作才能得到充分的功效。家、园、社是幼儿教育的三大支柱,而幼儿教师则是这三者之间协同育人的重要纽带。通过学习礼仪,教师能够更加有效地与家长和社会各界进行沟通和交流,建立起良好的教育合作关系。在家长工作中,教师能够运用礼仪知识,以尊重、理解、合作的态度与家长沟通孩子的成长情况,共同探讨教育策略和方法;在社区活动中,教师能够积极参与社区建设和服务工作,用良好的职业风范和专业的教育能力赢得社区居民的信任和支持。这些努力不仅促进了家、园、社之间的和谐共育,更为孩子们营造了一个更加健康、和谐、有爱的成长环境。

(四)有利于推进优良的师德师风

立德树人是新时代教育的根本任务,师德师风是教师队伍建设的灵魂和命脉。通过学习礼仪,幼儿教师能够更加深入地理解职业伦理和职业道德的内涵与要求,自觉践行师德规范,树立

良好的师德师风。这要求教师在教育实践中始终坚持以幼儿为本的教育理念,关注每一个孩子的成长和发展需求;注重自我提升和反思总结,不断完善自己的教育方法和手段;坚守教育底线和职业操守,坚决抵制各种不良风气和行为的侵蚀。只有这样,才能真正做到以德立身、以德施教、以德育人,为培养德智体美劳全面发展的社会主义建设者和接班人贡献自己的力量。

四、幼儿教师学习礼仪的目标

幼儿教师学习礼仪的目标是多方面的、深层次的。它不仅仅是外在形象的塑造与提升,更是内在修养的锤炼与升华;它不仅仅是个人成长的需要,更是教育事业发展的必然要求。

（一）塑造更美好的教师形象

幼儿教师的形象,是孩子们接触社会的第一扇窗。一个温文尔雅、举止得体的教师,不仅能赢得孩子们的喜爱与尊重,更能激发他们对美好事物的向往与追求。因此,学习礼仪的首要目标,便是帮助教师塑造一个更加美好的形象。具体而言,这包括但不限于:注重仪表,保持整洁得体的着装,以展现教师的专业与自信;修炼言行,做到言语温和、态度亲切,以传递温暖与关爱;培养气质,通过阅读、艺术修养等方式,提升内在气质,让每一个细微之处都散发出教师的魅力。

（二）提升更专业的职业素养

礼仪不仅仅是外在的表现,更是内在修养的体现。对于幼儿教师而言,学习礼仪更是提升专业素养的重要途径。通过系统的礼仪学习,教师可以更好地掌握与幼儿沟通的技巧,了解幼儿的心理需求,从而更加科学地开展教育教学工作。此外,礼仪学习还能帮助教师树立良好的职业道德观念,增强责任感与使命感。在面对工作中的挑战与困难时,能够保持冷静、理智的态度,以专业的素养和敬业的精神,为孩子们的成长保驾护航。

（三）构建更和谐的教育关系

幼儿教育的本质是爱与关怀。而礼仪的学习,正是为了将这种爱与关怀以更加恰当、和谐的方式传递给孩子们。通过学习礼仪,教师可以更加敏锐地察觉孩子们的情绪变化,及时给予关爱与引导;同时,也能更好地与同事、家长等各方建立良好的合作关系,共同为孩子们的成长营造一个和谐、温馨的环境。具体来说,这包括:加强师幼互动,通过游戏、活动等方式增进与孩子们的情感交流;强化家园合作,通过家长会、家访等形式与家长保持密切联系,共同关注孩子们的成长;促进同事间的团结协作,通过教研活动、经验分享等方式相互学习、共同进步。

五、幼儿教师运用礼仪的原则

幼儿教师在日常工作中,必须严格遵循一定的礼仪原则,以树立良好的职业形象,创设和谐的教育环境。幼儿教师在学习运用礼仪时应遵循七大基本原则。

（一）敬人——尊重为本,爱心先行

敬人,是幼儿教师礼仪的首要原则。它要求教师在与幼儿、家长及同事的交往中,始终保持尊重与谦逊的态度。这种尊重不仅体现在言语上的礼貌,更在于内心的真诚与关爱。例如,教师在与幼儿交流时,应蹲下身子,用温柔的话语和鼓励的眼神与孩子对话,让孩子感受到被重视与爱护。正如教育家苏霍姆林斯基所言:"教育技巧的全部奥秘也就在于如何爱护儿童。"这种基于尊重与爱的教育,能够激发孩子们的自信心与积极性,促进其全面发展。

（二）自律——以身作则，严于律己

自律，是幼儿教师必备的职业素养之一。它要求教师在日常生活中严格遵守职业规范，做到言行一致，为孩子们树立良好的榜样。比如，在公共场合，教师应保持优雅的举止，不吸烟、不喝酒、不说脏话，以实际行动诠释文明礼仪的内涵。同时，教师还应自觉遵守幼儿园的规章制度，按时上下班，认真备课授课，展现出高度的职业责任感与敬业精神。这种自律精神，不仅能够提升教师的个人魅力，还能在潜移默化中影响孩子们的行为习惯。

（三）真诚——以心换心，坦诚相待

真诚，是人际交往的基石，也是幼儿教师礼仪的重要组成部分。它要求教师在与幼儿、家长及同事的交往中，保持真诚的态度，坦诚地表达自己的想法与感受。例如，在处理幼儿之间的矛盾时，教师应耐心倾听双方的观点，以公正、客观的态度进行调解，让孩子们感受到教师的真诚与公正。此外，教师还应积极与家长沟通，及时反馈幼儿在园的表现与需求，共同促进孩子的健康成长。这种真诚相待的交往方式，能够增进彼此之间的信任与理解，营造和谐的教育氛围。

（四）平等——一视同仁，关注个体

平等，是幼儿教师礼仪中的一项重要原则。它要求教师在教育过程中，尊重每个孩子的个性差异与发展需求，做到一视同仁，不偏袒、不歧视。例如，在组织教学活动时，教师应根据孩子们的兴趣爱好与认知水平，设计多样化的教学内容与形式，让每个孩子都能在活动中找到自己的位置与价值。同时，教师还应关注那些性格内向、发展水平较弱的孩子，给予他们更多的关爱与鼓励，帮助他们树立自信心与勇气。这种平等的教育理念，能够激发孩子们的潜能与创造力，促进他们的全面发展。

（五）宽容——海纳百川，有容乃大

宽容，是幼儿教师必备的一种美德。它要求教师在面对幼儿的错误与不足时，保持宽容的心态，给予孩子们改正的机会与空间。例如，当幼儿犯错误时，教师应耐心引导他们认识错误的原因与后果，鼓励他们勇敢地承认错误并努力改正。同时，教师还应学会换位思考，站在孩子的角度去理解他们的行为与想法，从而更加宽容地对待他们的过错。这种宽容的教育方式，能够培养孩子们的责任感与自我反省能力，让他们学会在错误中成长与进步。

（六）适宜——因材施教，适时适度

适宜，是幼儿教师在运用礼仪时需要遵循的一个重要原则。它要求教师在教育过程中，根据孩子们的年龄特点、性格特征以及教育环境等因素，选择恰当的教育方式与方法。例如，在表扬与批评孩子时，教师应根据孩子的实际情况采用适宜的语言与方式；在组织教学活动时，教师应根据孩子们的兴趣爱好与认知水平设计适宜的教学内容与形式。同时，教师还应关注教育时机与教育效果的适宜性，确保教育活动的有效性与针对性。这种因材施教、适时适度的教育方式，能够提高教育效果与质量，促进孩子们的健康成长。

（七）从俗——尊重习俗，融入生活

从俗，是幼儿教师在运用礼仪时需要遵循的一个基本原则。它要求教师在教育过程中尊重不同国家、民族、地域的文化习俗与生活习惯，将礼仪教育与实际生活紧密结合起来。它不仅仅是一种外在行为的规范，更是内心深处对文化多样性的深刻认同与尊重。正如古人云："入乡随俗"，幼儿教师需以敏锐的洞察力，洞察并适应不同文化背景下的礼仪差异，使礼仪教育成为连接不同文化、促进相互理解的桥梁。

幼儿园教师专业标准（试行）①

为促进幼儿园教师专业发展，建设高素质幼儿园教师队伍，根据《中华人民共和国教师法》，特制定《幼儿园教师专业标准（试行）》（以下简称《专业标准》）。

幼儿园教师是履行幼儿园教育教学工作职责的专业人员，需要经过严格的培养与培训，具有良好的职业道德，掌握系统的专业知识和专业技能。《专业标准》是国家对合格幼儿园教师专业素质的基本要求，是幼儿园教师实施保教行为的基本规范，是引领幼儿园教师专业发展的基本准则，是幼儿园教师培养、准入、培训、考核等工作的重要依据。

一、基本理念

（一）师德为先

热爱学前教育事业，具有职业理想，践行社会主义核心价值体系，履行教师职业道德规范，依法执教。关爱幼儿，尊重幼儿人格，富有爱心、责任心、耐心和细心；为人师表，教书育人，自尊自律，做幼儿健康成长的启蒙者和引路人。

（二）幼儿为本

尊重幼儿权益，以幼儿为主体，充分调动和发挥幼儿的主动性；遵循幼儿身心发展特点和保教活动规律，提供适合的教育，保障幼儿快乐健康成长。

（三）能力为重

把学前教育理论与保教实践相结合，突出保教实践能力；研究幼儿，遵循幼儿成长规律，提升保教工作专业化水平；坚持实践、反思、再实践、再反思，不断提高专业能力。

（四）终身学习

学习先进学前教育理论，了解国内外学前教育改革与发展的经验和做法；优化知识结构，提高文化素养；具有终身学习与持续发展的意识和能力，做终身学习的典范。

二、基本内容

维度	领域	基本要求
专业理念与师德	（一）职业理解与认识	1. 贯彻党和国家教育方针政策，遵守教育法律法规。 2. 理解幼儿保教工作的意义，热爱学前教育事业，具有职业理想和敬业精神。 3. 认同幼儿园教师的专业性和独特性，注重自身专业发展。 4. 具有良好职业道德修养，为人师表。 5. 具有团队合作精神，积极开展协作与交流。
	（二）对幼儿的态度与行为	6. 关爱幼儿，重视幼儿身心健康，将保护幼儿生命安全放在首位。 7. 尊重幼儿人格，维护幼儿合法权益，平等对待每一位幼儿。不讽刺、挖苦、歧视幼儿，不体罚或变相体罚幼儿。 8. 信任幼儿，尊重个体差异，主动了解和满足有益于幼儿身心发展的不同需求。 9. 重视生活对幼儿健康成长的重要价值，积极创造条件，让幼儿拥有快乐的幼儿园生活。
	（三）幼儿保育和教育的态度与行为	10. 注重保教结合，培育幼儿良好的意志品质，帮助幼儿养成良好的行为习惯。 11. 注重保护幼儿的好奇心，培养幼儿的想象力，发掘幼儿的兴趣爱好。 12. 重视环境和游戏对幼儿发展的独特作用，创设富有教育意义的环境氛围，将游戏作为幼儿的主要活动。 13. 重视丰富幼儿多方面的直接经验，将探索、交往等实践活动作为幼儿最重要的学习方式。 14. 重视自身日常态度言行对幼儿发展的重要影响与作用。 15. 重视幼儿园、家庭和社区的合作，综合利用各种资源。

---

① 教育部关于印发《幼儿园教师专业标准（试行）》《小学教师专业标准（试行）》和《中学教师专业标准（试行）》的通知. http://www.moe.gov.cn/srcsite/A10/s6991/201209/t20120913_145603.html.

续表

维度	领域	基本要求
专业理念与师德	（四）个人修养与行为	16. 富有爱心、责任心、耐心和细心。 17. 乐观向上、热情开朗，有亲和力。 18. 善于自我调节情绪，保持平和心态。 19. 勤于学习，不断进取。 20. 衣着整洁得体，语言规范健康，举止文明礼貌。
专业知识	（五）幼儿发展知识	21. 了解关于幼儿生存、发展和保护的有关法律法规及政策规定。 22. 掌握不同年龄幼儿身心发展特点、规律和促进幼儿全面发展的策略与方法。 23. 了解幼儿在发展水平、速度与优势领域等方面的个体差异，掌握对应的策略与方法。 24. 了解幼儿发展中容易出现的问题与适宜的对策。 25. 了解有特殊需要幼儿的身心发展特点及教育策略与方法。
专业知识	（六）幼儿保育和教育知识	26. 熟悉幼儿园教育的目标、任务、内容、要求和基本原则。 27. 掌握幼儿园各领域教育的学科特点与基本知识。 28. 掌握幼儿园环境创设、一日生活安排、游戏与教育活动、保育和班级管理的知识与方法。 29. 熟知幼儿园的安全应急预案，掌握意外事故和危险情况下幼儿安全防护与救助的基本方法。 30. 掌握观察、谈话、记录等了解幼儿的基本方法和教育心理学的基本原理和方法。 31. 了解0~3岁婴幼儿保教和幼小衔接的有关知识与基本方法。
专业知识	（七）通识性知识	32. 具有一定的自然科学和人文社会科学知识。 33. 了解中国教育基本情况。 34. 具有相应的艺术欣赏与表现知识。 35. 具有一定的现代信息技术知识。
专业能力	（八）环境的创设与利用	36. 建立良好的师幼关系，帮助幼儿建立良好的同伴关系，让幼儿感到温暖和愉悦。 37. 建立班级秩序与规则，营造良好的班级氛围，让幼儿感受到安全、舒适。 38. 创设有助于促进幼儿成长、学习、游戏的教育环境。 39. 合理利用资源，为幼儿提供和制作适合的玩教具和学习材料，引发和支持幼儿的主动活动。
专业能力	（九）一日生活的组织与保育	40. 合理安排和组织一日生活的各个环节，将教育灵活地渗透到一日生活中。 41. 科学照料幼儿日常生活，指导和协助保育员做好班级常规保育和卫生工作。 42. 充分利用各种教育契机，对幼儿进行随机教育。 43. 有效保护幼儿，及时处理幼儿的常见事故，危险情况优先救护幼儿。
专业能力	（十）游戏活动的支持与引导	44. 提供符合幼儿兴趣需要、年龄特点和发展目标的游戏条件。 45. 充分利用与合理设计游戏活动空间，提供丰富、适宜的游戏材料，支持、引发和促进幼儿的游戏。 46. 鼓励幼儿自主选择游戏内容、伙伴和材料，支持幼儿主动地、创造性地开展游戏，充分体验游戏的快乐和满足。 47. 引导幼儿在游戏活动中获得身体、认知、语言和社会性等多方面的发展。
专业能力	（十一）教育活动的计划与实施	48. 制定阶段性的教育活动计划和具体活动方案。 49. 在教育活动中观察幼儿，根据幼儿的表现和需要，调整活动，给予适宜的指导。 50. 在教育活动的设计和实施中体现趣味性、综合性和生活化，灵活运用各种组织形式和适宜的教育方式。 51. 提供更多的操作探索、交流合作、表达表现的机会，支持和促进幼儿主动学习。
专业能力	（十二）激励与评价	52. 关注幼儿日常表现，及时发现和赏识每个幼儿的点滴进步，注重激发和保护幼儿的积极性、自信心。 53. 有效运用观察、谈话、家园联系、作品分析等多种方法，客观地、全面地了解和评价幼儿。 54. 有效运用评价结果，指导下一步教育活动的开展。
专业能力	（十三）沟通与合作	55. 使用符合幼儿年龄特点的语言进行保教工作。 56. 善于倾听，和蔼可亲，与幼儿进行有效沟通。 57. 与同事合作交流，分享经验和资源，共同发展。 58. 与家长进行有效沟通合作，共同促进幼儿发展。 59. 协助幼儿园与社区建立合作互助的良好关系。

续表

维度	领 域	基 本 要 求
专业能力	（十四）反思与发展	60. 主动收集分析相关信息，不断进行反思，改进保教工作。 61. 针对保教工作中的现实需要与问题，进行探索和研究。 62. 制定专业发展规划，积极参加专业培训，不断提高自身专业素质。

三、实施建议

（一）各级教育行政部门要将《专业标准》作为幼儿园教师队伍建设的基本依据。根据学前教育改革发展的需要，充分发挥《专业标准》引领和导向作用，深化教师教育改革，建立教师教育质量保障体系，不断提高幼儿园教师培养培训质量。制定幼儿园教师准入标准，严把幼儿园教师入口关；制定幼儿园教师聘任（聘用）、考核、退出等管理制度，保障教师合法权益，形成科学有效的幼儿园教师队伍管理和督导机制。

（二）开展幼儿园教师教育的院校要将《专业标准》作为幼儿园教师培养培训的主要依据。重视幼儿园教师职业特点，加强学前教育学科和专业建设。完善幼儿园教师培养培训方案，科学设置教师教育课程，改革教育教学方式；重视幼儿园教师职业道德教育，重视社会实践和教育实习；加强从事幼儿园教师教育的师资队伍建设，建立科学的质量评价制度。

（三）幼儿园要将《专业标准》作为教师管理的重要依据。制定幼儿园教师专业发展规划，注重教师职业理想与职业道德教育，增强教师育人的责任感与使命感；开展园本研修，促进教师专业发展；完善教师岗位职责和考核评价制度，健全幼儿园教师绩效管理机制。

（四）幼儿园教师要将《专业标准》作为自身专业发展的基本依据。制定自我专业发展规划，爱岗敬业，增强专业发展自觉性；大胆开展保教实践，不断创新；积极进行自我评价，主动参加教师培训和自主研修，逐步提升专业发展水平。

友情链接（二）

"我"喜欢的幼儿教师 ——基于幼儿视角的教师形象研究[①]

在现代的幼儿教师观中，幼儿教师在幼儿的发展中扮演着非常重要的角色，他们是幼儿发展的促进者、引导者和支持者。可以说，幼儿教师的形象，包括其外在形象和内在形象，会对幼儿的发展产生潜移默化的影响。本研究选取了大连市一所幼儿园中的90名幼儿作为研究对象，其中大、中、小班各30人，每班男童、女童各15人，主要采取图片测验法、访谈法、绘画作品分析法和文献法，全面探讨了幼儿喜欢的教师外在形象和内在形象。其中，幼儿教师外在形象的研究分为性别、外貌、衣着、身材和身势语行为五个维度，幼儿教师内在形象的研究主要是依据《幼儿园教师专业标准（试行）》，从专业理念与师德、专业知识和专业能力三个维度开展研究。本研究的结果显示，幼儿喜欢的教师外在形象主要体现在以下五个方面：（1）幼儿更加喜欢女教师，但仍有超过四分之一的幼儿喜欢男

---

① 周敏."我"喜欢的幼儿教师[D].大连：辽宁师范大学，2020.

教师；（2）幼儿喜欢长发、梳马尾辫的女教师和分头发型的男教师；（3）幼儿喜欢女教师穿着粉色的正装款式裙装，喜欢男教师穿着蓝色运动服；（4）幼儿喜欢身材较高、体形较瘦的男、女教师；（5）幼儿喜欢男、女教师采用坐姿与自己进行交流。幼儿喜欢的教师内在形象主要体现在以下三个方面：（1）在专业理念与师德方面，幼儿喜欢可以合理公平处理幼儿间矛盾的教师，喜欢尊重幼儿创造力的教师和喜欢常与幼儿沟通交流的教师；（2）在专业知识方面，幼儿喜欢教师在给他们提供帮助时选择一对一单独的方式，喜欢带领他们一同进行探索活动的教师，幼儿喜欢女教师教授艺术类知识和男教师教授科学类知识，幼儿也喜欢使用多媒体技术的教师；（3）在专业能力方面，幼儿喜欢与教师进行户外体育游戏，喜欢经常与自己家长联系的教师，喜欢教师表扬自己时选择一对一单独的方式。

思考与练习

1. 幼儿教师礼仪是什么？
2. 幼儿教师学习运用礼仪的意义是什么？
3. 幼儿教师运用礼仪的原则有哪些？

第二节　幼儿教师一日生活礼仪基础

本节课题：塑造良好的个人职业形象。

微课

幼儿教师一日
生活礼仪基础

一、幼儿教师仪容礼仪修养美

（一）仪容礼仪修养

著名教育学家加里宁曾说过："教师仿佛每天都蹲在几百面镜子前面，因为课堂上有几百双精锐的、敏感的、善于窥视优点和缺点的孩子的眼睛，在不断地盯视着你。"就个人的整体形象而言，仪容是整个仪表环节中至关重要的环节，它反映着一个人的精神面貌，是传达给接触对象感官的最直接、最生动的第一信息。在个人仪表问题中，仪容问题是重点中的重点。那么，作为一名幼儿园教师，怎样体现出仪容仪表的美呢？

（1）仪容修饰讲究自然美，应以淡雅自然为主，适度矫正面部特征的某些不足，做到扬长避短。若片面强调个人面部的美化，刻意去改变自己的容貌，甚至去隆鼻、割双眼皮，不仅没必要，而且也会因此显得过于做作而失去自然。

（2）仪容修饰讲究和谐美，仪容修饰应符合自己的职业身份、年龄、性别并和周围环境相协调。

（3）仪容修饰讲究整体美，修饰的各部分要整体协调，强调整体效果。注意个人形象应该是每个教师的责任和义务。

教师良好的仪容美不仅表现为外在自然、和谐的外貌，更表现为内在的精神陶冶，随着时光

的飞逝,仪容会发生变化,我们可以用修饰的方法使自己的仪容更具魅力,更重要的是,要使自己不断提高个人文化素养、培养自己高雅的气质和美好的心灵,使自己仪容美达到内外皆修,表现出由内而外的美丽。

（二）女教师的仪容礼仪修养

1. 女教师仪容修饰要点

女教师仪容修饰关键要做到"秀于外"与"慧于中"二者并举。

2. 女教师仪容修饰注意点

（1）女教师头发应前不遮住眼睛、后不披肩,超过肩的长发理应束起或盘起,不可随意披散于肩背。发式要清爽、干练且典雅不夸张。过于蓬松、颜色艳丽、超长的头发会引起孩子的过分注意,也不方便于日常教学指导。将头发染成黑色无可非议,但特别不提倡教师染彩发。

（2）教师经常会和孩子亲密接触,保持手部干净尤其重要,要做到勤洗手,勤修剪指甲,不要无故蓄留长指甲,女教师的甲油以淡色为宜。如果手的皮肤红肿、有裂口应及时护理治疗。

（3）注意保持眼部清洁和防护,要求工作时无眼屎,无睡意,不充血;眼镜端正、洁净明亮;不戴墨镜、有色眼镜或有色的隐形眼镜。

（4）鼻孔干净,不流鼻涕。擦鼻涕时应注意要用手帕或纸巾擦拭,切不可当众挖鼻孔。

（5）耳朵内外干净,无耳屎。

（6）牙齿整洁洁白,口腔无异味;饭后应对照镜子检查有无残渣和异味;与人交谈时不嚼口香糖。

（7）汗毛若有碍观瞻,最好能进行适当的脱毛。特别强调的是,在外人和异性面前,腋毛属个人隐私,被人看见是很失礼的。在正式场合中,不穿会令腋毛外露的服装,在非正式场合,若打算穿暴露腋窝的服装,则一定要事先处理好。

3. 女教师的化妆礼仪要求

化妆,是通过一定的美容用品,来修饰自己的仪容、美化自我形象的行为。

女教师的化妆应化而不露,妆而不觉、清新自然。工作期间的妆容应:自然、大方、淡雅,与肤色、衣服相匹配;杜绝浓妆艳抹,不要使用有刺激性味道的化妆品;白天,在自然光下应略施粉黛,保持淡雅清新。另外,要经常在化妆后进行检查,以防止自己的妆容出现残缺,特别是出汗之后、休息之后、用餐之后,尤其应当及时自察妆容。修饰的本质就是掩盖缺点,突出优点,吸引人注意。

如果教师在展现自己自信、魅力的一面时,忽视许多细节问题,那么再好的仪容也不能给人美感和愉悦。如有一幼儿模仿教师张着嘴一点一点吃早点,那样子显然是模仿教师生怕弄坏了口红。再如幼儿像模像样地对着镜子左看右瞧,这些举止显然来源于生活,教师不应该在公共场所当众化妆或补妆,如果要补妆,应到洗手间或卧室里进行。避免借用他人的化妆品,同时,不要随便批评和点评他人的妆容。

（三）男教师的仪容礼仪修养

随着时代的发展,人们观念的改变,越来越多的男教师走进幼儿园。或许很多男教师认为,仪容修饰是女人的事情,与他们无关,甚至还认为自己在忙大事,没时间考虑这些,可以放任自己蓬头垢面、不修边幅。这样的想法其实很不妥,从生理角度来讲,男士更需要接受仪容指导。从儿童心理学的角度来讲,孩子主要是直观思维,美好的东西会引起他们愉快的情绪,老师容光焕发,能给孩子心理上带来愉悦感。可见,男教师的仪容更应注重干净、整洁。男教师仪容修饰除了遵守上述的女教师的注意点外,还需做到:

（1）头发是男士仪容修饰的重要组成部分,是人们目光注视的焦点,所以应当自觉做好日

常护理,做到经常清洗,无头皮屑,不做奇异发型。头发前不覆额,侧不掩耳,后不及领,面不留须。

（2）经常修剪鼻毛,不让其外露。

（3）胡子刮干净或修整齐,不留长胡子、八字胡或其他怪异的胡子。

二、幼儿教师仪表礼仪修养美

教师的仪表代表着教师的精神风貌。一个积极向上、朝气蓬勃的好教师,在穿衣打扮上也应该对幼儿起潜移默化的教育作用。仪表美不仅展现了一个人的精神气质、外貌表现等,更是向我们传递着一个人的道德修养、文化水平、审美情趣和文明程度。莎士比亚说过:"服装往往可以表现人格。"一个人的穿着往往能展现一个人的格调、修养和爱好。俗话说:"人要衣装,佛要金装。"服装的功能已从御寒防暑转向审美功能。恰到好处的服饰选择和搭配就能创造出美。教师仪表着装规范应遵循以下原则。

（一）着装原则

1. TPO 原则

这个原则是一切着装的基础原则。具体说来,T、P、O 分别是英语中 Time、Place、Object 三个单词的首字母缩写。"T"指时间,泛指早晚、季节、时代等;"P"代表地方、场所、位置、职位;"O"代表目的、目标、对象。TPO 原则是目前国际上公认的衣着标准。据报道,学生最受不了教师的穿着打扮是:低腰、低胸、透明、紧身、下摆喇叭超大的裤子、颜色太艳丽出挑、浓妆艳抹、男老师蓄长发、女老师留爆炸式发型等。如一位小朋友在大冬天哭着要穿薄纱裙子、穿皮鞋,这是因为她的老师穿裙子、穿高跟鞋,而孩子的愿望是和她的老师一样"美丽"而已。

2. 整体性原则

正确的着装应尽显个体的完美与和谐。第一,要遵守服装本身的约定俗成的搭配。第二,要使服装各部分相互适应,力求展现服装的整体和全局美。第三,使穿着符合个人的年龄、体形。正确的着装,能起到修饰形体、容貌等作用,形成和谐的整体美。整体美包括:款式美——造型和谐,巧妙塑造人体形象美;色彩美——色彩和谐,使人产生良好的心理效应;质料美——面料的质感直接影响服饰造型与色彩的效果。整体的服饰美就从这多种因素的和谐统一中显现出来。

3. 个性化原则

着装的个性化原则,主要指依个人的性格、年龄、身材、爱好、职业等要素着装,力求反映一个人的个性特征。具体说来有两点:第一,着装应照顾自身的特点,做到量体裁衣;第二,着装应创造和保持自己的风格,但忌时髦、随便。选择服装因人而异,着重点在于展示所长,遮掩所短,显现独特的个性魅力和最佳风貌。特别对于幼儿园的男教师一定要保持男性阳刚、坚强、负责任的仪表形象,千万不能被女教师同化,甚至异化。

4. 整洁原则

具体表现为:第一,服装应当整齐,不皱不折;第二,服装应当完好,不破不残;第三,服装应当干净,不脏不臭;第四,服装应当卫生,勤洗勤换。不允许存在明显的污迹、汗味和体臭。在任何情况下,服饰都应该整洁干净,衣服不能沾有污渍,不能有绽线的地方,更不能有破洞,扣子等配件应齐全。衣领和袖口处尤其要注意整洁。

（二）女教师的仪表修养

1. 女教师着装要点

在条件许可的前提下应该提倡穿园服,不仅可以体现园所的规范性,同时也避免了教师每

日选择工作服装的难题。女教师的着装应该是优雅的和庄重的,忌标新立异、奇装异服。据心理学研究表明,儿童的注意力以无意注意为主,意志的成分较少,任何新奇的刺激都可以成为他们的注意焦点,所以教师如果不顾幼儿的心理特点而一味追求奇装异服,必定会影响幼儿的学习效果。女教师着装应遵守得体原则。不管是选择色彩明快、鲜艳的服装,还是柔和、大方、典雅的淡素系列服装,都必须简约、得体。任何烦琐冗杂的服饰都不适合教师。不要穿过分暴露、透明、短小、紧身的衣服。幼儿园不是 T 型台,教师不是模特,一旦选择幼教职业,就应该要有与这个职业相适合的一些最基本的外表形象。幼儿教师的穿着可以活泼美丽,但这绝不意味着"奇装异服",更不应该是"暴露"。对大多数教师来说,得体大方是最基本的要求,具体表现在以下两方面。

（1）便于幼儿园教育教学活动的开展。幼儿教师的着装应遵循幼儿园工作的需要,幼儿教师大部分的时间是和孩子在一起,与孩子一起蹲、一起跑、一起跳、一起活动,显然穿着舒适、简洁、方便活动的服装有利于开展幼儿园一日活动。当班时间穿平底鞋、软底鞋、旅游鞋,不穿凉鞋、高跟鞋或露趾的拖鞋。带活动时穿轻便、色彩明快的休闲装或运动装,过于长的大衣、风衣不利于组织户外活动。在考虑美的同时,还应考虑到自己的衣着是否便于蹲下来跟孩子讲话,是否便于同孩子们一起奔跑、做游戏。

（2）充分考虑教师与幼儿接触时的卫生和安全因素。幼儿园的教育是保教结合的教育,服装的面料以纯棉或高支棉为佳,一方面教师穿着舒服,便于活动,另一方面不至于活动出汗后某些化纤织物产生异味。同时服装上不应该有过多的装饰片或串珠的佩饰,如果不小心被孩子碰到或散落就有可能存在安全隐患。

2. 女教师着装禁忌

（1）忌过分时髦。一个优秀的教师对于流行的选择须有正确的判断力,职场中的女性展现的是智慧,表现的是工作能力而非赶时髦的能力。

（2）忌过分暴露。当你穿着露脐装、露背装、吊带衫和幼儿做游戏时,只要你的动作稍大点,就很容易暴露你的身体;你的超短裙、低腰裤在蹲下不慎走光时,好奇的眼睛就会注视你。这样你的才能和智慧便会被埋没,在幼儿看来是好奇,在家长看来是失礼,在园长看来是轻浮。因此,再热的天气,都应注意自己仪表的整洁、大方。

（3）忌过分随便。一件随随便便的 T 恤或罩衫,一条泛白的"破"牛仔裤,丝毫不顾及幼儿园的形象和要求,这样的穿着可以说是非常不合适的。

（4）忌过分透视。衣服再薄,内衣、内裤、文胸等也不能若隐若现,这有失检点,更反对内衣外穿。

（5）忌过分紧贴。不能为了展示自己的线条,有意选择紧身装,把自己打扮得过分性感,当你下蹲时,就得小心绷线;紧身衣裤会使自己的内衣、内裤的轮廓凸显。

（三）男教师的仪表修养

男老师是幼儿教育中的新生力量,也是幼儿园中的阳光的象征,男教师的着装在遵循上述原则和要求的同时,还需注意以下三点。

（1）休闲装、运动装、便装都是男教师首选的服装。造型以阳光、亲和为主,但这并不意味着男教师的穿着可以随便、不修边幅,男教师的着装也要和工作环境匹配起来,不可穿短裤上岗,长裤的裤脚不可卷起。在室内不可戴帽子或手套。西装由于不方便日常教学,因此不推荐穿。

（2）袜子虽不显眼,但在个人形象的塑造中却起着重要的作用。每日换洗,袜子的选择要注意面料和颜色,与鞋子和裤子保持和谐。尼龙丝袜、鲜艳的袜子和白色运动袜可以用来搭配休闲装和运动装。

（3）在无悖于教育的前提下,男教师应坚持自己的阳刚、亲和的仪表风格,不应被女教师同

化,甚至与女教师无差异。

(四) 配饰方法

配饰能起到烘托、美化的作用。走上工作岗位后,可适当配饰,但使用饰品一定要遵守规则和要点。这样,既能让配饰发挥美化、装饰的功能,又不至于使用不当被人笑话。

1. 配饰要点

(1) 数量以少为佳。在佩戴多件首饰时,不应在总量上超过三件。

(2) 色彩力求同色。若同时佩戴两件或两件以上的首饰,应使色彩一致,千万不要让所戴的首饰色彩斑斓。

(3) 质地争取同质。若同时佩戴两件或两件以上的首饰,应使质地相同。另外,高档首饰尤其是珠宝首饰适用于社交场合,不适宜在工作或休闲时佩戴。

(4) 身份符合身份。选戴首饰要符合本人身份、性别、年龄和工作环境。

(5) 体形配合体形。充分正视自己体形的优缺点,使首饰的佩戴为自己扬长补短。

(6) 季节吻合。季节不同,所戴首饰也不同。金色、深色首饰适用于冷季节佩戴;银色、浅色首饰适用于暖季佩戴。

(7) 搭配协调统一。首饰应视为服装整体中的一部分,要使首饰与服装的质地、风格相互般配。

(8) 遵守习俗。不同的地区和民族,首饰佩戴的做法各有不同,为此,要多了解,尊重习俗。

(9) 注重安全。幼儿教师的佩饰应该符合卫生和安全要求,便于教学活动的开展,不对幼儿的安全产生隐患。

2. 女教师配饰要求

(1) 戒指。

戒指,又叫指环,它佩戴于手指之上,男女老少皆宜。戴戒指时,一般讲究戴在左手之上,而且最好仅戴一枚。按照惯例,戒指戴在食指上表示目前单身且在觅偶中,戴在中指上表示正在热恋中,戴在无名指上表示已婚,戴在小指上表示独身。拇指通常不戴戒指,一根手指上不应戴多枚。一般在幼儿园不提倡戴戒指,如果允许戴婚戒,一定要注意戒面的平整,避免与幼儿接触时刮破孩子的皮肤。

(2) 耳环。

耳环在一般情况下,仅为女性所用,并且讲究成对使用,即每只耳朵上均佩戴一只。不宜在一只耳朵上同时戴多只耳环。在国外,男子也有戴耳环的,但习惯做法是左耳上戴一只,右耳不戴。教师在上班期间不提倡戴耳环、耳坠或耳钉,因为有些幼儿喜欢和老师讲悄悄话,和老师亲密接触时,耳环的钩针就是个安全隐患。

(3) 手镯。

手镯可以只戴一只,也可以同时戴上两只。戴一只时,通常应戴于左手。戴两只时,可一只手戴一个,也可以都戴在左手上,不要在一只手上戴多只手镯。男人一般不戴手镯。教师不提倡戴手镯。

(4) 手链。

在普通情况下,手链应仅戴在一只手上,并应戴在左手上。在一些国家,所戴手镯、手链的数量、位置,可用以表示婚否。它与手镯均不应与手表同戴于一只手上。一般情况下,手镯、手链和手表任选一样佩戴。手链、脚链一般不适合教师上班时佩戴。

(5) 墨镜。

墨镜用于防御和抵挡阳光,保护眼睛。必要时一副得体的眼镜有助于个人的整体形象更加超凡出众,别有韵味。但在室内活动时,不要戴墨镜;在室外遇到礼仪性的活动时,也不应戴墨镜。

（6）项链。

女教师可以佩戴小巧的项链或挂饰,在一般情况下都应该隐藏,不要外露。一些较大的挂件显然就不适合在幼儿园佩戴了。同时胸针、胸花不允许在当班时间佩戴。

3. 男教师配饰要求

男教师在上班期间也要遵循相应的佩饰要求。幼儿园男教师原则上不要佩戴手表,但是若要佩戴则最好选择轻便合适的运动表。男教师不应该有任何项链挂饰、腰间挂饰。如果有非戴不可的饰品,要注意尽量别外露出来。

三、幼儿教师言谈举止礼仪

（一）语言礼仪

幼儿思维的具体形象性特点决定了他们更容易理解和接受直观、生动、具体的教育语言。因此,幼儿教师的语言也就有别于其他学校教育教师的语言。

1. 幼儿教师语言的礼仪要求

（1）幼儿教师语言应该规范,口齿清晰、鲜明、准确。

语言规范包括语音、词汇和语法等方面,这都要符合全国通用的普通话的规范。在语音方面,教师要使用符合普通话的标准发音,做到发音清楚、吐字准确,不使用方言,不念错字。教师的教学语言应语速适中,语言规范、有趣、生动,语气柔和,委婉中听,吐字清晰。要先让幼儿听懂、听清教师在说什么,只有听得清楚,才能让幼儿逐渐理解。众所周知,在幼儿园,幼儿的模仿对象主要是教师,教师语言的轻重、语调的升降、语气的强弱等变化都是传递信息的有效手段,同样一句话,运用不同的音量和速度、不同的重音和停顿、不同的语调和语气说出来,都会表达不同的含义,产生不同的效果。

（2）幼儿教师语言应富有情感,具有感染力。

教师富有情感的语言应发自内心,能够拨动幼儿的心弦,引起他们内心世界的共鸣,激发他们对幼儿园生活和学习的兴趣。如课间语言应活泼欢快,精神饱满,亲切温柔,力求言简意赅,不可过分夸张,过分喜怒形于色,杜绝训斥、讥讽的语言。只有饱含慈爱、关心且朴实、动人的语言,才能感染幼儿的情感,拉近师生间的距离。

（3）幼儿教师的语言应注重生动、明快、形象。

教师的生活语言力求体现母爱,不讲粗话、脏话,忌训斥幼儿、大呼小叫。在讲话时,时刻面带微笑,保持恰当的目光。如果教师像老和尚念经似的说话,只能使幼儿昏昏欲睡;如果像播音员一样地说话则只能让幼儿感到生涩,毫无情趣。因此,幼儿教师必须注重语言的生动性和直观性,特别是加上教师丰富的表情和适当的动作,更容易为幼儿所接受和模仿,也有利于幼儿语言的发展。

2. 教师常用的礼貌用语

（1）问候语:用于师幼、同事、领导见面时的问候。如"您好""早上好"。

（2）告别语:用于分别时的告辞或送别。如"再见""晚安"。

（3）答谢语:应用的范围很广,有些表示向对方的感谢,如"非常感谢""劳您费心"。有些表示向对方的应答,如"不必客气""这是我应该做的"。

（4）请托语:常用在向他人请求。如"请问""拜托您帮忙"。

（5）道歉语:做了不当的或不对的事,应该立即向对方道歉。如说"对不起,实在抱歉"。

（6）征询语:当要为他人服务时常用征询语。如"需要我帮忙吗""我能为您做些什么吗"。

（7）慰问语:表示对他人的关切。如他人劳累后,可说"您辛苦了"。

（8）祝贺语:当他人取得成果或有喜事,可说"恭喜""祝您节日愉快"等。

（9）礼赞语：对人或事表示称颂、赞美。如"太好了""美极了""讲得对"。

3．教师语言禁忌

（1）忌挖苦。"你真傻""从来没见过你这么笨的"这类话，会极大损伤幼儿的自信心，不利于他们的成长，也影响教师在他们心目中可敬可爱的形象。

（2）忌粗口。教师不能在幼儿面前说粗话脏话，一旦出口成"脏"，教师在幼儿心目中的形象就会大打折扣。

（3）忌讽刺。对幼儿不能讽刺，更不能说反话刺激和否定幼儿，比如调皮的孩子排队时喜欢拥作一团，有些教师就会讽刺地说："你看看，全班就数你厉害，你来给大家表演，让我们都来鼓掌。"对幼儿的缺陷和缺点要引导他们正确认识，帮助其克服。

（4）忌训斥。特别不能当众训斥幼儿，要真诚呵护幼儿的自尊心，要以平等的心态相待，不能以长者和师者的身份随意大声责骂。

（二）体态礼仪

在幼儿园教育教学的交流过程中，幼儿接受教师语言信息主要有两个途径：一是有声语言，二是体态语言。教师不仅应该成为语言美的模范，也应该成为体态美的表率。体态美是心灵美的反映，也是潜语言的体现。因此，教师在教育教学活动中所做出的姿势、动作应优美、规范，与教师的身份、年龄相符。

除了我们在第二篇中学习的师范生要养成的体态礼仪良好习惯外，作为一名教师，还要注意以下的具体运用要求。

1．站姿

（1）幼儿教师站姿的具体要求。

优雅大方的站姿是教师在日常生活和教学活动中引人注视的第一姿势。它是仪态美的起点，又是发展不同动态美的基础。教师良好的站姿能衬托出美好的气质和风度。

站姿的要领：身体挺直，抬头沉肩，挺胸收腹，双腿并拢，微收下颌，双目平视。具体要求：头要正，头顶要平，双目平视，微收下颌，面带微笑，动作平和自然；颈脖挺拔，双肩舒展，保持水平并稍微下沉；双臂自然下垂或放置于腹部，手指自然弯曲；身躯直立，身体重心在两脚之间；挺胸、收腹、立腰、臀部肌肉收紧，重心有向上的感觉；双腿直立，女士双膝和双脚要靠紧，男士两脚间可稍分开点儿距离，但不宜超过肩宽（图5-2-1和图5-2-2）。

图5-2-1　　　　　　　　　　　　图5-2-2

（2）常见的不良站姿。

站立时能充分地显示一个人的精气神，切不可身体倚靠在门上或者其他物体上站立，身躯歪斜，将直接破坏人体的线条美，而且还会给人颓废消沉、萎靡不振、自由放纵的直观感受。弯腰驼背是身躯歪斜的一种特殊表现，除腰部弯曲、背部弓起之外，它大都伴有颈部弯缩、胸部凹陷、腹部挺出、臀部撅起等其他不雅体态，凡此种种，都会显得一个人健康欠佳、无精打采。

双腿最好并拢，即使是分开，也要注意不可使双脚间的距离超过本人的肩宽。双腿在站立时分开的幅度，一般情况下越小越好。

站立时不要将手插在衣服的口袋内，不要双手抱胸、抱头、托住下巴，不可用手撑腰，摸自己的头发或者摆弄衣扣等，更不可以扭着脖子东张西望。因为这些信息都会告诉别人，你是一个心智不成熟的人。

站立时不宜频繁变动体位，如手臂挥来挥去、身躯扭曲、不停抖腿、脚尖在地上划来划去、用脚去勾东西或者用一只脚蹭另一只脚，这些动作都会使站姿变得十分不雅。

（3）站姿的个人训练。

站姿的训练是体态中最基础的训练，站姿如何将直接影响人体姿态的整体美。因此，站姿训练必须有明确的训练内容及方法，才能达到训练的目的。常见的训练方法有以下三种。

第一，顶书训练。把书放在头顶中心，为了不让书掉下来，头、躯体必须保持平衡，这种训练方法可以纠正低头、仰脸、歪头、晃头及左顾右盼的毛病。

第二，背靠背训练。两人一组，背靠背站立，两人的头部、肩部、臀部、小腿、脚跟紧靠，并在两人的肩部、小腿部相靠处各放一张卡片，不能让其滑动或落下。这种训练方法可使教师的后脑、肩部、臀部、小腿、脚跟保持在一个水平面上，使之有一个比较完美的后身。

第三，对镜训练。每人面对镜面，检查自己的站姿及整体形象，看是否歪头、斜肩、含胸、驼背、弯腿等，发现问题及时调整。

2. 坐姿

（1）幼儿教师坐姿的基本要求。

坐是一种静态造型，良好的坐姿会展示出一个人的文雅稳重和大方。坐姿的要领：腰背挺直，双肩放松，女士双膝并拢，男士膝部分开不超过肩宽。

幼儿教师一般会采用坐姿教学或与幼儿交流。教师应轻缓地步行到座位前，转身后两脚呈小丁字步，两膝并拢的同时上身前倾，向下落座。如果穿的是裙装，在落座时要用双手在后边从上往下把裙子整理一下，防止坐下时裙子起皱，使大腿部裸露过多。

坐着讲课应注意坐姿要端正，身体要坐在椅子中间，应该落座整个椅子的 1/3 到 2/3 处，上身与椅背平行，两腿要并拢，间距不可过大，双臂自然弯曲，男士可双手掌心向下自然地放在膝上，女士可将右手搭在左手上，两手交叉叠放在腿上，并靠近小腹，两膝并拢，小腿垂直于地面，两脚放平（图5-2-3）。起身离座时最好动作轻缓，无声无息，尤其要避免"拖泥带水"，弄响座椅，防止椅垫、椅罩掉在地上。离开座椅后，先要采用基本的站姿，站定之后方可离去。若是起身后立即跑开或是离座与行走同时进行，则会显得过于匆忙而有失稳重。在可能的情况下，坐下后起身宜从左侧离去。"左入"和"左出"是一种礼节。

图5-2-3

（2）坐姿的相关注意点。

坐着讲课时切忌斜身、后仰、前趴，侧坐在椅子上或将椅子坐满。双腿不要叉开太大，这些都是极其不雅的姿态。

不可架二郎腿，将一条小腿架在另一条大腿上，两者之间还留出大大的空隙，甚至将腿搁在桌椅上，这样显得过于放肆。

坐下后，不可将双腿直挺挺地伸向前方，这样不仅可能会妨碍他人，而且也有碍观瞻。因此身前若有桌子，双腿尽量不要伸到外面。

坐下后不要不停地抖动摇晃双腿，也不要脚跟接触地面，却将脚尖翘起，使鞋底在别人面前"一览无余"。另外，以脚蹬踏其他物体、以脚自脱鞋袜等都是不文明的陋习。

坐后用手抚摸小腿或脚部，都是极不文明、不卫生的不良习惯。

若身前有桌子时，入座后，双手都应置于桌上。单手或双手放于桌下都是不妥的，用双肘支在面前的桌面上，对于同座之人是不礼貌的做法。

坐下后将双手夹在两腿之间，这样会显得胆小害羞、自信心不足，也显得不雅。

（3）训练方法。

坐姿训练最好是在形体训练房进行，坐在镜子前，对着镜子检查自己的坐姿，也可教师之间互相指导纠正。训练时间每次以 20~30 分钟为宜，训练时最好配上音乐，以减轻疲劳。

3. 行姿

（1）幼儿教师行姿的基本要求。

行姿要领：头正颈直，上身挺直，双肩平稳、重心前倾、速度适中、步幅恰当。

上身正直不动，双肩相平不摇，两臂摆动自然，身体重心在前脚掌，在行进过程中身体重心随着脚步的移动不断地向前过渡，步伐从容。行走时必须保持明确的行进方向，犹如在走一直线（图 5-2-4）。行进时步幅适中，迈出的步幅一般而言，与本人的脚长相近，男老师的步子要大而稳，约每步 40 厘米，女老师走路要轻而有弹性，约每步 35 厘米。在一定的场合下，步态平稳，应当保持相对稳定的速度，正常的速度是每分钟 60~100 步。

（2）相关注意点。

① 忌横冲直撞。行进时，特别在人多的地方行走，注意不要在人群之中乱冲乱闯，甚至碰撞到他人的身体，这是极其失礼的。要注意方便和照顾他人，通过人多路窄之处务必要讲究"先来后到"，对他人"礼让三分"，让人先行。

② 忌步履蹒跚。悠然自得地缓步而行，甚至走走停停，给人一种漫不经心的感觉。

图 5-2-4

③ 忌多人并排而行。阻挡他人的行进路线，显然是不妥的。

④ 忌蹦蹦跳跳。必须注意保持自己的风度，不宜使自己的情绪过分地外露，虽然是幼儿教师，但千万不能像幼儿一样走路，甚至上蹿下跳或连蹦带跳，这是教师失态的表现。

⑤ 忌制造噪声。我们应当有意识地使行走悄然无声。正确的做法是：一是走路时要轻手轻脚，不要在落地时过分用力，走得"咚咚"直响；二是在比较安静的公共场合不要穿有金属鞋跟或钉有金属鞋掌的鞋子；三是平时所穿的鞋子一定要合脚，不要拖着鞋走路，否则走动时会发出"吧嗒吧嗒"的噪声。

⑥ 忌步态不雅。走成"八字步"或"鸭子步",腿伸不直脚尖着地等不雅步态,这样行进要么使行进者显得老态龙钟、有气无力,要么给人以嚣张放肆、矫揉造作之感。

⑦ 忌东张西望。教师行走时应保持从容不迫,脸上始终保持微笑,给幼儿以亲切感。

（3）训练方法。

① 双肩双臂摆动训练。身体直立,双臂前后自然摆动,注意摆幅适度,纠正双肩过于僵硬、双臂左右摆动的毛病。

② 步位步幅的训练。在地上画一条直线,行走时检查自己的步位和步幅是否正确,纠正"外八""内八"及脚步过大、过小的毛病。

③ 顶书训练。将书本置于头顶,保持行走头正、颈直、目不斜视,纠正走路摇头晃脑、东张西望的毛病。

4. 蹲姿

日本幼儿园都要求教师蹲下来或是弯下腰和孩子说话。这看上去不是一件很难的事情,难的是每天、每时每刻都能自然而然地把成人自己的身高降低到和孩子同样的高度,看着孩子的眼睛说话。和孩子在同一个视线上讲话,不仅能给孩子以平等、亲切的感觉,还能使成人发现站在大人的高度看不到的事物以及危险。

（1）蹲姿基本要求。

蹲姿的要领:身体直立,双膝靠近,臀部向下,脚掌支撑。

下蹲时左脚在前,右脚稍后(不重叠),两腿靠紧向下蹲。左脚全脚着地,小腿基本垂直于地面,右脚脚跟提起,脚掌着地。右膝低于左膝,右膝内侧靠于左小腿内侧,形成左膝高右膝低的姿态,臀部向下,基本上以右腿支撑身体,男教师双手掌心向下自然地放在膝上,女教师可将右手搭在左手上,两手交叉叠放在腿上,并靠近小腹(图5-2-5和图5-2-6)。整个蹲的动作连贯自然,优雅大方。男教师也可以这样做,两腿之间可有适当距离,而女教师的蹲姿,要注意将腿靠紧,臀部向下,避免弯背,避免显露后裤之不雅。如果使头、胸和膝关节不在一个角度上,这样的蹲姿就更显典雅优美。

图 5-2-5   图 5-2-6

（2）相关的注意点。

在行进中不要突然下蹲,蹲下来速度切勿过快,以防重心不稳跌倒。

在下蹲时,应与他人保持一定的距离。与他人同时蹲下时,更不能忽略双方之间的距离,以

防彼此迎头相撞。

教师和幼儿蹲着交谈时,要注意自身的身体最好是与幼儿侧身相向。正面面对他人或者背部对着他人下蹲,通常都是不礼貌的。

女老师蹲的时候如需面向他人弯腰或者倾身,一定要注意自己的前胸,应一手护胸前倾,方不失体面。在大庭广众之下下蹲时,身着裙装的女士,一定要避免个人隐私部位暴露在外。

5. 手势

手势语是幼儿园教育教学中运用最普遍、最典型的体态语。手势主要是靠小臂和手来完成的,它是非言语性行为的重要组成部分。在课堂教学中,准确适度的手势,既可以传递思想,又可以表达感情,还可以增加教师有声语言的说服力和感染力,所以有人把它称为讲课的"第二语言"。

（1）幼儿教师手势的基本要领。

手势表示的含义特别丰富,准确适度地运用手势语,既可以传递思想,又可以表达感情,还可以增加有声语言的说服力和感染力。在教学活动中手势的基本要领包括以下四项。

① 自然大方。指执教者手与臂的运动放松、随意,不拘谨、不僵硬。

② 手位恰切。手位恰切即手的姿势和行止位置恰当,切合教学需要。手势活动一般分为三区。上区是肩以上,多表示号召、赞扬、激动等奔放激烈的思想感情;中区是腰部以上至肩,多表示感情色彩不浓的一般事实陈述、知识概念讲解或平静的谈话;下区是腰部以下,多表示否定、蔑视、憎恶或者决断等意思。

③ 表情达意。表情达意指执教者的每一个动作都应具有一定表达教学信息、情绪和管理意图的价值。教学中应尽量排除没有任何意义的机械手势。

④ 配合度。配合度指执教者的手势动作应与其他教学操作,如口语和其他动态、静态的体态言语以及头脑里的逻辑操作相配合,相辅相成。

（2）各类手势的运用。

① 情意手势。即表示某种意向的手势,常常用来表达或强调说话人的某种思想感情、情绪、意向或态度。如当孩子没自信时,老师握拳上举,表示"加油!努力! 老师相信你一定行!";当孩子表现出色时,老师就翘起大拇指,表示"你真棒!"(图5－2－7);当某孩子在做"坏事"时,老师就伸出手左右摇晃,表示"不可以,不要去做!"。

② 象征手势。表示抽象意念的一类手势动作。这种手势往往具有特定的内涵,使用十分普遍。如象征胜利的"V"型手势,表示良好、顺利、赞赏等意思的"OK"手势。又如通过手势形象地模仿出各种动物的姿势。

图5－2－7

③ 象形手势。3~6 岁幼儿的年龄特点决定了他们接受事物的方式是要直观、形象,因此,教师的手势是活动过程中最方便、灵活,应用最广泛的多功能教具。如用两手臂大幅度地画弧表示大;表数手势,用手指表示数量,生动地解决一些抽象问题。

④ 指示手势。指示具体的某项行为和事情的手势。如教师讲到内容关键处时,可用指示性手势来突出教学内容的重点,强化对重点内容的识记。

（3）教师基本常用手势。

① 垂放。教师基本手势。双手自然下垂,掌心向内,叠放或相握于腹前,这是一种非常优

雅的姿势,建议教师多多使用。或者也可将双手贴放于大腿两侧。

② 持物。持物时动作要自然,五指并拢,用力均匀。不要翘无名指或小指,故作姿态(图5-2-8和图5-2-9)。

③ 鼓掌。鼓掌表示欢迎、祝贺、支持,应以右掌心向下,有节奏地拍击掌心向上的左掌,不允许出现"鼓倒掌"。

④ 夸奖。夸奖用于表扬学生,但在交谈时,不应该将右手拇指竖起反向指向其他人,这意味着自大或藐视,更不可自指鼻子,显示出自高自大。

⑤ 指示。右手或左手抬到一定的高度,五指并拢,掌心向上,以肘部为轴,朝向指示方伸出手臂。

图5-2-8

图5-2-9

(4) 教师手势的注意点。

① 不要当众搔头、剔牙、抓痒痒、咬指甲,这些举止会影响教师的形象。

② 在谈及他人、介绍他人、指示方向、邀请他人时,应掌心向上,手指并拢,以肘关节为轴心指向目标,同时上身稍前倾。用手指指人是非常不礼貌的,含有教训和不屑的意思。

③ 在上班期间,不要双手交叉抱臂或双手后背,这个姿势传递的信息是冷漠、拒绝。

④ 上课时不要敲击课桌或其他物品。

总之,手势在体态语中是动作变化最快、最多、最大的,而且具有很丰富的表达力,因此我们应该把手势语用得简练、适当、自然、协调、多样。

四、幼儿教师表情礼仪

（一）微笑的运用

教师的表情应始终是和颜悦色、亲切慈祥的。在面部表情中微笑的运用尤其重要,它是人类社会的一种世界语。著名作家罗曼·罗兰说:"面部表情是多少世纪培养成功的语言,是比嘴里讲的复杂千百倍的语言。"美国1988年总统教育奖获得者埃斯卡兰就把自己的教育哲学归结为爱的微笑。学生成功时,用微笑给予鼓励;遇到困难,用微笑激起其斗志;犯错误时,用微笑表示理解。微笑不仅在表面上能给人以美感,而且还可以最真实地表达自己的热情和友善之意,甚至还能够打破僵局,产生巨大的感染力,以影响交往对象。所以,微笑已成为人际交往中

不可缺少的礼节。

1. 幼儿园教育中微笑的运用要点

（1）微笑要真诚。

从对某幼儿园大、中班幼儿的调查来看，中班 80% 的幼儿、大班 98% 的幼儿都喜欢教师始终面带笑容。微笑是教师对现实生活乐观情绪的自然表露，是对幼儿发自内心的宽容和理解，是对自己教育教学技巧的高度自信。微笑最重要的是真诚和自然，微笑应该发自内心，是非常有价值的面部表情。教师面带微笑，就会给幼儿以亲切、和蔼、可信的感觉，幼儿才愿意和教师接近。而面色阴沉、横眉立目，则给幼儿以恐惧、威严和冷淡的感觉，使幼儿对教师敬而远之。当一个人心情愉悦时，就会自然而然地流露出微笑，无须故作笑颜、假意奉承。真诚的微笑应该是口到、眼到、心到、意到、神到、情到。

（2）微笑要得体。

微笑的基本特征是齿不露、声不出，既不要故意掩盖笑意、压抑喜悦影响美感，也不要咧着嘴哈哈大笑。微笑时要神态自然、得体，向每个幼儿传递温馨和亲和的感受，笑得适度才能充分表达友善、诚实、和蔼、融洽等美好的情感。

（3）微笑要适宜。

微笑是"世界通用语言"，但也不能走到哪里笑到哪里，见谁对谁笑。微笑要注意对象，两人初次见面微笑可以拉近双方的心理距离；同事间见面点头微笑显得和谐、融洽；当遇到别人与自己争执的时候不愠不火的微笑，既能缓解对方的紧逼势头，又能为寻求应对办法赢得时间；当遇到一些不好回答或不方便回答的问题时，轻轻一笑不作回答，更显出它特殊的功能。

许多教师常常在不经意中将自己的情绪挂在脸上，其实孩子比我们想象中更能察言观色，常能根据教师的表情来推测对自己的感情。请对我们的孩子微笑吧！那展现的不仅是教师良好的形象，更显示了教师伟大的人格魅力！

2. 微笑的训练

（1）可以对着一面镜子，放松面部肌肉，然后对着镜子自然地说："E——，茄子。"渐进式舒展面部肌肉，让双唇展开，两腮肌肉向后端收缩，脸部肌肉提升，直到自我感觉自然、大方为宜，并反复练习。

（2）深呼吸，稳定情绪，想象美好的事情，让自己更有激情露出笑容。微笑不仅是嘴角和面部肌肉的动作，还要同眼神和肢体语言进行配合。对着镜子练习微笑，不断注视自己眼神的变化，就好像你在看别人的眼睛，直到你认为获得最真诚、最真实、最和蔼可亲的感觉后，将这样的眼神铭记在自己的脑海里。

（二）眼神的运用

教育家马卡连柯曾指出："没有面部表情，不能给自己的脸部以必要的表情或者不能控制自己的情绪的人，不能成为一个优秀的教师。"亲切有神的目光是教师最常用最基本的眼语，教师微笑的眼神，能使每个幼儿感到温暖；教师镇定的眼神，能使幼儿感到安全；教师信任的眼神，能使幼儿受到鼓舞；教师不满的眼神，能使犯错误的幼儿感到负疚。因此，富有经验的教师，总是恰当而巧妙地运用自己的眼神表达出丰富多变的思想情感，以影响和感染学生，收到最佳的教学效果。

1. 目光凝视区

目光的凝视区域是指人的目光所落的位置。根据人们交往中活动的内容不同，人的目光凝视的区域也不同，一般划分为三种情况。

（1）公务凝视区域。公务凝视是在洽谈业务、磋商问题和贸易谈判时所用的一种凝视。凝视的区域以两眼为底线、额中为顶角，形成三角区。交谈过程中，如果目光总是落在这个三角

区,那么就会把握住谈话的主动权和控制权。

（2）社交凝视区域。这是人们在社交场合用的一种凝视。凝视的区域以两眼为上线、唇心为下底角,形成倒三角区域。当与人谈话凝视对方这个部位时,能给人一种平等、轻松感,从而创造出一种良好的社交气氛。

（3）亲密凝视区域。这是亲人之间、恋人之间、家庭成员之间使用的一种凝视。凝视的位置是从双眼到胸部之间。这种凝视往往带着亲昵爱恋的感情色彩,所以非亲密关系的人不应使用这种凝视,以免引起误会。

2. 教师课堂中眼神的运用要点

（1）教师要善于运用眼神,调节幼儿的学习活动。

第一,教师应善于将幼儿的视线集中引向自己,也就是说,教师应成为全班的视觉中心。教师要合理调控好自己的视角、视域和视线,目光总是随时巡视着学生,与幼儿保持着持续不断的视线接触,用自己敏锐而洞察秋毫的眼睛,随时发现幼儿的思想情绪、心理变化及听讲的兴趣,以便随机应变,采取措施,改变自己上课的内容和方法,把幼儿吸引过来。用眼睛说话是引导学生最好的方式方法之一,这种教育有时胜过有声语言。

第二,教师在课堂上面对的是整个班的幼儿,要合理地分配目光,让每个幼儿都感受到教师的关注。比如:对正在发言、讲话的幼儿,老师不能用审问和怀疑的眼光看幼儿,而应报以信任的眼光和亲切的微笑,幼儿一时回答不上来,则应以耐心、期待的目光注视他;肯定式眼神给予幼儿的感觉是老师的信任和鼓励,幼儿答对了,应投之欣赏的目光,学生答错了,则应给予鼓励的目光;幼儿之间产生分歧,老师不能用目光去传递自己对某一方的袒护或专制,而应流露出开放的目光,鼓励用民主的方法解决;对于幼儿提出的问题,老师不能用烦躁或不以为然的目光去看他,而应报以宽容、高兴的目光,这会培养幼儿大胆质疑的习惯和积极思考的能力。

第三,教师的目光和幼儿对视时,应该给幼儿一种"老师就在你身边"的感觉,使之精神振奋。尽量少用大面积巡视式的眼神,而是用一一对应的沟通式眼神与幼儿进行沟通,使幼儿感受到老师对自己的时刻关注,感受到老师用眼睛和自己对话。目前最常见到的教师眼神就是:非常有表现力的表演式的眼神。而我们提倡的教师眼神应该是真诚的,发自内心的。

（2）研究了解幼儿的眼神,注意观察幼儿眼语表达的反馈信息。

教师不仅要研究和懂得自身眼神的运用,还要研究、读懂学生的眼神语汇,以便取得有效的反馈。幼儿的眼神常常能表现出学生心理的反应。幼儿眼神漫不经心或疲劳时,眼神是呆滞的;幼儿对教师的提问能回答时,眼睛直视教师,充满自信,不能回答时,目光不敢正视教师,甚至会低下头去。教师应从幼儿的眼神语汇中了解到他们真实的想法,从而改进教学。曾有人形象地描述道:"组织教学活动,第一流的教师用眼神,第二流的教师用语言,第三流的教师施以惩罚。"

3. 教师眼神使用的注意点

（1）若想对对方表示友好,则注视对方的时间应占全部相处时间的1/3左右。不能长时间地凝视幼儿,否则会让人感到不安。

（2）一般情况下,教师与幼儿交谈时,注视的常规部位有幼儿的眼睛、额头、眼部至唇部,或注视他的整个上身。当孩子缄默无言时,不要紧盯幼儿的脸,这样会让孩子踌躇不安。

（3）教师的眼睛转动的频率要适宜,不可太快或太慢,太快显得不真诚,太慢则缺乏生气。

（4）当幼儿答不上题目或答错时,教师不能紧盯孩子的脸或看一眼后马上转移视线,这会让幼儿觉得老师在讽刺嘲笑他。

（5）瞪眼、斜视的眼神千万不能使用,这表示你对孩子不满,传递着你漠视、敌意的情绪。

教师在日常教学中,一举手一投足、一颦一笑,都应准确恰当,优美规范,要给孩子以美的享受与熏陶。教师的言谈举止应该追求"清水出芙蓉,天然去雕饰"的美感。具体表现为:干净利落,不拖泥带水;简洁优美,不烦冗丑拙;新颖多姿,不陈旧单调;协调一致,不杂乱无序。

友情链接

确认过眼神,遇见对的人

眼神是一个人内心的晴雨表,其瞳孔大小、亮度明暗、视角俯仰、注视长短、移动快慢等等,真实地反映着复杂多变的心理活动。教育心理学研究表明,教师的眼神影响着学生的心境和态度,对学生的情绪产生极大的暗示和感染。

在幼儿教育教学活动中,教师用敏锐而亲切的眼神艺术地发现每一个小朋友的优点,能使他们充分感受到来自老师的关爱。

期待的眼神:我们一起学习新本领,大家都要加油!

观察的眼神:谁在积极思考,谁在走神,谁没有听懂?

询问的眼神:是不是还没听明白?

号召的眼神:大家一起来,我们一起来游戏。

提醒的眼神:小朋友要注意了!

肯定的眼神:OK,很努力,你是最棒的,加油!

鼓舞的眼神:完成得不错,不要怕,你可以……

在日常生活中,幼儿教师用期待和鼓励的眼神注视孩子越久,越能获得孩子的信赖。

关怀的眼神:老师看到你了。

平等的眼神:所有的小朋友都是好孩子。

严厉的眼神:你这样做不对,请立即停止你的行为。

宽容的眼神:人人都会犯错,只要改正就是好的,老师依然喜欢你。

幼儿教师的眼神要有快慢、点面、长短的节奏调控,发挥眼神"润物无声""无声胜有声"的引导、教育作用。教师不但要善于运用眼神与幼儿对话,更要从幼儿眼神中读懂他们的心语,并能敏感捕捉他们的情绪与精神状况形成信息反馈,从而对自己教育教学管理的正误深浅、快慢难易、详略疏密作出正确的判断。

幼儿教师的眼神应该有感情、有表达。因此练就"百变眼神"是教师的"必杀技",有时一个眼神胜过万语千言!

思考与练习

1. 幼儿教师仪表着装规范应遵循哪些原则?女教师着装有哪些要求?男教师着装有哪些要求?

2. 请谈一谈幼儿教师言谈举止的具体运用规范。

3. 幼儿教师如何训练自己的站、坐、行、蹲的姿态?全班同学分成小组,结合实际进行自我练习。

4. 结合课堂教学,练习教师常用手势。

第三节　幼儿教师一日生活沟通交往礼仪

本节课题：注重职业交往礼仪，成为一位受欢迎的幼儿教师。

一、师幼沟通交往礼仪

师幼沟通交往礼仪是幼儿教育中的重要环节,强调平等尊重、开放接纳,关注幼儿需求,营造民主平等的互动氛围。教师在师幼沟通交往中运用礼仪要采取有效的策略。

（一）尊重幼儿：奠定沟通基石

尊重是沟通的前提,对于幼儿而言,这一原则尤为重要。教师应深刻认识到,每个幼儿都是独一无二的个体,他们拥有各自的性格、兴趣与需求。因此,在日常教育活动中,教师应努力做到以下三点。

1. 个性化关怀

了解并尊重每个幼儿的个性特点,如有的孩子活泼好动,有的孩子则相对内向。在互动时,教师应根据孩子的性格特征调整沟通方式,让每个孩子都能感受到被重视和尊重。

2. 保护自尊心

幼儿的心灵敏感而脆弱,教师在指出错误或不足时,应采用温和、鼓励的方式,避免使用贬低或嘲笑的语言,以免伤害孩子的自尊心。

3. 强化归属感

通过集体活动、小组合作等方式,让幼儿感受到自己是班级不可或缺的一员,增强他们的集体荣誉感和归属感。

（二）积极倾听：开启心灵之门

倾听是沟通的关键。在师幼沟通中,教师应具备高度的耐心和专注力,认真倾听幼儿的想法和感受。具体做法包括以下三个方面。

1. 全神贯注

在倾听时,教师应放下手头的工作或杂念,全身心地关注孩子的话语。这种专注的态度能够让孩子感受到被尊重和理解。

2. 积极反馈

通过点头、微笑或简单的肯定词语(如"嗯""我明白了")来回应孩子的话语,表明自己在认真倾听。同时,可以通过提问或重述孩子的话来进一步确认其意思。

3. 情感共鸣

尝试从孩子的角度去理解问题,感受他们的情绪变化。当孩子遇到困扰或挫折时,教师应给予情感上的支持和安慰。

（三）善用语言：搭建理解桥梁

语言是沟通的主要工具。在与幼儿交流时,教师应注意以下三点。

1. 简洁明了

使用简单易懂的语言与幼儿交流,避免使用复杂的词汇和句子结构。这样有助于幼儿更好

地理解教师的意图。

2. 积极鼓励

多用正面、鼓励性的语言来肯定孩子的努力和进步。这种积极的反馈能够增强孩子的自信心和动力。

3. 正面表达

即使在纠正孩子的行为时,也应采用正面的表达方式,慎用或不用批评。例如,可以说"我们试试这样做可能会更好"而不是"你这样做不对"。

(四)巧用身体语言:传递情感信号

身体语言是非言语沟通的重要方式。教师可以通过以下方式巧妙地运用身体语言来传达友善和兴趣。

1. 开放姿态

保持身体放松、面向孩子的姿态,这有助于建立亲近感和信任感。

2. 微笑交流

微笑是传递友善和温暖的最好方式。在与孩子交流时,教师应保持微笑以表达对孩子的喜爱和接纳。

3. 眼神接触

通过眼神接触来传递关注和尊重。与孩子交流时保持适当的眼神接触能够让孩子感受到教师的真诚和专注。

(五)创造良好沟通环境:营造和谐氛围

沟通环境对沟通效果有着重要影响。教师应努力创造一个安静、有序、温馨、有趣的环境以促进师幼之间的有效沟通:

1. 减少干扰

确保沟通环境安静无干扰,避免嘈杂声、杂乱物品等分散孩子的注意力。

2. 有序布置

教室或活动区的布置应简洁明了、有序整洁,这有助于孩子保持专注并积极参与沟通活动。

3. 温馨氛围

通过布置温馨的墙饰、摆放可爱的玩具等方式来营造一种亲切、和谐的氛围,让孩子感受到家的温暖和安全感。

案例一

师幼日常相处礼仪

正面案例:午睡时间,赵老师发现小兰小朋友睡不着,在床上翻来覆去。她轻轻走到床边,温柔地抚摸着小兰的头,轻声说"小兰,闭上眼睛,老师给你讲个小故事,慢慢就会睡着了哦"。随后,赵老师坐在旁边,用轻柔的声音讲起了睡前故事。不一会儿,小兰就进入了梦乡。在平时,赵老师也经常和小朋友们一起玩耍,倾听他们分享自己的小秘密,用温暖的拥抱鼓励他们。

反面案例:孙老师在幼儿午睡时,自己坐在一旁玩手机。小宇小朋友小声地叫了她几声,想让老师帮忙盖下被子,孙老师不耐烦地说"自己盖,没看老师忙着嘛?"之后小宁小朋友不小心把床边的玩具碰掉了,发出声音,孙老师生气地走过去,把小宁批评了一顿,导致小宁委屈地哭了起来,影响了其他小朋友午睡。

二、与领导、同事、家长交往礼仪

（一）与领导交往的礼仪

师范生参加工作初期，往往惧于同领导交往。他们既想尽快取得领导的认可和信任，又不知该如何去做。那么，与领导交往应该注意什么呢？我们认为，应注意以下四方面的礼节。

1. 以诚相待，不卑不亢

《易传·系辞传》中有这样两句话："君子上交不谄，下交不渎。"与领导交往，既不要献媚讨好，也不要避而远之，更不要傲慢蛮横。上下级相处的方法是不卑不亢，平等相处。教师对领导要尊重，工作上要积极、主动，以自己踏实认真的工作作风去赢得领导的认可，切忌以逢迎巴结的方式去亲近领导。同时对待各级领导要一视同仁，不能对较高级别的毕恭毕敬、点头哈腰，而对一般管理人员却不放在眼里，低看一等。一个有修养、综合素质高的人，对任何人都应该平等看待。

2. 服从领导，听从指挥

处于领导地位的人员是通过长期考核，经层层选拔、竞选、任命等程序而担任领导职务的。他有指挥下属的权力，也承担对组织负责的义务。所以下级应该恪守本分，服从命令。切不可目无领导，当众顶撞，背后议论。不管自己和领导的个人关系怎样，或者对他的看法怎样，工作场合领导就是领导，特别是在外人面前，对领导一定要以礼相待，不能嚣张放肆。要以实际行动维护领导的威信，那种对领导的安排阳奉阴违，甚至有意抵制的做法，是任何学校所不容的。

3. 尊重领导，以礼相敬

尊敬领导，往往表现在平常的工作、生活细节上。

首先，下级对上级的称呼要得当。不管自己与上级私下关系多么密切，在工作场合，也不要和领导过于随便、亲近，不可直呼其名或绰号、小名等，而应以其职务或职务加姓氏相称，也可使用"名字+同志"的称呼方法。

其次，到领导办公室，要先轻轻敲门，得到允许后方可进入，如遇领导与他人正在交谈，应在一旁耐心等候或过后再来，除非有紧急事，方可打断谈话；进入办公室后未经允许不要乱翻桌上的文件资料或其他物品；碰上领导批阅文件，不能探头探脑加以窥视。

再次，与领导交谈，尽量简明扼要地说明问题和要求，不要过多耽误领导时间；假若领导有更重要的事要处理，不便在场时要主动退出，待领导处理完毕再进入。

最后，当领导主动找下级谈话时，若此时下级坐着，应站起来接待，待领导就座后再坐下。领导交代工作，要认真倾听，做好记录。当领导离开时，应主动开门相送，并说"再见"。

4. 指正领导，讲究技巧

领导也是一个普通人，所以在平时的工作中难免有失误发生。作为下级，怎样指正领导的错误就需要有一定的方法和技巧。

首先，要注意选择适当的时机和地点。在领导的方案或指示刚一出口时就立即表示反对，会使领导产生逆反心理。不要当众指出领导的错误，也不要当场迫使领导表态，可以在与领导单独相处的时候提出不同意见。

其次，要注意指正的方法。如果对于领导的意见有更好的建议，就要先引述、认同领导的某些观点，然后再发表自己的看法。如："王园长，您刚才讲的意见有一定的道理，我表示理解，但我认为是不是这样更好……"有些人指正领导的错误，往往一下子跳出来，对领导的意思全盘否定。这种过激的做法往往会引起领导的不满和反感。

最后,要注意指正的态度。遇有不接受批评或对自己不理解的领导时应耐心解释,不可消极怠工,背后散布不满情绪,甚至肆意漫骂,大打出手。遇到比较固执的领导时,还可向有关部门反映,请上级主管部门给予妥善解决。

(二)与同事交往的礼仪

人际关系的亲疏好坏,会产生不同的效益,或阻力,或助力。而同事关系是人际关系中最重要的一种。教育是一项群体性、协作性都非常强的特殊工作,更需要一种和谐、团结、协作的同事关系。那么,怎样处理好同事关系呢?

1. 尊重同事,谦恭有礼

初次参加工作的师范生一般都精力充沛,干劲十足,但往往经验不足。因此,在实际工作中一定要十分谦虚,向有经验的老师学习,尊重他们,虚心向他们请教,切勿因自己是科班出身而恃才傲物,目中无人。对待每一个同事应彬彬有礼。教师之间相遇,应主动热情地打招呼:早晨见面,要互道"早安";课间相见,可互相点头微笑;临下班则互相道声"再见"。在办公室,不高声谈话、说笑,以免影响其他教师工作;不随便翻动别人的东西;不打听别人的隐私;不背后议论其他教师;当别的教师找学生谈话时,不随便插嘴进行干扰;等等。

2. 坦诚相待,公平竞争

在学校工作中,同事之间免不了要有一些矛盾和摩擦,这时应求大同存小异,彼此之间坦诚相见,力戒说长论短,卷入是非。切莫在诸如评课、职称评聘、竞争上岗等事情上搞不公平竞争,参与小集团小圈子,拉帮结伙,背后搞小动作,甚至造谣中伤,在他人特别是在学生面前揭其他老师的短,损害其威信,挫伤其自尊心。这些不但有损教师的形象,而且还会严重破坏同事之间的关系。在竞争中,要以自己的实力说明一切,而对那些无足轻重、无关前程的小利益,多一些谦让,少一些计较。例如,单位里分东西不够时少分些,一些荣誉称号多让给即将退休的老同事,等等。再比如,与其他人共同分享一笔奖金或是一项殊荣等等。这种豁达的处世态度无疑会赢得人们的好感,也会增添你的人格魅力。

3. 互相关心,互相支持

学校就是一个大家庭,时时抱着善意和助人的心态,把每一个同事都当作亲人、朋友般地去关心,特别是在同事有困难时更应热情帮助。这会让他们感受到你的温暖。比如:去收发室取报纸时,顺便把楼上办公室同事的信和报刊都带上来送给他们;哪位同事第四节有课,就主动提出帮其买份午餐;哪位同事病了,主动去探望问候;同班教师有急事请假,主动提出帮助代课守班;若有来客来访,而被访者正好不在,一定要热情接待,并帮助寻找被访的老师;等等。这些都会赢得别人的感激,并收获别人对自己的帮助。不要事不关己,高高挂起,冷漠孤僻,与同事"老死不相往来"。久而久之,便会使自己陷于孤立的境地。

4. 积极参与,勤快主动

个人与同事都是身处一个集体之中,为着一个共同目标而工作。因此,应该将自己很快融入集体中,不要与集体格格不入。新教师到一个学校后,除做好自己分内的事情之外,还应主动积极地承担一些公共事务,如积极参加办公室的清洁工作,早晨第一个到办公室时,应主动打扫卫生,打好开水;若下午或晚上最后一个离开办公室,应该把门、窗、灯都关好再走;如办公室使用公用电话,来电响起时,应该主动接听,不可因为确定不是自己的就不闻不问等。

(三)与学生家长交往的礼仪

1. 接园、离园时应注意的礼节

接园、离园是幼儿园一天工作中的重要部分,也是教师同家长接触最多的时候。教师在接园、离园时与家长交往应注意以下礼节。

（1）面带微笑，亲切热情。

早晨接园或晚上孩子离园时，应始终面带微笑，主动迎上前去与家长打招呼，如"你好""早上好""再见"等。即使家长因故来晚了，也不应态度冷漠，横加指责，要耐心听家长解释并宽容地加以理解。

（2）尊重家长，一视同仁。

在接孩子入园、送孩子离园时应平等地对待每一位家长。家庭有贫富，家长无贵贱。不能对地位显赫、家庭富裕的家长趋炎附势、眉开眼笑；对家庭一般、无权无势的家长则不理不睬，敷衍了事。特别是对年龄较大或身有残疾的家长，更应关照有加。

（3）熟悉情况，真诚沟通。

每次接园时，应向家长详细询问孩子在家的情况，特别是有特殊情况的孩子，如生病时在家的严重程度、用药情况等；每次离园时，也应向家长介绍孩子一天的学习生活情况。这就要求老师要对每一个孩子做到心中有数，让每一位家长都觉得自己的孩子是受老师重视的。沟通时，要注意态度真诚，语气和蔼，不可一问三不知，或对家长的询问不耐烦。

案例二

与家长沟通礼仪

正面案例：周五下午，浩浩妈妈来接浩浩，张老师微笑着迎上去，亲切地说："浩浩妈妈，您好呀！这周浩浩在幼儿园进步特别大，画画的时候特别专注，还主动帮助其他小朋友呢。"接着，张老师详细地向浩浩妈妈介绍了浩浩在园的学习和生活情况，在这期间还询问了浩浩在家的表现。最后，张老师说："如果您对孩子的教育有任何想法或建议，都可以随时和我沟通，我们一起努力，让浩浩更好地成长。"整个交流过程氛围融洽，浩浩妈妈对张老师的工作非常满意。

反面案例：一天，天天爸爸来幼儿园了解孩子的情况，刘老师见到家长后，一脸严肃地说："天天在幼儿园总是调皮捣蛋，今天又和小朋友打架了，你们家长也不好好管管！"直接将问题归咎于家长，没有提及孩子的优点，也没有给出任何解决问题的建议。天天爸爸听后，心里很不舒服，觉得老师态度冷漠，对孩子缺乏耐心，双方不欢而散。

2. 开家长会的礼节

家长会的目的主要有三：一是与家长沟通，加深双方对孩子的了解；二是向家长宣传，帮助家长正确地教育子女；三是向家长展示，让家长认识老师、理解老师从而支持老师的工作。因此，家长会的重要性不言自明。学校召开家长会时，在礼仪方面，要求教师应该做到以下三点。

（1）服饰庄重，举止文雅。

在开家长会时，得体的穿着打扮、文雅的举止，容易赢得家长的信任，家长也会觉得把孩子交到这样的老师手里放心。但如果老师穿着新潮前卫，举止粗鲁野蛮，在讲台上坐没坐相、站没站相，则会引起家长的反感。

（2）精心准备。

首先，学校环境要准备好，欢迎家长的标语、班级指示牌、供家长翻阅的资料、饮水机以及环境卫生等都要准备妥当，要让家长感觉到老师是在精心准备迎接他们。

其次，班主任及配班老师要做好充分的准备。家长会要达到什么目的？会出现什么问题？班主任要先与配班老师商量清楚，然后准备发言稿，打好腹稿甚至文字稿，目的要明确，中心要突出，内容要丰富，千万不可在家长面前信马由缰、海阔天空地东拉西扯。

再次,提前让家长做好准备。要提前通知家长并告之开家长会的主要目的,使他们有备而来。家长会的时间要选择多数家长有空的时候,不可勉强家长,那种"告诉你爸,明天必须来开家长会",甚至"叫你妈明天来学校"等师霸作风是教师礼仪中的大忌。

（3）与家长平等交流,友好协商。

家长与教师的关系,是一种平等的教育伙伴之间的关系。开家长会时,教师在家长面前要亲切自然,温文尔雅。介绍孩子的情况应多一些表扬、鼓励,少一些批评、指责;对家长应多一些商量的口吻,少一些命令的口气。不能以一种居高临下的态度对家长讲话,甚至训话,如"你得抽出时间管一管你的孩子了!""你们怎么搞的?""你们必须……"等。

3. 家访时的礼节

为了使学校教育得到家庭的配合,使学生健康成长,定期家访是教师必不可少的工作。在进行家访时,除了谈话内容外,如果不懂礼仪或是处置不当,就会适得其反。家访中的礼仪主要有以下三个方面。

（1）选好时机,预约前往。

家访应选择恰当的时间,最好是利用对方比较空闲的时间,如学生放学后或双休日。太早或太晚都不合适,更要避免在午休、用餐时间前往。家访之前应写便条、打电话或捎口信预约,并把家访的主要目的告诉家长,这样既可避免吃闭门羹,又可以让家长有所安排、做好思想准备,不要做不速之客。另外,预约的口气应是请求商量式,而不能是强求命令式。如应说:"请问你明天有空吗? 如果可以的话,我想明天下午放学后去贵府家访。"而不应这样说:"明天务必在家等着,我要去家访!"同时要守时践约,如因故不能及时到达,应尽早通知家长并说明原因,无故迟到或失约都是不礼貌的。家访时间不宜过长,达到预期目的即告辞。

（2）衣帽整洁,举止稳重。

家访前应适当修饰一下自己,蓬头垢面、衣衫不整的样子不仅有损教师的形象,也是不尊重别人的表现。到学生家时,应礼貌询问主人是否需要换鞋。夏天再热也不能在别人家脱衣服;冬天再冷进屋也应脱下帽子,有时还应脱下大衣和围巾。不要在别人家里说冷,好像批评主人家环境不好似的。尽可能不在别人家使用卫生间。

进屋前,应轻声敲门或按门铃,切忌长驱直入;进屋后,应主动向屋内所有的人打招呼、问好;主人敬茶时应欠身双手接过并致谢;尽量不要在别人家里吸烟;除非家长主动请你参观,不要在学生家里东转西瞧,乱翻乱动,但可以要求看看孩子的房间以示关心并对学生作些了解。

（3）用语合理,避免责难。

家访时,进门可简要说些寒暄性的话语,夸夸主人的房间布置、养的花草等等。无论学生家境贫富,教师要表现得不卑不亢、平和自然。不要说"哎呀,你们家真豪华"或"真想不到你们这么困难"。教师要让学生及家长知道的是:孩子无论聪明还是笨拙,在教师眼中都是可爱的孩子,父母无论显赫还是平庸,在教师面前都是普通的家长。

如果与家长意见不一致,甚至家长态度不好,教师要始终用礼貌用语,不宜在学生家中僵持,要另找机会沟通,如:"今天我们就谈到这里,大家都再想一想,下次再交流好吗?""这个问题我们有不同见解,我们可以放一段时间再解决。""无论怎样,我会对孩子负责,请你们再冷静思考一段时间。"千万不可与家长斗气,更不可心存气愤日后对学生进行报复。

思考与练习

1. 师幼沟通交往礼仪的要点有哪些?

2. 幼儿教师与领导同事交往的礼仪有哪些要点？

3. 幼儿教师与家长交往的礼仪有哪些要点？

第四节　幼儿教师一日活动礼仪要求

本节课题：职业礼仪在一日工作中的具体运用。

幼儿教师一日活动礼仪要求

幼儿园课程是通过幼儿园一日生活中的教育活动来实施的。幼儿良好的礼仪习惯的养成不是一朝一夕、一事一物、一节课、一个活动就能见效的，它既要有计划、有目的、有系统的"显性课程"，又要有多渠道、多方位有机渗透的"隐性课程"。因此，这就要求幼儿教师以优秀的内在素养（修养、品质）和外在素养（仪表、仪容、举止）影响、教育幼儿，把幼儿礼仪养成教育自然地渗透到一日活动中的各个方面。一日生活中各环节的幼儿礼仪目标及教师礼仪要求具体如表5－4－1所示。

表5－4－1　幼儿一日活动各环节的礼仪目标及教师礼仪要求

环节名称	幼儿礼仪目标	教师礼仪要求
入　　园	能高高兴兴来园，见到老师会问好	早晨，应提前到校，做到衣着整洁、大方，在活动室门口笑脸恭候每一位幼儿和家长；幼儿问早，教师应回礼
晨间活动	愿意参加活动，能与同伴一起玩	……
早　　操	能情绪愉快地边听音乐边跟随老师做动作	……
早　　餐	能喝完自己的一份牛奶，并学习将牛奶袋（盒）扔入垃圾筒	用餐时，教师要给予幼儿悉心的照顾
上　　课	能专心倾听，敢于在集体面前大胆发言	上课时，目光要柔和、亲切、有神，动作、声调、表情要恰如其分，给幼儿一个完美的形象
休　　息	离开位置时能将小椅子放好，及时小便、喝开水，不在室内奔跑	……
户外活动	在规定范围内活动，按正确方法玩玩具，并学习、遵守游戏规则	……
盥　　洗	自己洗手，不玩水，洗完后能及时关好水龙头	……
饭前活动	在位置上安静活动	……
午　　餐	安静地进餐，能吃完自己的一份饭菜，不挑食，饭后会用小毛巾洗擦脸	用餐时要给予幼儿悉心的照顾
饭后活动	在指定的区域安静地活动	……
午　　睡	睡前及时如厕，能在老师的帮助下脱掉外套和鞋子，并摆放在指定的地方，安静地入睡	……
起　　床	在老师的帮助下，穿好外套和鞋子，同伴之间能互相帮助，能边听音乐边跟随老师做动作	……
午间操	能随着音乐有精神地活动	……
午　　点	洗净手，在位置上安静及时吃完自己的一份点心	用餐时要给予幼儿悉心的照顾

环节名称	幼儿礼仪目标	教师礼仪要求
游戏活动	能愉快参加游戏活动并遵守游戏规则,在活动中能相互合作、互相帮助	游戏时要成为幼儿的伙伴;幼儿犯错误时要正面引导教育,不要大声训斥及变相体罚
离园活动	在自己位置上活动,等待家长来接,情绪愉快地与老师再见	……

一、教学活动

教学是一种有目的、有计划的由教师对幼儿施加影响的活动。应该说,教学活动的游戏化具有教学情境生活化、教学内容综合化、教学过程操作化(活动化)、教学组织形式多样化的特点。在教学活动中,教师应有意识地利用这个阶段性的规律,对幼儿的礼仪行为进行直接的强化。教师应尊重学生人格,师生关系平等,不体罚和变相体罚学生,不侮辱学生,上课不迟到、不早退、不拖堂。不随便出入教室,不会客,不接电话,不让学生站在教室外面。对学生要一视同仁。举止朴实、自然、合礼,衣着整洁、庄重,不穿奇装异服,不染彩发。男教师不留长发、胡须。女教师不化浓妆,不戴首饰,不袒胸露背、不穿超短裙等服装,不穿有响声的高跟鞋进课堂。

具体到与幼儿互动时,应做到认真倾听。当幼儿发言或提问时,停下手中的事,目光专注地看着幼儿,耐心听完,不随意打断。用点头、"嗯"等表示在听,让幼儿感受到被尊重。提问幼儿时,亲切自然地称呼幼儿的名字,避免用"那个小朋友"或编号。需要长时间与幼儿互动(如讲故事、个别指导)时,自然地蹲下或坐下,与幼儿保持平视,手势大方、适度,用于辅助表达,避免指指点点或过多小动作。

案例一

课堂互动礼仪

正面案例:李老师在开展手工课,教小朋友们折千纸鹤。课堂上,她始终面带微笑,声音轻柔且富有感染力,如"小朋友们,我们一起拿起彩纸,跟着老师的步骤,看谁折出的千纸鹤最漂亮哦"。当小明小朋友遇到困难向她求助时,李老师立刻走到身边,蹲下身子,耐心地手把手指导,边指导边说:"小明别着急,你看先把这一角这样折,对啦,你做得很棒。"整个过程中,李老师时刻关注着每个孩子的状态,积极回应他们的问题和想法,让孩子们在轻松愉快的氛围中学习。

反面案例:王老师在上课,课堂上他表情严肃,说话语速快且声音大。当小红回答错问题时,王老师皱着眉头说:"这么简单都不会,上课有没有认真听!"。后面小刚因没拿好学具卡片,卡片掉地上发出声响,王老师立刻大声斥责:"就你调皮,再这样出去别上课了。"在这种紧张压抑的氛围下,小朋友们都不敢主动发言,课堂互动极为沉闷。

二、游戏活动

游戏活动是指充分满足幼儿玩的需要的一种活动。游戏是幼儿的主导活动,在游戏活动中,幼儿不仅需要克服困难,还需要与他人合作共享成功的乐趣。幼儿的模仿性强,教师的言谈

举止都是幼儿学习的榜样。这时向幼儿进行礼仪行为养成教育将获得较佳效果,此时教师的言传身教就显得尤为重要。

教师在进入游戏区时,应轻声示意(如"我可以加入吗?"或"我们一起玩好吗?"),而非直接介入或打断。与幼儿交流时蹲下身,保持目光平视,认真倾听他们的想法。在参与合作游戏时,清晰地说出"请""谢谢""轮到你了""我们一起试试看"等礼貌用语。讲解游戏规则时应清晰、温和,并以身作则遵守规则(如排队等待、爱护玩具)。

案例二

活动组织礼仪

正面案例: 幼儿园举办亲子运动会,陈老师负责组织。活动前,她精心布置场地,热情地迎接每一位家长和小朋友。活动过程中,她始终充满活力,用响亮而欢快的声音为大家讲解比赛规则,积极鼓励每个家庭参与。当有小朋友摔倒时,陈老师迅速跑过去,将小朋友扶起,关切地询问:"宝贝,有没有摔疼呀? 勇敢点,我们继续加油!"并给予安慰和鼓励,让小朋友很快就重新投入到活动中。整个运动会在陈老师的组织下,充满欢声笑语,秩序井然。

反面案例: 同样是亲子运动会,周老师负责组织。活动开始时,周老师对规则讲解得含糊不清,家长和小朋友们都有些不知所措。在比赛过程中,周老师坐在一旁,对场上的情况很少关注。有个小朋友在跑步比赛中摔倒哭了起来,周老师没有第一时间过去处理,等了一会过去说:"别哭了,自己站起来继续。"语气平淡,缺乏关心。整个活动现场有些混乱,家长和小朋友们的积极性都不高。

三、生活活动

生活活动是指满足幼儿基本生活需要的活动,主要包括进餐、睡眠和盥洗等活动。一日生活为幼儿提供了很多礼仪行为道德形成的契机,幼儿在生活中可以更好地积累社会经验,学习怎样做人、怎样生活。

在室内,尤其是生活活动区域,教师应习惯性地放低音量说话,营造宁静舒适的环境。用餐时,轻声组织幼儿洗手、排队,使用"请洗手""请排队"等礼貌用语。取餐、分发食物时动作轻柔、有序,对帮助分发食物的幼儿或保育员说"谢谢"。盥洗时,带领幼儿有序排队,耐心等待,不推挤,节约用水,及时关闭水龙头。每天入园、离园时,热情、真诚地向每位幼儿和家长问候("早上好!""再见!"),并叫出幼儿的名字,回应幼儿的问候。

友情链接(一)

幼儿教师要从我做起,从自身做起,规范文明礼仪行为,做幼儿的表率与楷模。

一、穿戴打扮自然大方,忌奇装异服、标新立异。

二、仪容仪表端庄整洁,忌浓妆艳抹、不修边幅。

三、举止文明谈吐文雅,忌庸俗市侩、恣意妄行。

四、教态端正精神饱满,忌夸夸其谈、萎靡不振。

五、治学严谨静思笃行,忌华而不实、心浮气躁。

六、创新教法教学相长，忌照本宣科、脱离实际。

七、规范用语规范用字，忌"土语"满堂、用词生僻。

八、诚实守信持中秉正，忌好大喜功、偏听偏信。

九、上课集会守时遵纪，忌接听电话、迟到早退。

十、爱护幼儿以情感人，忌粗暴歧视、冷言讥讽。

十一、团结友善和谐相融，忌猜疑嫉妒、无事生非。

十二、正气浩然严于律己，忌心术不正、歪门邪道。

十三、修身养德崇尚科学，忌个人主义、利令智昏。

十四、生活方式健康时尚，忌赌博吸毒、疏忽健体。

友情链接（二）

龙海市青少年宫幼儿园日常工作中教师行为规范与指导

情　景	态度与行为方式	用　语	忌　语
初次见面时	1. 主动、热情、文明、礼貌 2. 教师之间不直呼姓名	1. ×老师早（好） 2. 小朋友早 3. 您好	
家长反映问题时（提出要求或建议）	1. 态度冷静，认真负责 2. 让家长把话说完 3. 具体问题具体分析 4. 能解释的解释清楚，不能解释的，研究后再给予答复，但不能强词夺理	1. 我们一定考虑您的意见 2. 让我们再了解一下 3. 我们尽量帮您解决 4. 您的要求我们明白，请您放心 5. 对您的意见，我们再商量商量 6. 我们再想想有什么好的办法	1. 不行 2. 您怎么这么多事呀？ 3. 您的要求我们不能接受 4. 不可能
幼儿生病需照顾时	1. 主动、热情、认真、负责，让家长放心 2. 离园时向家长反映幼儿病情及服药情况	1. 您放心，我们一定按时给孩子服药 2. 您放心，我们今天多照顾他一些 3. 您放心，孩子有特殊情况，我们及时与您联系 4. 我们已经按时给孩子吃了药，回家您再接着给孩子吃	1. 知道了，别管了！ 2. 行了，行了！ 3. 他（她）的药真多 4. 他（她）怎么老吃药呀！
家长为幼儿请假时	热情、客气、感谢、关心	1. 谢谢您 2. 麻烦您，还跑一趟 3. 孩子病情稍好些，可把药带到幼儿园，我们会帮助您照顾的	
当孩子遇到困难时	1. 鼓励幼儿增强自信心 2. 给予适当帮助，不讽刺、挖苦幼儿	1. 你能行，你会做 2. 能做好，试一试 3. 你看，你做得挺好 4. 不错，你进步了 5. 别着急，我来帮助你 6. 有不会的，来找老师	1. 你真笨 2. 人家都会，就你不会 3. 你做不完别…… 4. 你就吃行，这你就不行
孩子无意出现过失时（洒汤、摔倒、呕吐、大小便弄到衣服上等）	耐心安慰幼儿，及时妥善给予处理，不指责、埋怨幼儿	1. 伤着没有？ 2. 烫着没有？ 3. 下次要小心 4. 有大小便跟老师说 5. 下次注意 6. 不要紧，老师帮你 7. 勇敢点，自己站起来	1. 真讨厌，你怎么回事？ 2. 你怎么那么傻 3. 你自己给擦了 4. 真可气 5. 脏死了

续表

情　景	态度与行为方式	用　语	忌　语
孩子有意出现不良行为时	1. 坚持正面教育，及时解决 2. 严禁体罚和变相体罚	1. 怎么回事？ 2. 有事好好说，不能动手 3. 自己解决不了可以找老师 4. 别人打你，你高兴吗？ 5. 相信你是个好孩子，以后不会再做这种事	1. 你怎么这么坏 2. 讨厌 3. 真可恶
因班上幼儿的行为问题，家长之间发生冲突时	1. 教师率先承担责任，稳定家长情绪 2. 分别与家长谈话，不能简单处理 3. 尽量不让家长们直接接触，不激化矛盾 4. 根据情况进行教育	您别着急，小朋友在幼儿园发生的事，责任在我们，您有什么意见跟我们说	1. 你们家孩子怎么老打人 2. 你们家的孩子太爱惹事 3. 都怪他 4. 真够可气的 5. 都躲着他远点
孩子在幼儿园发生事故时	1. 如实向家长说清事情经过，并表示歉意 2. 及时与保健员联系，妥善处理 3. 如缝针后次日未来，及时与家长联系或家访	1. 真是对不起，今天…… 2. 您别着急，是…… 3. 麻烦您多观察孩子，有什么不舒服时，需要我们做什么，您尽管与我们联系	指责孩子的话
家长有事晚接孩子时	主动、热情、耐心接待	1. 没关系，别着急 2. 没关系，请您今后在家商量好谁接，免得孩子着急	1. 您怎么老那么晚 2. 明天早点接
与家长联系时（请家长办事或孩子生病通知家长）	体贴、关心、负责、礼貌、客气	1. 您好，我是××幼儿园××老师，今天××不舒服，您看是不是带他去医院？ 2. 麻烦您，请您帮我们办点事，可以吗？ 3. 谢谢，给您添麻烦了	1. 孩子病了你们怎么还送来？ 2. 帮我办件事儿
家长馈赠物品时	礼貌回绝	1. 您的心意我们领了，东西我们不能收 2. 照顾孩子是我们应该做的，您别这么客气 3. 希望您给予配合	1. 拿走拿走！ 2. 这东西别往我面前送！
找个别幼儿家长谈话时	态度平和，说话和气，讲究艺术，尽量让家长能够接受	1. 对不起，耽误您一会儿时间，反映一下××小朋友近期情况 2. 希望您给予配合	1. 您的孩子太笨 2. ××一点也不聪明。××太闹 3. 这个孩子在班上属中下等。真不招人喜欢，小朋友也不喜欢他

？ 思考与练习

1. 结合本章所学内容，谈谈如何理解"幼儿礼仪教育既是'显性课程'又是'隐性课程'"这句话。
2. 幼儿教师礼仪的体现环节有哪些？

第六篇

幼儿礼仪教育

故事一：1920年，有人在印度发现了两个"狼孩"，小的2岁，被发现后不久就死去了，大的约8岁，取名卡玛拉。这两个"狼孩"被从狼窝里救出来的时候，她们的行为习惯和狼一样，白天睡觉，夜晚嚎叫，趴着走路，用手抓食。她们怕水，怕火，从不洗澡。在相关人员的悉心照料和教育下，卡玛拉花了2年才学会站立，4年学会6个单词，6年学会直立行走，7年学会45个单词，并学会了用碗吃饭和用杯子喝水，到卡玛拉17岁去世时，她的智力仅仅相当于4岁儿童的心理发展水平。

故事二：人们在东南亚大森林里面找到了第二次世界大战战败时走失的日本士兵横井庄一，他远离人类，像野人一样生活了28年，人的一切习惯甚至包括母语都忘记了。可是他获救后，人们只用了82天的时间训练，就使他恢复了人的习惯，适应了人类的生活，一年后还结了婚。

两个故事总结：为什么横井庄一过野人生活比狼孩卡玛拉多20年，但他的教育和训练却比狼孩容易多了，其原因就是横井庄一没有错过受教育的"关键期"。"关键期"对于儿童智力的形成、行为习惯的培养具有极其重要的作用[1]。

意大利著名教育家蒙台梭利指出：儿童良好行为习惯的最佳养成期在两岁半到6岁之间。对于学前教育时期的幼儿来讲，礼仪和品格的培养比知识和技能的获得更为重要，因为习惯一旦形成就很难改变，会影响其一生的发展。因此，抓住关键时期对幼儿进行礼仪教育，将为培养健全人格、塑造完整人格起到重要作用[2]。

---

[1] 早教的重要性. https://www.mmbang.com/bang/464/28486295.
[2] 诸取芳.礼仪教育对幼儿学习与发展的价值[J].清风,2021(24)：5.

知识框架

```
                    ┌─ 幼儿礼仪教育的意义、       ┌─ 幼儿礼仪教育的意义
                    │  内容与目标              ├─ 幼儿礼仪教育的内容
                    │                        └─ 幼儿礼仪教育的目标
   幼
   儿                                        ┌─ 在日常生活中渗透礼仪教育
   礼                                        ├─ 在游戏活动中融入礼仪教育
   仪          ┌─ 幼儿礼仪教育的途径         ├─ 在教学活动中贯穿礼仪教育
   教          │                            ├─ 幼儿园与家庭紧密配合进行礼仪教育
   育          │                            └─ 加强社区幼儿礼仪实践活动
        └─ 幼儿礼仪教育的途
           径与方法                          ┌─ 行为训练法
                    └─ 幼儿礼仪教育的方法    ├─ 榜样示范法
                                            ├─ 情景感染法
                                            ├─ 启发引导法
                                            └─ 环境熏陶法
```

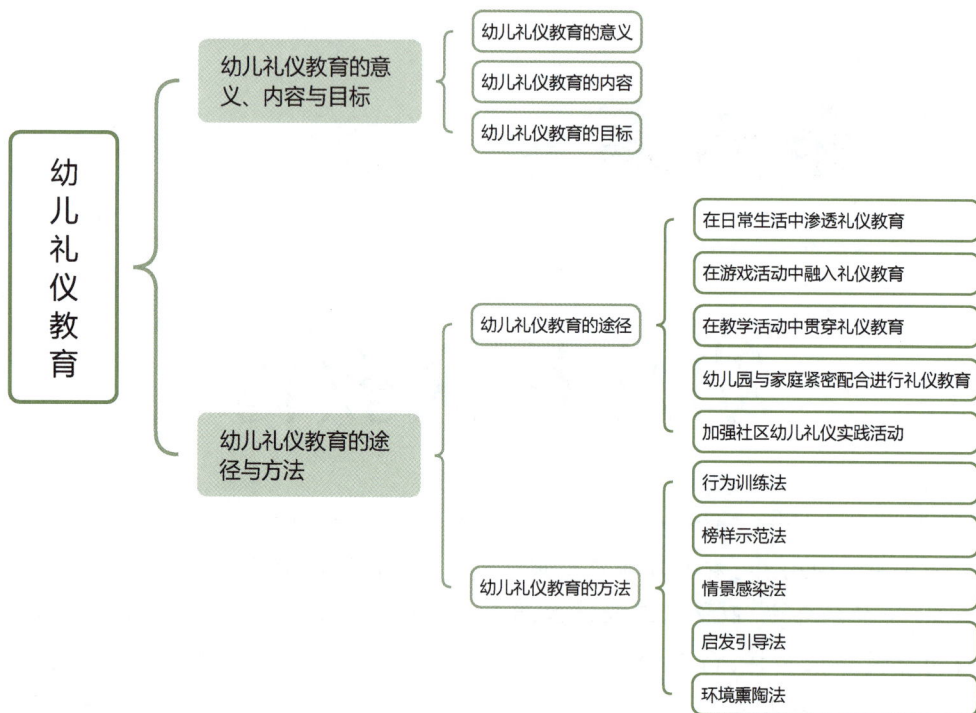

第一节　幼儿礼仪教育的意义、内容与目标

本节课题：礼仪在幼儿教师职业活动中的传承。

一、幼儿礼仪教育的意义

微课

幼儿礼仪教育的意义、内容与目标

　　幼儿时期是一个人个性、品德开始形成的重要时期，这个时期所形成的习惯是非常牢固的，往往会影响一生而成为个人行为准则的组成部分。正如歌德所说："一个人的礼貌就是一面照出他肖像的镜子。"礼仪教育是时代的需要，是培养担当民族复兴大任的时代新人的需要。幼儿是祖国的花朵、未来的希望，是新一代的接班人，肩负着建设祖国、振兴中华的光荣使命。他们的礼仪习惯直接关系到千家万户，关系到我们的社会风气。从小接受良好的礼仪教育，是大力弘扬中华优良礼仪规范、筑牢社会文明根基的前提。为了建设一个高度文明的社会，我们必须抓紧礼仪教育，使我们的幼儿从小养成良好的礼仪行为习惯。好品格是一切成功的基础。正如我国著名教育学家梁志燊教授所说："现在我们带孩子迈出一小步，将来他可以带我们迈出一大步。"现在我们给予孩子最科学的教育，将来他们回报我们一个伟大的国家和民族。

　　幼儿正处于人的发展的基础阶段，其思维具有直觉行动和具体形象性，易受外界的影响和支配，可塑性极强。幼儿阶段是各种行为能力养成的关键期。礼仪作为一种交际的情感，年龄越小越容易引导。因此，抓紧对幼儿的礼仪养成教育，就抓住了一个人礼貌教育的关键环节。根据幼儿发展的特点及规律，对幼儿进行礼仪教育，教会他们为人处世的一般原则，培养他们乐

观豁达、健康的心理素质,训练他们善于合作、善于交往、善于应变的能力,培养他们成为既有"高智商"又有"高情商"的人才,构建幼儿完美人格。这样,幼儿的发展就会呈现出良好的态势,将为其一生的发展奠定良好基础。

著名教育家陶行知曾经说过:"六岁以前是人格陶冶最重要的时期。这个时期培养得好,以后只需顺着他继长增高地培养上去,自然成为社会优良的分子;倘使培养得不好,那么,习惯成了不易改,倾向定了不易移,态度决了不易变。这些儿童升到学校里来,教师需费尽九牛二虎之力去纠正他们已成的坏习惯、坏倾向、坏态度,真可算为事倍功半。"这说明幼儿期不仅是智力早期开发的重要阶段,更是塑造良好道德品质的关键时期。良好的礼仪教育,对幼儿塑造良好的道德素质有着重要的作用。根据《幼儿园教育指导纲要(试行)》的规定:向幼儿进行道德教育是培养他们团结友爱、诚实、勇敢、不怕困难、有礼貌、守纪律等优良品德、文明行为和可爱的性格,这是根据我国的教育目的、品德形成和发展的规律,结合幼儿的年龄特征制定的。礼仪教育通过让幼儿亲身感知、实践,逐渐培养幼儿良好道德素养,有助于促进幼儿文明素质的形成,有助于构建幼儿完美人格,促进其身心和谐发展,为幼儿终身发展奠定良好基础。

从某种意义上来说,教孩子礼仪,就是教孩子如何优雅地过一生!

二、幼儿礼仪教育的内容

幼儿礼仪教育内容,可划分为四部分:基本礼仪、家庭礼仪、幼儿园礼仪、公共场所礼仪。

(一)基本礼仪

1. 基本动作

(1)基本姿态。

在幼儿期,应引导幼儿学会符合礼仪规范的正确的基本姿态,包括正确的走姿、坐姿、立姿、蹲姿等姿态(参见本教材第五篇)。

(2)开门、关门。

开门、关门时动作要轻柔,不能过于用力,更不能用脚踢门。

(3)取放、递接。

取放、递接物品是生活中频繁出现的举止,要体现出方便、尊重他人的礼仪内涵。

① 取放物品要平稳、轻柔、准确、安全。

② 取物品时,要准确地掌握拿取的部位,有些物品有规定的拿取部位,一定要按规定的部位拿取,不能随手乱取,如杯子上的手柄、提包上的拎带等。

③ 对没有规定拿取部位的物品,一般应拿取物品的中心部位,以免物品倾斜或散落。

④ 放置物品要平稳,动作要轻柔。物品要放在合适的位置,如给长辈端水,应轻稳地把水杯放在长辈的右前侧,杯柄向着长辈右手的方向。

⑤ 一般情况下,递接物品时要起立并用双手。递送尖锐物品时要将尖锐处朝向自己。

2. 礼貌用语

① 平时遇到老师、邻居或小朋友时,要主动问候,说声"您好",分别时说"再见"。

② 请求别人帮助时,要说"请问"或"麻烦您"等礼貌用语。

③ 得到别人的帮助后,要真诚地说声"谢谢"。

④ 帮助了别人,得到了别人的感谢后,应说"不客气"或"不用谢"等礼貌用语。

⑤ 妨碍了别人,应及时道歉,说声"对不起"。

⑥ 别人向自己道歉时,应回答"没关系"。

3. 个人礼仪

（1）个人卫生。

① 坚持每日早晚洗脸,清除污垢和汗渍,耳朵前后和脖子都要清洗。

② 要保持手的清洁,洗手时,每个部位都要洗到,指甲缝更要注意洗净。指甲要及时修剪整齐,不留长指甲。脚要常洗,袜子要常换。

③ 要保持身体和头发的清洁,养成经常洗澡、洗发的习惯。平时要将头发梳理整齐,不可蓬头垢面。

④ 每日早晚要坚持刷牙,饭后用刷牙或漱口的方式清除食物残渣。

⑤ 容貌的整洁工作应在合适的时间、地点进行,在公共场合,当着他人的面擤鼻涕、挖鼻孔、掏耳朵、揩眼屎、剔牙齿、剪指甲、照镜子、搓泥垢、搔痒等都是不适宜的。

（2）着装。

着装整齐是容貌整洁的重要组成部分。着装应保持干净、平整,不能沾有污渍,不能皱巴巴,扣子要齐全。

4. 基本交往

（1）打招呼。

见到熟人应根据他人的年龄情况礼貌热情地打招呼。

（2）接打电话礼仪。

① 接电话的时候要学会说"你好""请问""请等一下"这样的礼貌用语。

② 接电话时声音要放轻一些,不要在电话中大声嚷嚷。

③ 接电话时要有问有答,回答问题时要大方,不可以长时间不回应对方的问题,也不要在不知如何回答时,把电话一扔跑到别处去。

④ 接到别人打错的电话,应友好地说明情况。乱发脾气,甚至说粗话,都是没有礼貌的表现。

⑤ 大人打电话,不要在一旁插嘴或抢话筒。

⑥ 打电话时要先报上自己的名字,并说明要找的人。

⑦ 打错了电话,应诚恳地表达歉意,一声不响地挂断电话是很不礼貌的行为。

⑧ 不要一边吃东西一边接电话。

⑨ 挂话筒时,要轻拿轻放,不可以摔话筒,或重重地挂电话。

⑩ 接打电话时,要学会说"再见",然后再挂电话,不要只管自己讲完就挂电话。

⑪ 要注意打电话的时间,通话时间不可太长,也不要选择太早或太晚的时间打电话,以免影响别人的休息。

（3）问路的方法。

向别人打听道路,首先要用礼貌语言称呼对方,然后再问路,可以说:"请问……路(街)怎么走?"得到答复后应真诚地表示感谢。

（二）家庭礼仪

1. 尊敬长辈

称呼长辈必须用尊称,不可直呼其名,更不能以不礼貌的词代称;不可同长辈打闹玩笑;应听从长辈的教导;长辈递东西时,要用双手接;长辈来和你谈话时,应该立即站起来,表示尊敬;进餐、乘车时请长辈先行;体贴长辈;帮助爸妈做一些力所能及的事情;回家和离家的时候应与家人打招呼,告知你回来了或你要走了。

2. 行为习惯

自己能做的事情自己做,如自己穿衣叠被、自己收拾玩具、物品用完后放归原位;爱惜物品、不浪费;不独占、不霸道,学会与人分享,与他人和谐相处。

3. 客人来访

家中有客人来访时,要彬彬有礼。首先,应热情地将客人引进门,礼貌地请客人坐下,然后,为客人沏茶、端水果;如果客人来访时带来了礼物,收到礼物要致谢;客人临走时,要送到门口,热情道别,并欢迎他们下次再来。

4. 拜访、做客

敲门要用食指,间隔有序地敲三下,然后等待回音。如无应声,可再稍加力度敲三下;如有应声,再侧身站立于右门框一侧,待开门时再向前迈半步,与主人相对。敲门时响度要适中,不能用拳捶,更不能用脚踢,不要"嘭嘭嘭"乱敲一气。

进门后,要主动问好,然后把脱下的鞋子排整齐。当受到招待时应说声"谢谢"。不应随便乱动主人房间的东西,如果想玩玩具或看书,一定要经过主人的同意。在自己玩时记住不要打扰大人谈话。离开时要向主人家的每一个成员道别,并对主人一家的款待表示感谢。

(三) 幼儿园礼仪

1. 入园离园礼仪

入园时主动向老师、小朋友问好,与家长道别;离园时向前来接自己的家长问好,与老师、小朋友道别,说"再见"。

2. 课间盥洗礼仪

会自己洗手,不玩水,洗完后能及时关好水龙头;能自己如厕;能自理大小便;便后会冲水,便后能整理好衣服。

3. 教学活动礼仪

在活动中做到学会倾听,不随便插嘴,有事举手,经允许后再发言,不随便打断别人的谈话,服从活动的规则;在活动室内做到"三轻",即走路、说话、搬桌椅轻;学会商量,能尊重别人的意见;观看同伴的演出时,能保持安静、守秩序,结束后,会鼓掌表示感谢。

4. 户外活动礼仪

做早操时会自觉排队;进出教室、上下楼梯不大声喧哗,不上跑,不下跳,不并排前行、不推挤他人;遇问题先出列;谁最后,谁关门;集合解散听口令,不聚堆;游戏时要谦让;玩过的玩具送回原处。

5. 进餐礼仪

饭前洗手;不挑食,不抢食;进餐时不说话;注意保持桌面、地面、碗内的干净与整洁;不浪费粮食;吃东西或喝汤时,要小口吞咽,不要发出很大的声响;吃完饭之后自己送回碗筷;饭后擦嘴漱口;打喷嚏、咳嗽时,应背向餐桌,并用手帕或餐巾纸遮住口鼻。

6. 午睡礼仪

午睡时整理好自己的衣物;能安静入睡,不影响他人睡眠;保持正确睡姿——右侧卧,微曲双腿;不蒙头睡觉;起床后帮助老师整理好床铺。

(四) 公共场所礼仪

在公共场所要遵守公共秩序和交通规则;在公共场所活动时,要谦让,会尊重和原谅别人。

1. 升旗

参加升旗仪式必须衣着整洁,结好衣扣、裤扣,脱帽而向旗杆方向立正站好,不得交谈、走动或做其他动作,面对国旗行注目礼,直到国旗升至杆顶。

2. 行走

在公共场所行走时，要遵守交通规则，右侧通行，不闯红灯；不走、不占盲道；在狭窄的道路上，要主动给长者、残疾人让路；走过街天桥时，不往下扔物品；不吃零食、不随地吐痰、不尾随围观。

3. 等候

等候时要按顺序排队；不插队也不让他人插队；不席地而坐；不拥到街道上妨碍交通。

4. 乘车

在车站等车时应该排队，遵守秩序；上车时不挤作一团，应先下后上；上车时要礼让老、弱、病、残、孕乘客；上车后主动购票或投币；行驶中不争抢座位，不向车外丢东西、吐痰，不脱鞋，不蹬座位，不在车上吃东西；下车提前准备；需他人让路要用"借光""劳驾"或"请您让一下"等文明用语。

5. 乘电梯

乘坐电梯时，应先让里面的人走出来，外面的人再进去；不要强行挤入电梯，如果人很多，可以等下一趟。走进电梯后，应主动给别人让地方；如遇超载应主动退出。

6. 图书馆

进入图书馆，衣着要整洁，不要穿拖鞋、背心；阅读时不要读出声音，也不要和熟人交谈；走动时脚步要轻，尽量不要发出声响；不要吃零食；不占座；不污损图书，阅后立即将书放回原位，以免影响他人阅读；借书、还书时按顺序排队；借阅的图书应按期归还。

7. 超市

进超市购物时，若对已选购的商品感到不满意，应主动将其放回原货架区，不能随意放置；贵重商品应轻拿轻放；超市内的商品不能随意品尝、试用；付账时应自觉排队；不在超市内追逐打闹；对服务员的热情服务要表示感谢。

8. 公园

在公园内，要注意维护环境卫生，不乱扔果皮纸屑、杂物，不随地吐痰；不折花；不践踏草坪。

三、幼儿礼仪教育的目标

幼儿礼仪教育的目标定位于促进幼儿良好的行为规范和个性和谐发展的基础上。幼儿在教师或成人的引导下，学习用一些礼仪要求来控制自己的行为，逐步形成习惯。由于每个年龄阶段幼儿的认知能力和心理发展水平各不相同，幼儿礼仪的形成和发展具有持续性的特点，幼儿礼仪教育可以有三个层次的要求。小班，初步了解一些礼仪知识；中班，学习一些礼仪知识；大班，逐步养成一些习惯。

各年龄班幼儿礼仪教育具体目标如下。

（一）小班幼儿礼仪教育目标

（1）认识国旗，能分辨是不是国歌。

（2）每天上幼儿园时，在成人提醒下见到老师会问好，离开幼儿园时说"再见"。

（3）见到认识的人能够主动打招呼，如喊"老师""阿姨""叔叔"等。

（4）听老师和家长的话，在家长面前不缠人。

（5）有了好吃的先让父母，不吃独食。

（6）别人讲话时，自己不乱嚷嚷。

（7）在老师提醒下能遵守游戏规则，遵守幼儿园秩序。

（8）在老师提醒下不争抢玩具，不独占玩具。

（9）讲究个人卫生，每天洗脸、洗脚，早晚漱口、刷牙。

（10）在成人的帮助下做一些力所能及的自我服务性劳动。

（11）爱惜食品、玩具、图书等物品。

（12）爱护花草,在公共场所不掐花折枝。

（13）自己不单独外出,外出一定要有大人带领。

（14）不惧怕生人,敢在全班小朋友面前讲话。

（二）中班幼儿礼仪教育目标

（1）认识国旗,知道爱护国旗。

（2）会使用"您好""谢谢""再见"等礼貌用语。

（3）会礼貌地称呼人,见到熟人主动打招呼。

（4）听老师、家长的话,服从管教。

（5）有了好吃的先让父母,不吃独食,不挑食。

（6）别人对自己讲话时注意听,不乱插嘴。

（7）遵守纪律,不打扰别人做游戏,上课时不打闹。

（8）懂得和小朋友友好相处,在游戏中不争抢玩具,不独占玩具。

（9）讲究个人卫生,每天洗脸、洗脚,早晚漱口,刷牙,勤剪指甲、勤洗头。

（10）能做力所能及的自我服务性劳动,如独立穿、脱衣服,穿鞋,洗衣,洗脸,刷牙,梳头。

（11）爱惜食品、玩具、图书、衣物等物品,注意节约。

（12）学习做值日,在老师的指导下会擦桌子、收拾玩具和整理书本。

（13）爱护公物,不践踏草坪,不掐花,不在墙上乱画。

（14）不单独外出,不在马路上乱跑,过马路要有大人带领。

（15）在集体面前能大胆地表演歌舞,不认生、不胆小、不扭捏。

（三）大班幼儿礼仪教育目标

（1）认识国旗、国徽,知道尊敬国旗、国徽,升国旗、奏国歌时要肃立。

（2）会使用"您好""谢谢""再见""对不起""没关系"等礼貌用语。

（3）能礼貌地称呼自己所接近的人。

（4）听老师、家长的话,关心老师和家长。在家长面前不任性。

（5）有了好吃的先让父母,不吃独食、不偏食。

（6）别人说话时不乱插嘴,不随便打断别人说话。当别人向自己提问时,要有礼貌地回答。

（7）遵守纪律,上课时不打闹,不随便说话。

（8）玩玩具时能谦让,能主动把玩具让给别的小朋友玩。

（9）不欺负小同学,不讥笑别人的缺陷,不给人起外号。

（10）自己的事情力争自己干,会穿、脱衣服,会整理自己的被褥,会洗袜子、手绢。

（11）讲究个人卫生,保持环境卫生,不随地扔果皮、纸屑,不往地上吐痰、吐唾沫。

（12）爱护公共财物,爱护桌椅,爱护花草树木。

（13）爱惜粮食、书本、玩具、衣物,不浪费水电、肥皂等。

（14）认真做值日,不偷懒。

（15）自己的东西摆放有秩序,办事有始有终。

（16）遵守交通规则,不在马路上追跑打闹。

（17）能勇敢地在大人面前讲话,能在全班面前发言、表演节目。

友情链接

某幼儿园礼仪教育目标

类别	总目标	小班目标	中班目标	大班目标
交往礼仪	1. 能运用文明用语 2. 养成文明行为 3. 形成初步的规则意识 4. 了解一些我国各民族及外国的一些礼仪风俗	1. 在成人提醒下能向家长、老师问早、问好、说再见 2. 学讲礼貌用语 3. 能和同伴友好地玩,不争夺、独占玩具 4. 初步学做小主人 5. 初步学做小客人	1. 学着主动向成人、同伴问早、问好、说再见 2. 学会运用礼貌用语 3. 能和同伴友好相处 4. 学着与周围熟悉的人简单地交往 5. 学做文明的小客人 6. 学做热情的小主人 7. 学习公共场合的礼仪知识 8. 学习一些简单的交通规则 9. 了解我国各民族的礼仪风俗 10. 了解一些居住礼仪	1. 主动向成人、同伴问早、问好、说再见 2. 灵活运用礼貌用语 3. 和同伴友好相处 4. 能与成人进行一些简单的交往 5. 做文明的小客人 6. 做热情的小主人,养成接听电话的良好行为 7. 养成遵守社会公德的习惯 8. 了解外国的一些礼仪风俗 9. 懂得一些居住礼仪
就餐礼仪	1. 懂得餐前的礼仪 2. 形成良好的文明进餐行为 3. 了解并学习不同场合的就餐习惯	1. 了解一些餐前礼仪 2. 学习使用餐具 3. 初步学习文明的进餐行为 4. 学习餐后擦嘴、漱口	1. 学习餐前礼仪 2. 学习使用餐具(调羹) 3. 学会文明的进餐行为 4. 了解不同场合的就餐礼仪	1. 懂得餐前的礼节 2. 正确使用餐具(筷子) 3. 懂得文明的进餐行为 4. 学习一些西餐礼仪
仪表仪态礼仪	1. 保持仪表整洁 2. 对人态度诚恳,举止大方 3. 坐立行保持正确姿态	1. 在老师的帮助下保持仪表整洁 2. 在老师的提醒下不做不雅的动作 3. 注意倾听成人或同伴的讲话 4. 学会正确的坐立行姿态	1. 学着保持仪表整洁 2. 懂得当众不做不文雅的动作 3. 注意倾听成人或同伴的讲话	1. 养成仪表整洁的习惯 2. 当众不做不文雅的动作 3. 养成良好的倾听和说话习惯 4. 坐立行保持正确的姿态

思考与练习

1. 为什么要对幼儿进行礼仪教育?
2. 对幼儿进行礼仪教育的主要内容和目标是什么?

第二节　幼儿礼仪教育的途径与方法

微课

幼儿礼仪教育的途径与方法

本节课题：礼仪在幼儿教师职业活动中传承的过程。

礼仪教育是一个系统工程,必须通过多种途径,实施全方位的教育。

一、幼儿礼仪教育的途径

（一）在日常生活中渗透礼仪教育

幼儿只有在社会生活中才能积累社会经验,学习怎样做人、怎样生活。这就要求教师把礼

仪教育灵活地渗透到幼儿的日常生活的各个方面,随机进行。

幼儿在园的日常生活活动主要包括入园、进餐、盥洗、午睡、离园等环节。日常生活的各个环节为礼仪教育提供了很多契机,教师要在日常生活的各个环节中,为幼儿提供各种各样的情境,制定各项行为规则。同时对每个环节的行为提出具体的要求,把礼仪内容细化到各环节中。如入园要求幼儿仪表整洁,进园主动与老师、同伴打招呼,与父母说再见;进餐做到文明用餐,保持桌面干净,爱惜粮食,吃完自己的一份饭菜,餐后自觉收拾餐具,饭后养成漱口和擦嘴的好习惯。

总之,教师只有将礼仪教育渗透于幼儿的日常生活之中,随人、随事、随时、随地、随境地进行随机的礼仪教育,才能取得良好效果。

(二) 在游戏活动中融入礼仪教育

游戏是幼儿的主导活动。游戏是孩子们最喜欢的活动,通过游戏孩子们不但巩固了礼仪教育,并能理解其行为背后的意义。

《幼儿园工作规程》明确指出:"(幼儿园)以游戏为基本活动,寓教育于各项活动之中。"这不仅突出了游戏在幼儿教育中的地位,同时将其专门作为幼儿园教育的一条指导原则,指出:"幼儿园应当将游戏作为对幼儿进行全面发展教育的重要形式。"实践告诉我们,游戏是幼儿的主导活动,在游戏中,不仅需要幼儿克服困难,还需要与他人合作共享成功的乐趣,这时向幼儿进行礼仪行为养成教育,能获得最佳效果。幼儿通过游戏认识社会,熟悉社会,适应社会,在游戏中能培养孩子应有的礼貌、独立、友善等道德品质。游戏本身具有一定的规则性,孩子们在游戏中扮演各种社会角色,学习各种社会规范,用不同的方式、语气与周围的人交往。这时,教师可根据幼儿礼仪行为品质形成的发展特点,充分调动幼儿游戏的主动性、积极性、创造性,培养幼儿对待周围人和事的正确态度,发展其观察、语言、想象等社会交往能力,从而促进幼儿良好的道德情感和行为习惯的形成。因此,礼仪养成教育可通过游戏活动具体生动地体现出来,对幼儿会产生入脑入心的效果。把礼仪培养与游戏相结合可以提高礼仪教育的效果。幼儿的思维是形象直观的,通过多种生动有趣的活动,激发幼儿对礼仪认知的情感认同,利用游戏、情景练习等激发幼儿学习的兴趣,让幼儿在与生活实践相结合的过程中,达到习惯养成的目标。因为礼仪习惯的养成需要一个从生疏到熟练,再由熟练到运用自如的过程,所以,要为幼儿提供各种实践的机会,让礼仪与幼儿的生活密切联系起来,及时抓住机会,适时地启发、诱导,培养幼儿的礼仪行为。通过反复的演练,让幼儿获得情感的体验,促进价值内化,形成良好的礼仪习惯,提高幼儿的礼仪水平。

(三) 在教学活动中贯穿礼仪教育

幼儿教育课程是对幼儿实施的有目的、有计划的教学活动,将幼儿礼仪教育纳入幼儿教育课程中,旨在将幼儿礼仪教育作为一种有目的、有计划实施幼儿素质启蒙教育的手段。所以,在教育过程中,应将礼仪教育渗透在各学科中,使幼儿时时刻刻受到良好行为习惯的熏陶,促进幼儿身心全面和谐发展。例如:在语言活动中,可以讲礼仪故事,背礼仪歌谣;在社会活动中,可以模拟生活情境,进行礼仪情景表演。又如在美术活动中,幼儿在操作的过程中不免要向其他幼儿借东西用,比如剪刀、胶水等。教师可以要求幼儿在借东西的时候要讲礼貌,要和别人说"请""谢谢",不小心把别人的作品弄坏了要说"对不起"。这样一来,幼儿不但在操作活动中得到了锻炼,还懂得了一些礼仪方面的知识,可以说是两全其美。

总之,在幼儿园的教学活动中,教师应加强探索和研究,找准教育契机,并组织相关的主题活动,将礼仪教育渗透到学科教学中,促进幼儿身心全面和谐发展。

(四) 幼儿园与家庭紧密配合进行礼仪教育

对幼儿进行文明礼仪教育,必须要家园合力,密切配合。

家庭教育是幼儿园教育的基础，二者相辅相成，缺一不可，发挥着各自的不可替代的作用。幼儿园和家庭应该携起手来，内外结合，共同参与到孩子的文明礼仪教育中来。

父母是孩子的首任教师，也是孩子模仿的榜样。从孩子身上，我们总能找到父母的影子。孩子基本素质的形成和家长的培养、教育是密不可分的。在幼儿园进行礼仪教育时，如果家庭没有以同样的礼仪规范来要求幼儿，那二者之间就会出现教育断层。而这样的断层，会大大影响幼儿园的教育，有可能使幼儿的不当行为出现反复现象。另外，幼儿在家庭中的时间要多于在幼儿园的时间，由于幼儿与父母的亲情关系的影响，他们往往对来自家庭中的教育因素的影响接受得更快一些、更多一些。所以要培养幼儿的礼仪，必须要有家庭教育的配合，使礼仪教育连贯一致起来，才能达到预期的教育目的。因此教师应该与家长保持经常性的联系，了解幼儿在家庭中的活动与表现，掌握幼儿在家庭中变化的情况，以便采取有效的教育措施。同时教师还应向家长介绍幼儿在园内的学习情况和表现，宣传幼儿园的教育主张和对幼儿礼仪教育的要求，促使家长能够按照幼儿园的教育要求在家庭中对幼儿进行礼仪教育，才能使幼儿的礼仪水平得到提升。

（五）加强社区幼儿礼仪实践活动

幼儿的发展来源于实践活动，幼儿的思想品德、礼仪习惯是在实践中逐渐形成的。我们为幼儿创设条件与机会，提供时间与空间，组织实践与交往，充分发挥幼儿的主体性，让幼儿走出校园走向社会进行礼仪实践锻炼。社区是实践第一大环境，我们可以为幼儿创设实践的机会与条件，充分发挥幼儿的主动性，如上超市购物、亲子春游等，让幼儿走向社会进行礼仪实践锻炼，让幼儿的礼仪行为影响家长，辐射社会，从而营造文明礼仪大环境。

二、幼儿礼仪教育的方法

（一）行为训练法

礼仪教育是文明行为的训练和良好习惯的养成。在教育过程中，必须经常坚持行为训练，并给予幼儿具体的指导与必要的督促，因势利导，持之以恒，帮助幼儿将行为内化成习惯。

礼仪教育不是单纯的知识教育，它具有十分鲜明的操作性和实践性。只有经过实际的行为训练，礼仪教育才能收到较好的成效。幼儿良好礼仪行为的培养，是由"行"到"情"，再由"情"到"知"的转化，然后将知、情、行合而为一的过程，所以，必须为幼儿提供实践活动的机会，让幼儿在实践中体会礼仪行为的意义，内化礼仪品质，学会做人，学会生活。因此，可以布置适当的任务让幼儿去做，或者创设一定的情境让幼儿练习，使他们在实践中体会乐趣，加深印象，学会礼仪。

（二）榜样示范法

榜样对于孩子来说具有极大的感召力。作为教师和家长，首先要以自身的形象风度、语言、行为为孩子做榜样。另外，还可以结合古今中外文明礼仪方面的典范人物、典型事例对幼儿进行礼仪教育，帮助幼儿在心中树立起礼仪方面的优秀榜样，使幼儿经常受到熏陶，慢慢内化为习惯。

幼儿的思维是直观、具体、形象的。模仿是幼儿最初和最基本的行为学习方式。生动的榜样、活动的范例，比语言的说教更容易使幼儿信服，能产生最直接、最具体的影响，并留下深刻的印象。正因为如此，幼儿生活环境中的成人都应当具有自觉的文明礼仪行为，在点滴的生活小事上为孩子做出榜样，潜移默化地影响和感染幼儿。

教师对幼儿心理发展和品德形成的影响是非常大的。教师是幼儿的镜子,幼儿是教师的影子。幼儿对教师的高度崇拜心理,使他们对教师的各种行为表现都能认真地模仿和学习,因此,教师一定要注意自己的示范性影响。孔子云:"其身正,不令而行;其身不正,虽令不从。"可见身教重于言教。教师的一言一行、一举一动,都会潜移默化地影响和感染孩子。教师应时刻注意自己的言谈举止,做到举止端庄、仪表大方、语言文明,以带给幼儿榜样般的影响。

家庭是幼儿主要的生活环境,父母是幼儿接触最多的人,所以家长的礼仪行为在幼儿礼仪行为养成教育中起着最直接和最重要的作用。我国古人就提倡"教子以德",许多教育家与名人更是强调家庭中要重视礼仪教育。幼儿的模仿性强,他们是在模仿中学习做人的。父母是孩子在生活中模仿的主要对象,如果父母平时讲文明有礼貌,敬老爱幼,关心帮助有困难的人,这种善良的情感和行为会深深地影响孩子。为此,家长应以身作则,为孩子树立礼仪典范。

(三) 情景感染法

情景感染法就是指教师在礼仪教育过程中,积极创设情景,烘托一种陶冶情感的气氛,把孩子引入喜、怒、哀、乐的情景之中,使其为情景所感动,产生情感共鸣。

为幼儿创设主题情景,让幼儿通过情景演练,获得并强化第一情感体验,这是对礼仪教育内容的复习、运用和巩固,是对幼儿的综合考察,促进内化,最终形成良好的礼仪习惯。如可以通过"娃娃家""小医院""小超市"等情景表演,让幼儿在所创设的情境中进行实际演练,体会礼仪教育过程中强调的礼貌用语、人际交往等方面的要求,最终形成稳定的礼仪习惯。可以在班上播放电视中的公益广告片段(如让座、尊老爱幼等),让孩子们围绕不同主题进行讨论和展开情景表演,通过回答教师预设的问题来使他们从情感上、从行动中懂得礼仪行为的意义。

(四) 启发引导法

在礼仪教育过程中,教师适时适度地引导点拨,让幼儿清楚为什么要这样做,哪些是好的礼仪行为,帮助幼儿克服行为上的盲目性和形式上的机械模仿。

幼儿年龄小,思维水平较低,理解能力较差。面对这样的教育群体,幼儿教师在礼仪教育的过程中,就需要采用启发引导的方法,对幼儿进行点拨,唤醒幼儿对礼仪教育的主动性,同时防止幼儿的盲目行为。

某幼儿园的一位老师想训练孩子使用文明礼貌用语,于是对孩子说:"咱们都要用'您好''谢谢''再见''对不起'等文明用语,谁使用了这些文明用语,就给谁贴一朵小红花。"教师既没给孩子讲为什么要这样做,也没给孩子讲什么场合要这么做,孩子为了得小红花,就总是围在老师跟前叫"老师好!",弄得老师都不耐烦了,说"叫什么,叫什么!"。由于教育方法比较简单粗糙,孩子就会闹出笑话,甚至出现为了受表扬去说文明话。有一个孩子每天都说"您好""谢谢""再见",得了不少小红花。有一天,他发现自己没说过"对不起",心想得用"对不起"挣一朵小红花。可是到哪儿找说"对不起"的机会呢?他想了一下,在操场找到一个小朋友,突然向小朋友跑过去,猛地一下子把小朋友撞了一个跟头,然后把小朋友扶起来说:"对不起,对不起。"回到教室后,他得意地向老师汇报:"我说了'对不起'了。"教师说:"好,给你贴一朵小红花。"下课后他又看准一个小同学,跑过去把人家撞个跟头,又连声说:"对不起,对不起……"这种只知说文明用语,不知为何说文明用语的教育,显然是一种失败的教育。所以,在礼仪教育过程中,教师适时适度地启发、引导、点拨幼儿,是十分必要的。

（五）环境熏陶法

所谓环境熏陶法，是指教师、家长创设和利用良好的礼仪环境来教育幼儿的方法。这是一种以隐性教育为主的间接教育法。环境熏陶法具有潜移默化的作用，有极强的渗透力，能够塑造孩子的人格。

良好的环境是一种强大的精神氛围，它具有极强的能量和深刻的内涵，对培养幼儿的礼仪行为十分有利。幼儿所处的环境应该是有秩序的、整洁的、和谐欢乐的，生活制度有规律，人与人之间文明礼貌，团结友爱，这样的环境是培养幼儿良好礼仪习惯的重要条件。这里所说的环境主要包括幼儿园、家庭和社会的精神环境以及物质环境。

可以把有关礼仪教育的主题活动的图片张贴在教室主题墙上，提醒幼儿一言一行要符合礼仪规范；在教室的图书角放入礼仪方面的书籍，使幼儿在欣赏故事的同时，进行故事表演，受到模范人物的感染，等等。另外，还可以美化物质环境，让幼儿生活在整洁、优美的环境中，感受到环境的美，用美的环境引导幼儿注意环境的整洁卫生，爱护花草树木，使幼儿在环境中自觉遵守秩序，学习礼仪之道。还可以在幼儿园中创设讲礼仪的氛围，让幼儿在讲礼仪的氛围中，学会礼仪规范。每天早上幼儿来园时，从幼儿园的大门到大厅一直到教室，有值日周老师、保健医生、班级教师，用热情的微笑、真诚的问候，一路迎接所有小朋友的到来，一声声亲切的问候，一个个爱护的动作，感染着家长，影响着孩子。每天幼儿来园、离园期间，整个幼儿园洋溢着温馨的氛围，问候声、道别声传播着礼仪的气息，在潜移默化中使幼儿初步形成了文明礼貌的良好行为习惯。

充满温情的家庭氛围对培养孩子的爱心起着潜移默化的作用。家庭成员之间要互相关心，特别是夫妻之间、长辈之间要相互体贴，日积月累，孩子在良好的人文环境影响下，自然就形成了良好的礼仪习惯。如果父母间经常争吵、谩骂甚至打闹，孩子时常处于恐惧、忧郁、仇视的环境里，又怎能要求他去关心别人呢？

总之，对幼儿进行礼仪教育可以采用多种方法，通过多种渠道。只要我们针对幼儿的心理，让他们乐中有学，玩中有学，在多种有趣的活动中挖掘素材，循循善诱地加以引导，使他们在学习中受启发，明道理，在实践中见行动，就能使他们学会以礼待人、文明礼貌。

友情链接

幼儿园风行传统文化礼仪教育——"小不点"作揖行礼

"你好！""你好！"昨天上午，丰台第二幼儿园大一班德苏炅和宋洲晗，穿着古代传统服装，互行"作揖礼"。记者了解到，本市不少幼儿园开始对孩子进行传统礼仪礼节教育。

穿着传统民族服装,向同伴作揖行礼,丰台第二幼儿园大班的小不点儿们觉得非常好玩。就在其他小朋友演示传统的作揖礼时,不少孩子模仿起来:"你好!""你好!"一些穿着旗袍的小女孩,还声音洪亮地诵读起《三字经》《弟子规》《千字文》等。

丰台第二幼儿园保教主任倪敏说:"幼儿园不仅教给孩子传统礼节中的作揖礼,还在日常生活中传授其他礼仪礼节,其中包括怎样向别人问好、怎样孝敬父母及身边的长辈等。"

倪敏告诉记者,幼儿期是良好礼仪礼节培养的最佳时期,因此幼儿园通过要求孩子完成一些具体的行为,让孩子在大人的赏识中形成良好品德,比如要求孩子给父母倒杯水、拿拖鞋以及洗自己的小手帕等。

记者了解到,本市不少幼儿园都通过向孩子教授《三字经》《弟子规》等传统经典作品,让孩子们在诵读过程中体悟良好的行为规范和礼仪礼节。

幼儿园园长游向红说:"我们认为它对幼儿的行为规范和良好品德形成具有融合作用,因此将其吸纳到幼儿园的教育课程中。"

(http:www.qianiong.com/2007-05-22　10:24:47　来源:北京青年报)

(作者:邓兴军　王晓溪　编辑:羽帆)

思考与练习

1. 你认为对幼儿进行礼仪教育的有效途径有哪些?

2. 如果你是一名幼儿教师,你打算采用什么方法对幼儿进行礼仪教育?

3. 制订一份幼儿礼仪教育的实施方案。

4. 党的二十大报告中提出:"推进文化自信自强,铸就社会主义文化新辉煌……以社会主义核心价值观为引领,发展社会主义先进文化,弘扬革命文化,传承中华优秀传统文化……不断提升国家文化软实力和中华文化影响力。"中华礼仪文化作为中国传统文化的重要组成部分,对中国社会历史发展起了广泛而深远的影响。请结合自身工作经历与感悟,说说幼儿教师在传承中华礼仪文化中的意义与使命。

附录

师范生礼仪知识应知应会练习

练 习 （一）

一、单选题

1. "不学礼,无以立"的古训是(　　)提出的。

A. 孟子　　　　　　　B. 荀子　　　　　　　C. 孔子

2. 东汉许慎《说文解字》说的"礼仪"是下列哪项意思？(　　)

A. 敬神祈福　　　　B. 见面的礼仪　　　　C. 礼物的包装　　　　D. 法律常识

3. "站有站相,坐有坐相"说明我们的先人很早就对人的(　　)行为作了要求。

A. 礼貌　　　　　　　B. 举止　　　　　　　C. 卫生

4. 国际社会公认的"第一礼仪"是(　　)。

A. 女士优先　　　　B. 尊重原则　　　　C. 宽容的原则

5. 迎送礼节中"出迎三步,身送七步"是指(　　)。

A. 送客人走的时候应当比迎接客人多走几步　　B. 迎接客人的时候要走三步

C. 送客的时候只能走七步　　　　　　　　　　D. 迎接客人时要在门外三步远的地方

6. 礼仪是对(　　)和(　　)的统称。

A. 礼节、仪式　　　　B. 礼貌、形式　　　　C. 仪式、礼貌

7. (　　)是人们在社会交往中由于受历史传统、风俗习惯、宗教信仰、时代潮流等因素的影响而形成,既为人们所认同,又为人们所遵守的。

A. 礼仪　　　　　　　B. 礼节　　　　　　　C. 礼貌

8. 选择正装色彩的基本原则是(　　)原则。

A. 两色　　　　　　　B. 三色　　　　　　　C. 五色

9. 一套套裙的全部色彩至多不要超过(　　　)。

A. 一种　　　　　　　B. 两种　　　　　　　C. 三种

10. 女性着职业套装时套裙的裙长应以不低于膝盖(　　　)为限。

A. 5厘米　　　　　　B. 10厘米　　　　　　C. 15厘米　　　　　　D. 20厘米

11. 穿西服套裙时,应(　　　)。

A. 穿短袜　　　　　　B. 穿彩色丝袜　　　　C. 光腿　　　　　　　D. 穿肉色长筒丝袜

12. "礼节乃是一封通行四海的推荐书"是(　　　)说的。

A. 孔子　　　　　　　B. 孟子　　　　　　　C. 伊丽莎白女王　　　D. 周恩来

13. "包和鞋采用同一材质和同一色彩"的原则是着装中的什么原则?(　　　)

A. 对比法原则　　　　B. 呼应法原则　　　　C. 统一法原则　　　　D. 点缀法原则

14. 在配色中,"采用同一色系中几种明度不同的色彩按照深浅不同的程度进行搭配"属于着装中的什么原则?(　　　)

A. 三一律原则　　　　B. 三色原则　　　　　C. 对比法原则　　　　D. 统一法原则

15. 微笑练习可以用下面哪个发声字母?(　　　)

A. A　　　　　　　　B. M　　　　　　　　C. X　　　　　　　　D. E

16. 职业表情中最基本的表情是(　　　)。

A. 面无表情　　　　　B. 微笑　　　　　　　C. 严肃　　　　　　　D. 任何表情都可以

17. 介绍他人或为他人指示方向时的手势应该用(　　　)。

A. 食指　　　　　　　B. 拇指　　　　　　　C. 掌心向上　　　　　D. 手掌与地面垂直

18. 下列关于握手时的注意事项的描述,错误的是(　　　)。

A. 一定要用左手　　　　　　　　　　　B. 伸出的手是洁净的

C. 握手前要先脱帽,摘手套　　　　　　D. 若是礼服手套可以不摘

19. 行握手礼时,礼貌的伸手方式是伸出右手(　　　)。

A. 手掌与地面垂直　　B. 掌心向下倾斜　　　C. 随意　　　　　　　D. 手掌向上倾斜

20. 与他人在正式场合交谈时要严肃认真,还要注意语言的(　　　)。

A. 准确规范　　　　　B. 慢条斯理　　　　　C. 粗声粗气　　　　　D. 咬文嚼字

21. 路遇他人应(　　　)。

A. 靠左侧行走　　　　　　　　　　　　B. 主动侧身让路

C. 快步行走　　　　　　　　　　　　　D. 我有急事,大家都得让着我

22. 在参加各种社交宾客宴请中,要注意从座椅的(　　　)入座,动作应轻而缓,轻松自然。

A. 前侧　　　　　　　B. 左侧　　　　　　　C. 右侧

23. 在正式场合,女士不化妆会被认为是不礼貌的。要是活动时间长了,还应适当补妆,但要在(　　　)补妆。

A. 办公室　　　　　　B. 洗手间　　　　　　C. 公共场所　　　　　D. 大庭广众之下

24. 在人际交往中,3米以外的距离范围属于什么距离?(　　　)

A. 私人距离　　　　　B. 社交距离　　　　　C. 礼仪距离　　　　　D. 公共场合距离

25. 与人相处时,注视对方双眼的时间应不少于相处总时间的(　　　)。

A. 三分之一　　　　　B. 一半　　　　　　　C. 五分之一　　　　　D. 十分之一

26. 客人来访时,我们要为客人打开房门。当房门向外开时(　　　)。

A. 客人先进　　　　　B. 我们先进　　　　　C. 同时进

27. 为客人端上头一杯茶时,通常不宜斟得过满,更不应该动辄使其溢出杯外。得体的做法是应当斟到杯身的( )处,不然就有厌客或逐客之嫌。

A. 三分之二　　　　　B. 四分之三　　　　　C. 二分之一

28. 在礼仪中,对交谈内容的要求不正确的是( )。

A. 内容要契合语境　　　　　　　　B. 交谈内容要因人而异

C. 交谈的内容要优雅礼貌　　　　　D. 交谈过程中语速要快,音量要大

29. 下列对于中餐食用方法描述错误的是( )。

A. 吃面条不可以吸出声　　　　　　B. 吃饺子可以用前牙一口一口咬着吃

C. 吃小馒头可以直接用牙咬着吃　　D. 喝热汤要先凉一凉再喝

30. 使用筷子的禁忌不包括( )。

A. 吮筷子　　　　　B. 使用公筷　　　　　C. 粘筷　　　　　D. 用筷子挑挑拣拣

31. 下列关于鼓掌的说法错误的是( )。

A. 听歌剧时每一幕结束后鼓掌　　　B. 听歌剧时在精彩处可短时间鼓掌

C. 看芭蕾舞剧可在每一幕结束后鼓掌　　D. 看芭蕾舞时可在精彩处短时间鼓掌

32. 参加毕业典礼时,错误的是? ( )

A. 穿拖鞋和短裤出席　　　　　　　B. 仪式结束后鼓掌致谢

C. 按顺序上台领取证书　　　　　　D. 典礼期间保持手机静音

33. 拜访老师办公室时,应( )?

A. 不敲门直接进入　　　　　　　　B. 提前预约并简短说明事由

C. 长时间占用老师时间闲聊　　　　D. 未经允许翻看桌上文件

34. 乘坐电梯时,以下哪项符合礼仪规范? ( )

A. 拥挤时堵住电梯门　　　　　　　B. 先下后上,靠右站立

C. 高声接打电话　　　　　　　　　D. 吸烟或吃零食

35. 与教授邮件沟通时,正确的做法是? ( )

A. 直接写"老师,给我回个电话"

B. 使用正式称呼(如"尊敬的 X 教授"),并明确邮件目的

C. 不写邮件主题,直接发送附件

D. 用网络缩写词(如"ASAP")代替完整表达

二、判断题(请在正确的表述后打√,错误的打×)

1. 称呼有敬称和尊称两种。　　　　　　　　　　　　　　　　　　　( )

2. 在介绍他人时,通常把年长的先介绍给年幼的。　　　　　　　　　( )

3. 交谈时,要保持自己个性,可不分场合和对象。　　　　　　　　　( )

4. 发式要根据不同的年龄、性别、职业、身份而定。　　　　　　　　( )

5. 在公共场所不能当众补妆或化妆。　　　　　　　　　　　　　　　( )

6. 身体较胖者适宜穿着造型简洁、竖条纹的深色服装。　　　　　　　( )

7. 正式场合,穿着西装一般应以深色、单色为宜。　　　　　　　　　( )

8. 与老师或长辈交谈时,可以随意打断对方的话。　　　　　　　　　( )

9. 参加正式活动时,穿拖鞋和短裤是得体的表现。　　　　　　　　　( )

10. 在公共场合,情侣可以过度亲密,无需顾及他人感受。　　　　　　( )

三、多选题

1. 合身的制服,必须要做到的"四长"是指( )。

A. 袖长至手腕　　　　B. 衣长至虎口　　　　C. 裤长至脚面　　　　D. 裙长至膝盖

2. 下列哪些是不受欢迎的坐姿?( )

A. 双腿叉开过大　　　　B. 双腿直伸出去　　　　C. 把腿放桌椅上　　　　D. 脚尖指向客户

3. 与人交往中,不恰当的举止有( )。

A. 架起"二郎腿"　　　　　　　　　B. 斜视对方

C. 以食指点指对方　　　　　　　　D. 头部仰靠在椅背上

4. 上、下楼梯需要注意( )。

A. 单侧行走　　　　　　　　　　　B. 右上右下

C. 不应交谈　　　　　　　　　　　D. 为人带路应走后头

5. 握手时应注意( )。

A. 神态、姿态　　　　B. 手位、力度　　　　C. 时间　　　　D. 地点

6. 主人在自助餐上对主宾所提供的照顾,主要表现在( )。

A. 陪同其就餐　　　　　　　　　　B. 给其介绍食品菜肴

C. 与其适当地交谈　　　　　　　　D. 始终陪伴左右

E. 为其引见其他客人

7. 在剧场,下面正确的礼貌行为有( )。

A. 看戏的观众应该在开场前入座

B. 议论剧情或演员的演技最好是在幕间休息时

C. 为演出所打动,随时应报以掌声

D. 陪同女士时,男士应当坐在最靠近走道的位子

E. 如果你对演奏的乐曲不太熟悉,最好勿为人先,等掌声响起之后再跟着鼓掌

8. 以下哪些行为符合课堂礼仪?( )

A. 迟到后从前门大声进入　　　　　B. 主动关闭手机或调至静音

C. 举手后等待老师允许再提问　　　D. 在课本上涂鸦消磨时间

9. 在图书馆或自习室,错误的行为是?( )

A. 用书本占座半天未归　　　　　　B. 接电话时走到走廊

C. 吃气味浓重的零食　　　　　　　D. 轻声讨论小组作业

10. 以下哪些是食堂就餐的基本礼仪?( )

A. 自觉排队　　　　　　　　　　　B. 大声喧哗

C. 饭后收拾餐盘　　　　　　　　　D. 随意插队

四、问答题

1. 什么是着装 TPO 原则?

2. 请分别列举不雅的站姿与坐姿的表现。

五、根据自己的各方面的特点,为自己设计一款服装。

要求:说明款式特点、颜色、设计理由。

练习(一)答案

练 习（二）

一、单选题

1. 当您的同事不在,您代他接听电话时,应该(   )。

A. 先问清对方是谁

B. 先告诉对方他找的人不在

C. 先问对方有什么事

D. 先记录下对方的重要内容,待同事回来后转告他处理

2. 男女之间的握手,伸手的先后顺序十分重要,在一般情况下应该是(   )。

A. 女方应先伸手去握,这样既显得自己落落大方,也不会让男方觉得难堪

B. 男方应先伸手去握,这样会显得自己有绅士风度,也避免女方不好意思去握

C. 男女双方谁先伸手都可以

D. 最好同时伸手,避免尴尬

3. 在拜访别人办公室的时候,你应该(   )。

A. 敲门示意,征得允许后再进入   B. 推门而入,再作自我介绍

C. 直接闯入,不拘小节   D. 敲门示意,无须征得允许直接进入

4. 合理的称呼也能表现礼仪,下列称呼方式不正确的是(   )。

A. 应使用合理的称谓

B. 当不知道对方性别时,不能乱写,可用职业称呼

C. 很熟的朋友在商务场合可称小名或是昵称以示亲切

D. 名字可缩写,姓不可以

5. 在正式场合,男生穿三颗扣西装应该扣(   )。

A. 第一颗扣   B. 中间一颗   C. 最后一颗   D. 三颗都扣

6. 遵时守约原则又叫(   )。

A. 礼仪顺序原则   B. 公平对等原则   C. 诚信第一要则   D. 遵守公德原则

7. 在正式场合、大型会议、颁奖时穿(   )不礼貌。

A. 旗袍   B. 长筒袜   C. 运动装   D. 黑皮鞋

8. "OK"手势语在(   )不能使用。

A. 英国   B. 美国   C. 法国南部酒馆

9. 安排小型宴会时,主人应该提前(   )到场安排事宜。

A. 15 分钟   B. 5 分钟   C. 30~60 分钟   D. 120 分钟

10. 为他人作介绍时,方法不正确的是(   )。

A. 先把男士介绍给女士   B. 先把长辈介绍给晚辈

C. 把晚到的客人介绍给先到的客人   D. 将年轻的介绍给年长的

11. 选用化妆品时,以下说法不正确的是(   )。

A. 不要频繁更换化妆品

B. 明确自己的肤色性质

C. 越贵越好

12. 拜访他人应选择(   )并应提前打招呼。

A. 清晨   B. 用餐时间

C. 节假日的下午或平日的晚饭后   D. 晚上十点后

13. 在机场、商厦、地铁等公共场所乘自动扶梯时应靠（   ）站立，另一侧供有急事赶路的人快行。

A. 左侧   B. 右侧   C. 中间   D. 随便站

14. 关于大型会议的座次安排原则，下列哪项是正确的？（   ）

A. 主持人不可以坐在前排正中

B. 发言席一般设于主席台正前方，或者其右前方

C. 位次安排讲究前排高于后排、右侧低于左侧的原则

D. 大型会议只需考虑主席台

15. 一袭黑色旗袍与一款黄色项链相配，这是运用色彩搭配中的（   ）。

A. 统一   B. 呼应配色   C. 点缀配色

16. 乘电梯时如与同时乘电梯的人不相识，目光最好望向何处？（   ）

A. 看镜子里的自己   B. 看对方的头发   C. 看对方的着装   D. 自然平视电梯门

17. 中国流传至今的第一部礼仪专著是（   ）。

A.《周礼》   B.《仪礼》   C.《礼记》   D.《易经》

18. "入境而问禁，入国而问俗。"这句话出自哪部典籍？（   ）

A.《周礼》   B.《仪礼》   C.《礼记》   D.《易经》

19. 下列走姿正确的是（   ）。

A. "走自己的路，让别人说去吧"，选择好适当的行走路线，不必顾及别人的存在

B. 靠左侧、右侧走路都行

C. 太激动时，走路可以上蹿下跳，蹦来蹦去

D. 为了让你的行走不妨碍别人，要有意识地悄然无声

20. 穿西服应搭配的鞋子是（   ）。

A. 皮鞋   B. 布鞋   C. 旅游鞋

21. 下列不属于广泛尊称的是（   ）。

A. 小姐   B. 先生   C. 王阿姨   D. 女士

22. 当今国际上通用的礼服是（   ）。

A. 西服   B. 燕尾服   C. 便装

23. 菜未吃完而中途离开，可以将餐巾放在（   ）。

A. 桌面上   B. 椅子背上   C. 椅子面上   D. 随手带着

24. 握手的全部时间应控制在（   ）以内。

A. 1 秒钟   B. 3 秒钟   C. 5 秒钟   D. 7 秒钟

25. 举手致意适用于（   ）。

A. 不宜交谈的场合   B. 较远距离打招呼   C. 重要来宾莅临时

26. 涉外交往中的礼仪距离为（   ）。它适用于会议、演讲、庆典、仪式以及接见，意在向交往对象表达敬意，所以又称"敬人距离"。

A. 大于 1 米，小于 2.5 米   B. 大于 1.5 米，小于 3 米

C. 大于 0.5 米，小于 1.5 米   D. 大于 1.5 米，小于 2.5 米

27. 正确的鼓掌方法是（   ）。

A. 以掌心向上的左手，有节奏地拍击掌心向下的右手

B. 以掌心向上的右手,有节奏地拍击掌心向下的左手

C. 以掌心向下的左手,有节奏地拍击掌心向上的右手

D. 以掌心向下的右手,有节奏地拍击掌心向上的左手

28. ( )是我国民间传统的会面礼仪。

A. 点头礼   B. 拱手礼   C. 脱帽礼   D. 鞠躬礼

29. 以下化妆规则中,不符合原则的是( )。

A. 工作妆以淡妆为主

B. 避免过量使用浓香型化妆品

C. 可以和他人探讨化妆问题

30. 在所有的面部表情中,素有"社交通行证"之称的是( )。

A. 微笑   B. 严肃   C. 平静

31. 参加线上会议时,错误的是?( )

A. 关闭麦克风避免背景杂音   B. 开启摄像头并注意着装

C. 边开会边打游戏   D. 发言前举手或打字申请

32. 与同学初次见面时,恰当的自我介绍方式是?( )

A. 只说名字不提及专业或班级

B. 主动握手并说"你好,我是 XX 学院 XX 专业的 XXX"

C. 低头玩手机回避眼神接触

D. 直接询问对方家庭背景

33. 收到他人帮助后,最得体的回应是?( )

A. 简单说"嗯"

B. 真诚地说"谢谢,下次需要帮忙可以找我"

C. 认为理所当然不回应

D. 事后发朋友圈吐槽

34. 在课堂上,以下哪种行为最符合礼仪规范?( )

A. 迟到后悄悄从后门进入   B. 提前关闭手机或调至静音

C. 边听课边吃早餐   D. 与同学讨论无关话题

35. 给老师发邮件时,最恰当的标题是?( )

A. "急!"   B. "关于 XX 课题的请教"

C. "在吗?"   D. "help!"

二、判断题(请在正确的表述后打√,错误的打×)

1. 不要借用他人的化妆品。   ( )

2. 着装的基本礼仪可概括为:按规定、规范着装。   ( )

3. 社交场合,室内可戴墨镜与人交谈。   ( )

4. 色彩鲜艳的短裤与深色服装相配。   ( )

5. 一身服装在搭配颜色时起码应有三种以上的颜色。   ( )

6. 正式场合应着礼服。   ( )

7. "你辛苦了"属于礼貌用语中的道歉语。   ( )

8. "王老师"属于职务称呼。   ( )

9. 握手时长辈、上级、女士应先伸手。   ( )

10. 介绍他人时,应先将长辈介绍给晚辈。 （　　）

11. 点头致意适于不宜交谈的场所。 （　　）

12. 在递名片给别人时,用左手右手都可以。 （　　）

13. 在课堂上,手机应调至静音或关机状态,避免打扰他人。 （　　）

14. 在图书馆应保持安静,避免大声喧哗或吃东西。 （　　）

15. 在食堂排队时,可以随意插队或帮熟人占位。 （　　）

三、多选题

1. 交谈中,各种肢体语言所起到的作用有（　　）。

A. 辅助语言交流　　　B. 取代语言交流　　　C. 强化交流意境　　　D. 减轻交流意境

2. 以下哪些不是交谈的禁忌?（　　）

A. 不饶舌　　　　　　　　　　　　B. 不要太沉默

C. 冷落他人　　　　　　　　　　　D. 不做傲慢无礼的动作

3. 自我介绍的模式有（　　）。

A. 描述式　　　　　B. 寒暄式　　　　　C. 公务式　　　　　D. 社交式

4. 禁用称呼包括（　　）。

A. 不通行的称呼　　　B. 过时性称呼　　　C. 庸俗低级的称呼　　　D. 绰号

5. 介绍两人相识的顺序一般是（　　）。

A. 先把上级介绍给下级　　　　　　B. 先把晚辈介绍给长辈

C. 先把主人介绍给客人　　　　　　D. 先把早到的客人介绍给晚到的客人

6. 相对式排列时应该（　　）。

A. 以右为尊　　　　B. 以左为尊　　　　C. 以外为尊　　　　D. 以内为尊

7. 看望病人应该送哪种花?（　　）

A. 玫瑰　　　　　　B. 兰花　　　　　　C. 康乃馨　　　　　D. 百合花

8. 假如你给你客户打电话,应注意避免哪些时间段?（　　）。

A. 周一早上 10 点之前　　　　　　B. 周末 16 点以后

C. 双方休假时段　　　　　　　　　D. 平时晚上 22 点至凌晨 6 点

9. 与同学或师长交往时,正确的做法是?（　　）

A. 给老师发邮件时标题模糊(如"求助")

B. 初次见面主动自我介绍

C. 打断他人发言以表达观点

D. 获得帮助后及时道谢

10. 在网络群聊或邮件沟通中,不当行为包括（　　）。

A. 直接发"在吗?"不说明事由　　　B. 转发未经核实的谣言

C. 使用正式称呼(如"李教授")　　　D. 深夜在班级群发无关链接

四、问答题

1. 尽你所能,请列举一些常用的礼貌用语。

2. 列举你所知道的几种常见的致意方式。

习题答案

五、写一篇自我介绍词，要求通顺流畅、有个性

练 习 （三）

一、单选题

1. 出入无人控制的电梯时，"引导者"须（ ）。出入有人控制的电梯时，"引导者"应
（ ）。

    A. 先入后出，后入后出   B. 先入后出，后入先出

    C. 后入先出，后出先入   D. 后入先出，后入先出

2. 在中国古代，礼的内容不包括（ ）。

    A. 礼是文明的标志   B. 礼是自然法则在人类社会的体现

    C. 礼是容貌、举止   D. 礼是社会行为准则

3. 《诗·大雅·丞民》中"令仪令色，小心翼翼"中的"仪"指的是（ ）。

    A. 容貌、举止   B. 礼节、规矩   C. 仪式、仪典、仪礼   D. 法度、准则

4. 传统礼仪的内容不包括（ ）。

    A. 物质方面   B. 环境方面   C. 精神方面   D. 社会方面

5. 下面哪一个不是端午节的主要习俗？（ ）

    A. 赛龙舟   B. 佩香囊   C. 舞龙舞狮   D. 吃粽子

6. 下面哪一个不是中秋节的主要习俗？（ ）

    A. 挂菖蒲、艾叶   B. 赏月   C. 吃月饼   D. 燃灯

7. 下面哪一个不是重阳节的主要习俗？（ ）

    A. 登高   B. 插茱萸   C. 赏菊   D. 观潮

8. 在正常情况下，每一次打电话的时间最好不超过（ ）。

    A. 一分钟   B. 两分钟   C. 三分钟   D. 四分钟

9. 身上的佩饰最多不要超过几处？（ ）

    A. 一处   B. 两处   C. 三处   D. 四处

10. 古代常见的敬称用语中，对对方父亲的称呼是（ ）。

    A. 家尊   B. 令尊   C. 令爱   D. 老爷子

11. 在较正式的宴请礼仪中，我国是习惯按（ ）排列席位座位座次。

    A. 年龄   B. 辈分   C. 性别   D. 职务

12. 公务人员身上的颜色最多不要超过（ ）种。

    A. 一   B. 二   C. 三   D. 四

13. 正式场合，男士应该穿（ ）衬衫配领带。

    A. 无袖   B. 短袖   C. 长袖   D. 都可以

14. 男性跟女性握手一般采用（ ）。

    A. 单握式   B. 双握式   C. 交叉握手   D. 单握式和双握式

15. 在公共汽车、地铁、火车、飞机上或剧院、宴会等公共场所，朋友或熟人间说话应该
（ ）。

    A. 随心所欲   B. 高谈阔论

    C. 轻声细语，不妨碍别人   D. 以上都可以

16. 一般的拜访多以（　　）为最佳交往时间。

A. 一小时　　　　　B. 半小时　　　　　C. 十分钟　　　　　D. 一个半小时

17. 女士携带的手提包,在正式宴会就餐期间应放在（　　）。

A. 背部与椅背之间　　　　　　　　　B. 挂在自己椅子的靠背上

C. 挂在衣架上　　　　　　　　　　　D. 自己携带着

18. 以下不属于敬酒的次序是（　　）。

A. 年龄大小　　　　　　　　　　　　B. 职务高低

C. 宾主身份　　　　　　　　　　　　D. 与自己距离的远近

19. 下面哪句不属于中华民族的传统礼仪格言?（　　）

A. 少壮不努力,老大徒伤悲　　　　　B. 良言一句三冬暖,恶语伤人六月寒

C. 贫贱之交不可忘,糟糠之妻不下堂　D. 为善最乐,为恶难逃

20. 在就座离座时,应坚持（　　）站好再走,保持轻盈、稳重的体态。

A. 左入右出　　　　B. 右入左出　　　　C. 右入右出　　　　D. 左入左出

21. 公务用车时,上座是（　　）。

A. 后排右座　　　　B. 副驾驶座　　　　C. 司机后面之座　　D. 以上都不对

22. 主人一般应该送客人到（　　）后转身离去。

A. 办公室门外　　　B. 楼门外　　　　　C. 院门外　　　　　D. 自己的视野之外

23. 在没有特殊情况时,上下楼应（　　）行进。

A. 靠右侧单行　　　B. 靠左侧单行　　　C. 靠右侧并排　　　D. 靠左侧并排

24. 搭乘自动扶梯时,应站在（　　）。

A. 左侧　　　　　　B. 右侧　　　　　　C. 中间　　　　　　D. 边沿

25. 在食堂排队时,正确的做法是?（　　）

A. 帮室友代插队　　　　　　　　　　B. 刷卡后对工作人员说"谢谢"

C. 将餐盘留在桌上不回收　　　　　　D. 大声催促前方同学

26. 在公共实验室,错误的行为是?（　　）

A. 按预约时间使用设备　　　　　　　B. 实验后清理台面

C. 私自带走公用试剂　　　　　　　　D. 记录使用情况

27. 网络礼仪中,以下哪项是正确的?（　　）

A. 在班级群匿名发布负面言论　　　　B. 转发他人隐私信息

C. 讨论时使用文明用语,避免人身攻击　D. 深夜在宿舍群发大量语音消息

28. 图书馆内哪种行为是正确的?（　　）

A. 用书本占座一整天　　　　　　　　B. 吃薯片等有声零食

C. 手机铃声突然响起　　　　　　　　D. 轻声交流,不影响他人

29. 对待校园服务人员（如保洁、保安）,应（　　）。

A. 忽视或态度傲慢　　　　　　　　　B. 主动问候或表达感谢

C. 随意丢弃垃圾增加其工作量　　　　D. 给他们起绰号

二、判断题（请在正确的表述后打√,错误的打×）

1. "礼仪"一词最早时常是分开使用的。　　　　　　　　　　　　　　　　（　　）

2. 礼仪属于行为规范。　　　　　　　　　　　　　　　　　　　　　　　（　　）

3. 礼仪产生于人类社会之初,并将贯穿于人类社会的始终。　　　　　　　（　　）

4. 学生在学习与应用礼仪的时候要以学习为主,以敬人为先。 （　　）

5. 对于大学生而言,私人礼仪是其待人接物的立身之本,是其自我要求、自我表现之本。
（　　）

6. 开大会时,当领导、来宾入场时,应起立鼓掌欢迎。 （　　）

7. 观看演出时,要提前入场,如若迟到,穿过过道时身姿要直。 （　　）

8. 升国旗时,全体同学应肃立,行注目礼。 （　　）

9. 在老师的课堂教学中,对老师的讲述内容有异议,要当众当面指出。 （　　）

10. 上课迟到时,应在门外敲门后进入。 （　　）

11. 同学之间亲密无间,可以外号相称。 （　　）

12. 男女同学交往时要有分寸。 （　　）

13. 在宿舍只要搞好个人卫生就行了。 （　　）

14. 带朋友到宿舍来玩,不应拘束,该笑则笑,该闹则闹。 （　　）

15. 升国旗时,不应随便走动。 （　　）

16. 阅兵时位于指挥位置的军官行注目礼,其余人员行举手礼。 （　　）

17. 在教室,仪容穿着可随便些,穿什么都行。 （　　）

18. 夏天上课时,在教室可边喝水边听课。 （　　）

19. 到领导办公室时,一般不需预约。 （　　）

20. 与老师交谈要多使用手势。 （　　）

21. 挂电话的礼仪包括与异性互通电话后,作为男方从礼节上,理应先让女方挂电话。
（　　）

22. 在图书馆时可轻轻地小声阅读。 （　　）

23. 餐厅就餐,无须使用礼貌称呼和礼貌语言。 （　　）

24. 对运动员偶尔的比赛失误应谅解、鼓励。 （　　）

25. 不尾随围观是参观礼仪之一。 （　　）

26. 同学聚会时应打扮时尚前卫,引人注目。 （　　）

27. 接打电话时应姿势端正,微笑接听。 （　　）

28. 打电话的礼貌开头语应是:问候,自报家门,询问事由。 （　　）

29. 打电话时通话越短越好,不要重复。 （　　）

30. 行路时要注意行左礼让。 （　　）

三、多选题

1. 礼仪的功能包括(　　　)。

A. 提高人们自身修养

B. 有助于人们美化自身和生活

C. 促进人们的社会交往,改善人们的人际关系

D. 推动社会主义精神文明建设

2. 礼仪的研究对象包括(　　　)。

A. 礼仪活动　　　　　B. 礼仪规范　　　　　C. 礼仪规律　　　　　D. 礼仪过程

3. (　　　)门前的道路没有行人过街设施的,应当施画人行横道线,设置提示标志。

A. 学校　　　　　B. 幼儿园　　　　　C. 医院　　　　　D. 养老院

4. 下列对于打电话的处理方式,正确的是(　　　)。

A. 手头工作实在太忙的时候,可以不接电话或是直接把电话线拔掉

B. 接客户电话的时候,要注意严格控制时间长度,严格遵守"三分钟"原则

C. 对于错打来的电话要给予充分的理解,并尽可能提供一些对对方有帮助的信息

D. 在办公室就像在家一样,完全可以打私人电话

5. 下列对仪容修饰的说法中正确的是( )。

A. 头发要适时梳理,不能有头皮屑

B. 女服务人员不留披肩发,染发应选择和黑色比较接近的颜色

C. 男性服务人员每天都要剃净胡须(特殊的宗教信仰者除外)

D. "爱美之心人皆有之",即便是有统一制服的服务人员,也可以穿着体现个性美的服装

6. 站立是人们日常交往中一种最基本的举止,正确的站姿要求是( )。

A. 头正,双目平视,平和自然　　　　　B. 躯干挺直,收腹,挺胸,立腰

C. 双脚随意放置　　　　　　　　　　　D. 双臂放松,自然下垂于体侧

7. 与他人见面握手,应该做到( )。

A. 注视对方,微笑致意　　　　　　　　B. 戴帽子和手套

C. 握手的时间应以3秒左右为宜　　　　D. 站立和坐着都可以

8. 正式的邀约,有( )等具体形式,它适用于正式的商务交往中。

A. 当面邀约　　　　B. 请柬邀约　　　　C. 书信邀约　　　　D. 传真邀约

9. 求职面试时应注意( )。

A. 穿着整洁得体　　　　　　　　　　　B. 面试中频繁看手机

C. 入座后保持良好体态　　　　　　　　D. 结束时握手并致谢

10. 集体用餐时哪些行为不恰当?( )

A. 夹菜时用自己筷子翻搅　　　　　　　B. 主动为他人倒饮料

C. 大声咀嚼或边吃边说话　　　　　　　D. 饭后协助整理餐具

四、根据想象,写一下在你求职面试时应注意哪些礼节

五、自编小品:到老师家拜访

(要求:情节完整,符合礼仪要求,不少于200字)

时间:

地点:

人物:

过程:

习题答案

练习(三)答案

练 习（四）

一、单选题

1. 礼仪不仅是一个学生日常应当遵守的行为规范,而且是对其( )的基本要求。

A. 做人　　　　B. 学习　　　　C. 生活　　　　D. 礼仪

2. "一米线"服务是( )礼仪中提出的。

A. 商店　　　　B. 银行　　　　C. 宾馆　　　　D. 企业

3. 西餐中以（   ）为第一顺序。

A. 男主人   B. 女主人   C. 男客人   D. 女客人

4. 国际交往中,涉及位置的排列,原则上都讲究（   ）。

A. 左尊右卑   B. 右尊左卑

C. 左右一样   D. 不同场合不同尊卑

5. 在俄罗斯,主人请来宾品尝（   ）和盐,是最高规格的见面礼。

A. 面包   B. 牛奶   C. 马黛茶   D. 红酒

6. 行拥抱礼时,一共拥抱几次?（   ）

A. 两次   B. 三次   C. 四次   D. 五次

7. 一般情况下,服务距离以多少合适?（   ）

A. 0.1~0.5 米   B. 0.5~1.5 米   C. 1.5~1.7 米   D. 1.7~2 米

8. 服务人员岗前培训的重要内容之一是（   ）。

A. 微笑   B. 握手   C. 站立   D. 打招呼

9. 西餐吃开胃菜时,喝（   ）。

A. 香槟酒   B. 鸡尾酒   C. 红葡萄酒   D. 白葡萄酒

10. 升国旗时应肃立站好,如旁边人与你交谈,你应该（   ）。

A. 与他交谈   B. 及时制止   C. 不予理睬   D. 严厉批评

11. 电动自行车在非机动车道内行驶时,最高时速不得超过（   ）公里。

A. 10   B. 15   C. 20   D. 25

12. 中国青年志愿者服务日是（   ）。

A. 3 月 5 日   B. 3 月 12 日   C. 4 月 5 日   D. 5 月 1 日

13. 当接到的赴宴请柬上有"R.S.V.P"字样时应（   ）。

A. 可以置之不理   B. 不管多忙都要出席

C. 无论出席与否,都要尽快答复   D. 赴宴时一定要带上请柬

14. 旗袍是哪国妇女的传统服装?（   ）

A. 中国   B. 韩国   C. 朝鲜   D. 泰国

15. 应邀参加聚餐时,要准时到达,一般以提前几分钟为宜?（   ）

A. 2~3 分钟   B. 3~4 分钟   C. 4~5 分钟   D. 5~6 分钟

16. "兼爱""非攻"思想的提出者是（   ）。

A. 荀子   B. 孟子   C. 墨子   D. 老子

17. 关于赴宴礼,下列做法不恰当的是（   ）。

A. 男宾先与男主人告别   B. 吃饭过程中可视男性数量决定是否吸烟

C. 需提前离席,应向主人说明并致歉   D. 主人及主宾致祝酒词时应暂停进餐

18. 收到礼物一般（   ）打开。

A. 接过礼物时   B. 客人出门时   C. 客人出门后   D. 都可以

19. 下列几种花中,（   ）最适合赠送给母亲。

A. 玫瑰   B. 月季   C. 康乃馨   D. 百合

20. "站有站相,坐有坐相"说明我们的先人很早就对人的（   ）行为作了要求。

A. 礼貌   B. 举止   C. 卫生   D. 谈吐

21. 下面关于握手的选项哪一个是错误的?（   ）

A. 握手的顺序主要取决于"尊者优先"的原则

B. 社交场合应由先到者先伸手

C. 客人告辞时应由客人先伸手

D. 职位低的人与职位高的人握手时应先伸手

22. 在家庭、学校和各类公共场所,礼仪无处不在,就个人礼仪而言,其表现为(　　　)。

A. 举止文明,动作优雅　　　　　　　　B. 仪态妩媚,手势得当

C. 笑容灿烂,行为检点　　　　　　　　D. 仪表端庄,着装时尚

23. 下列关于坐姿的说法错误的是(　　　)。

A. 着裙装的女士入座时用双手将裙摆内拢

B. 女士不能采用"二郎腿"式坐姿

C. 在采用前伸式坐法时,脚尖不能翘起

D. 男士采用重叠式坐姿时左右腿可以变换位置互叠

24. 交通信号灯黄灯持续闪烁,车辆、行人应(　　　)。

A. 不准通行,但已越过停止线的车辆和已进入人行横道的行人可以继续通行

B. 在确保安全的原则下通行

C. 加速通行

D. 缓慢通行

25. 与留学生交流时,应注意(　　　)。

A. 刻意模仿对方口音　　　　　　　　B. 尊重文化差异,避免敏感话题

C. 追问对方家庭经济状况　　　　　　D. 仅用中文交流不提供翻译

26. 参加学术讲座时,若需提前离场,应该(　　　)。

A. 直接从座位起身离开　　　　　　　B. 向主讲人举手示意后再走

C. 在讲座间隙或互动环节轻声离开　　D. 大声解释自己有事并道歉

27. 在图书馆自习区,以下哪种行为不合适?(　　　)

A. 轻声交流讨论问题　　　　　　　　B. 将手机调至静音

C. 占座超过30分钟无人使用　　　　　D. 离开时整理好桌椅

28. 宿舍生活中,以下哪项是礼仪禁忌?(　　　)

A. 未经允许使用室友物品　　　　　　B. 晚上11点后戴耳机看电影

C. 定期参与宿舍清洁　　　　　　　　D. 提前沟通访客到访时间

29. 参加社团面试时,着装应选择(　　　)。

A. 拖鞋和睡衣

B. 干净整洁的休闲装或正装(视社团性质而定)

C. 佩戴过多夸张饰品

D. 浓妆艳抹

30. 小组讨论中,若不同意他人观点,应该(　　　)。

A. 直接打断对方　　　　　　　　　　B. 等对方说完后礼貌提出自己的看法

C. 沉默不语但事后抱怨　　　　　　　D. 用手机录音对方的发言

31. 赠送礼物给老师时,恰当的方式是?(　　　)

A. 送昂贵奢侈品　　　　　　　　　　B. 选择有纪念意义的小礼物(如贺卡)

C. 公开炫耀礼物价值　　　　　　　　D. 要求老师当场拆开

32. 参加招聘会时,哪项细节最重要?(　　　)

A. 简历皱褶污损　　　　　　　　　　B. 主动握手并保持眼神交流

C. 嚼口香糖缓解紧张　　　　　　　　　D. 穿短裤和凉鞋

33. 在课堂上，以下哪种行为最符合礼仪规范？（　　　）

A. 迟到后从前门大摇大摆进入　　　　　B. 将手机调成静音模式

C. 随意打断老师讲课提问　　　　　　　D. 在座位上吃早餐

34. 宿舍生活中，最应该避免的行为是？（　　　）

A. 晚上 11 点后大声打游戏　　　　　　　B. 定期打扫公共区域

C. 借用物品前先询问　　　　　　　　　D. 戴耳机看视频

二、判断题（请在正确的表述后打√，错误的打×）

1. 在正式场合穿着的套裙色彩一般应选择明黄等色调，方能体现出着装者的典雅、端庄和沉稳。　　　　　　　　　　　　　　　　　　　　　　　　　　　　　　　　（　　　）

2. 作为装饰用的纱手套，可作为服装的一部分在室内穿戴。　　　　　　　（　　　）

3. 在中国，女性唯一的礼服是旗袍。　　　　　　　　　　　　　　　　　（　　　）

4. 入座时，一般是从左边进入。　　　　　　　　　　　　　　　　　　　（　　　）

5. 宾主之间，客人有先向主人伸手的义务。　　　　　　　　　　　　　　（　　　）

6. 谈公务时，一般应凝视眼睛到下巴的区域。　　　　　　　　　　　　　（　　　）

7. 得到他人帮助后，应及时表达感谢。　　　　　　　　　　　　　　　　（　　　）

8. 在宿舍里，可以随意使用室友的物品而不告知。　　　　　　　　　　　（　　　）

9. 网络交流（如邮件、微信）也应注重礼貌，避免使用粗俗语言。　　　　（　　　）

10. 参加学术讲座时，应认真听讲，避免玩手机或交头接耳。　　　　　　（　　　）

三、多选题

1. 交往礼仪中的"三 A"原则是（　　　）。

A. 接受对方　　　　B. 重视对方　　　　C. 赞美对方　　　　D. 尊重对方

2. 微笑有哪些良好的作用？（　　　）

A. 调节情绪　　　　B. 消除隔阂　　　　C. 获取回报　　　　D. 有益身心健康

3. 参观下列哪些场合时，应着正装？（　　　）

A. 部队　　　　　　B. 学校　　　　　　C. 名胜风景　　　　D. 寺庙

4. 人的表情中，尤其以（　　　）的变化引人注目。

A. 鼻子　　　　　　B. 眼睛　　　　　　C. 嘴巴　　　　　　D. 眉毛

5. 以下属于参加学术报告礼仪的是（　　　）。

A. 遵守学术报告纪律，准时、有序　　　B. 尊重报告人，适时向报告人表示敬意

C. 自由提问时要注意礼貌　　　　　　　D. 在底下窃窃私语

6. 握手是人与人见面或者离别时最常用的礼节，握手时应注意（　　　）。

A. 握手前起身站立　　　　　　　　　　B. 握手时双眼注视对方

C. 一般情况下，握手不必太用力但也不能太轻　　D. 多人握手时可以交叉握手

7. 我们可以从下列哪些角度来理解礼仪？（　　　）

A. 个人修养　　　　B. 交际　　　　　　C. 道德　　　　　　D. 民俗

8. 网络交流中应注意哪些礼仪？（　　　）

A. 深夜在班级群发无关链接　　　　　　B. 使用礼貌用语

C. 传播未经证实的信息　　　　　　　　D. 沟通时表明来意

9. 与师长交往时哪些行为是恰当的?（　　）

A. 主动问好

B. 直呼其名

C. 礼貌请教问题

D. 收到帮助后道谢

10. 参加学术讲座时应做到(　　)。

A. 准时到场

B. 随意进出

C. 手机静音

D. 积极提问时先举手

习题答案

练习（四）答案

主要参考文献

1. 唐树伶,王炎.服务礼仪[M].北京：北京交通大学出版社,2006.
2. 金正昆.社交礼仪教程[M].2版.北京：中国人民大学出版社,2005.
3. 顾希佳.礼仪与中国文化[M].北京：人民出版社,2001.
4. 李树青,薛德合.礼仪与教师职业道德的价值实现[J].道德与文明,2002(1)：51－55.
5. 张百章,何伟祥.公关礼仪[M].大连：东北财经大学出版社,2005.
6. 杨眉.现代商务礼仪[M].大连：东北财经大学出版社,2005.
7. 晨曦.青年求职面试实用指南[M].北京：中国国际广播出版社,2002.
8. 梁桂麟,梅树德.大学毕业生求职与择业[M].广州：广东高等教育出版社,1994.
9. 顾诚.商务礼仪大全[M].哈尔滨：哈尔滨出版社,2005.
10. 金正昆.社交礼仪[M].北京：北京大学出版社,2005.
11. 张玉平.现代礼仪[M].北京：东方出版社,1998.
12. 赵关印.中华现代礼仪[M].北京：气象出版社,2002.
13. 刘连兴,王景平,张美君.大学生礼仪修养[M].济南：山东大学出版社,2004.
14. 李兴国,田亚丽.教师礼仪[M].上海：华东师范大学出版社,2006.
15. 周兢,余珍有.幼儿园语言教育[M].北京：人民教育出版社,2004.
16. 齐永胜.文明礼仪好习惯[M].青岛：青岛出版社,2007.
17. 刘逸新.礼仪指南[M].北京：中国纺织出版社,2004.
18. 吴乔.儿童礼仪读本[M].哈尔滨：黑龙江美术出版社,2006.
19. 关鸿羽.教育就是培养习惯[M].北京：新世界出版社,2003.
20. 国家教委师范教育司.中师生礼仪教育读本[M].长春：东北师范大学出版社,1997.
21. 佘焱生.大学礼仪读本[M].桂林：广西师范大学出版社,2004.
22. 孙晨.新时代学前教育专业师范生师德教育研究[D].武汉,中国地质大学,2024.

图书在版编目（CIP）数据

幼儿教师礼仪基础教程/唐志华,李宁婧主编. -- 4 版.

上海：复旦大学出版社,2025.5.

ISBN 978-7-309-18021-3

Ⅰ. G615

中国国家版本馆 CIP 数据核字第 2025ZH0600 号

幼儿教师礼仪基础教程（第四版）

唐志华　李宁婧　主编

责任编辑/赵连光

复旦大学出版社有限公司出版发行

上海市国权路 579 号　邮编：200433

网址：fupnet@ fudanpress.com　http://www.fudanpress.com

门市零售：86-21-65102580　　团体订购：86-21-65104505

出版部电话：86-21-65642845

上海四维数字图文有限公司

开本 890 毫米×1240 毫米　1/16　印张 11　字数 286 千字

2025 年 5 月第 4 版第 1 次印刷

ISBN 978-7-309-18021-3/G · 2687

定价：45.00 元